傾聽的技藝

帶你做訪談、參與觀察、分析資料，還能寫出內容來

安奈特・拉蘿　著
李宗義、許雅淑　譯

Listening to People

A Practical Guide to Interviewing, Participant Observation, Data Analysis, and Writing It All Up

Annette Lareau

國家圖書館出版品預行編目（CIP）資料

傾聽的技藝：帶你做訪談、參與觀察、分析資料，還能寫出內容來／安奈特．拉蘿（Annette Lareau）著；李宗義、許雅淑 譯 . -- 初版 . -- 臺北市：游擊文化：2024. 10

352 面；17 × 23 公分 . -- （Ponder 11）

譯自 Listening to People: A Practical Guide to Interviewing, Participant Observation, Data Analysis, and Writing It All Up

ISBN 978-626-98406-6-3 （平裝）

1.CST: 社會科學 2.CST: 研究方法 3.CST: 田野工作

501.2 113014341

傾聽的技藝 **帶你做訪談、參與觀察、分析資料，還能寫出內容來**

Listening to People: *A Practical Guide to Interviewing, Participant Observation, Data Analysis, and Writing It All Up*

作　　者｜安奈特．拉蘿（Annette Lareau）
譯　　者｜李宗義、許雅淑
責任編輯｜沈志翰
封面設計｜漠浮設計
印　　刷｜漢藝有限公司
初版一刷｜2024 年 10 月
定　　價｜500 元
I S B N｜978-626-98406-6-3
出 版 者｜游擊文化股份有限公司
電子信箱｜guerrilla.service@gmail.com
網　　站｜https://guerrillalibratory.wordpress.com
臉　　書｜https://www.facebook.com/guerrillapublishing2014

本書如有破損、缺頁或裝訂錯誤，請聯繫總經銷。
總 經 銷｜前衛出版社 & 草根出版公司
地　　址｜104 臺北市中山區農安街 153 號 4 樓之 3
電　　話｜(02)2586-5708
傳　　真｜(02)2586-3758

目錄

推薦序　訪談及參與觀察（田野）研究者的一盞指路燈／ 1

姜以琳／上海紐約大學社會學助理教授

推薦序　《聆聽》給量化研究者的學習與啟發／ 5

胡伯維／美國加州大學洛杉磯分校社會學博士候選人

第 1 章　導論：研究過程的浮現本質／ 13

第 2 章　開始之前：想像與思考／ 23

第 3 章　準備：研究的初期階段／ 49

第 4 章　學做訪談：訪談前後要做的事／ 71

第 5 章　如何做一次好的訪談：深入挖掘／ 101

第 6 章　學做參與觀察：實用指南／ 147

第 7 章　撰寫高品質的田野筆記：細節很重要／ 171

第 8 章　資料分析：邊走邊想／ 205

第 9 章　寫作：讓研究貢獻變得更清楚／ 237

第10章　結論：為什麼訪談及參與觀察研究很寶貴／ 273

最後幾句話／ 279

謝詞／ 281

第三章的附錄：引導倫理審查委員會以保護人類受試者，或如何管理 IRB 流程／ 285

註釋／ 293

參考書目／ 309

索引／ 329

推薦序
訪談及參與觀察（田野）研究者的一盞指路燈

姜以琳

上海紐約大學社會學助理教授

作為 Annette 的指導學生，聽聞 *Listening to People* 翻譯成中文，心情真是無比雀躍。聚焦在質化研究方法的書籍不但少，更鮮有學者對質化研究的整個過程，進行詳細描述並提供確切的實證建議。*Listening to People* 不僅運用多位學者的實際經驗作為範例，甚至含括研究正式展開前的構思期到分析寫作的結案期，以溫柔的口氣，鉅細靡遺、娓娓道來各階段的注意事項。這是一本研究方法的經典文獻，裡面的內容更可望成為訪談及參與觀察（田野）研究者的一盞指路燈。

教學現場中，時常聽到學生說自己「統計不好，只好做質化研究」。其實質化、量化研究方法都不容易，兩個研究方法之間不適合直接比較，也沒有所謂高低之分。量化研究有其模型上需要克服的困境，質化研究亦有自己的難處。*Listening to People* 很直白的指出質化研究中，一些大概率會發生，卻常常被學生們忽視，及至遭遇後才意識到困難的地方。舉例而言，訪談不只是簡單的「跟人說話」、「去找人回答問題」的行為。據此書所言，一個好的訪談，在前置作業期就充滿巧思。精心挑選的問題中，每一項都緊扣研究者的核心問題，但又同時能給與受訪者充分的自由，讓他們用自己的話、詳盡闡述自己的觀點。進行訪談中，受訪者很可能會偏題、試圖主導對話、或者在某些議題上三緘其口。這時候，研究者需要快速判定何時及如何將談話內容帶回原本的主題。與此同時，訪談人更需要能在對話中獲得最為體現受訪者觀點的引述（quotes）。這些在同一瞬間發生的決策與行為，都不是能輕鬆辦到的事，而是需要經過反覆訓練與實際習作才能獲得的重要技能。

除了訪談之外，不少學生對田野方法（參與觀察）常抱著充滿浪漫色彩的綺麗幻想。但是，出田野不是簡單的「去認識人」或「找個地方了解當地文化」。如本書所述，田野是一項浩大的工程，常以月或者年為單位，需要研究者跳脫自己的舒適圈，甚至成為另一個社會的邊緣人，才得以完成。因此，研究者在進入田野之前，必須做好許多事前的準備與決策，例如田野地點在哪裡？必須選這裡的理由？預計花費多少時間？自己在當地的角色是什麼？自己的出現可能造什麼影響等等。研究者在決定進行田野，從開始直到結束，所做出的每項選擇都具有主觀性質，亦如我們每個人看同一件事情都有不同的詮釋角度，對同一件事情也有各自不同的側重之處。Annette 在本書中特別強調主觀的重要性以及相生的侷限性，教導讀者如何將主觀性質轉化成自己獨特的利器。此外，好的參與觀察筆記往往是田野著作的靈魂，研究者在深刻觀察之外，寫出真實深刻又富批判性的民族誌作品，亦是至關重要的一環。田野資料的可靠和有效，都與呈現方式相關，更需要經過詳盡的構思與推敲。做田野不是一件信手拈來的行動，寫田野筆記更不是隨手抒發的心得雜記，而是需要長時間通盤考量，虔誠詳實的紀錄，最後才有可能得到的一點成果。

以我個人的經驗而言，我在與 Annette 進行為期一年的單獨指導（獨立研究課）後，才獲得她的首肯，得以隻身到北京的高中進行田野觀察。這一年的課程中，她每週要求我嚴格遵守 24 小時內寫完田野筆記，並且在時限內交給她審查。每週見面時，她會給我詳細的回饋，務求讓讀者「彷彿站在你身後，看你所看、聽你所聽」。她對田野的進程極為嚴肅，也對田野筆記的要求詳實至極。田野過程中，她詳盡的詢問，提醒我要用不同方式跟不同關係類型的報導人溝通，也讓我知道要依據關係進展的程度提出訪談邀請，才能同意受訪者最大化。甚至如何用簡單的小技巧，最大程度降低受訪者戒心，以便問出對方的家庭收入，都是每週的重要課題。田野記錄則彷彿海納百川，從描述「空氣瀰漫著什麼味道」和「場景內的氛圍」，到記錄人物對話時的動作、表情、儀態；包含報導人未能言明的肢體語言，以及研究者當下每一瞬間的想法和感覺，都要刻畫的鉅細靡遺。在這樣的反覆練習下，每一小時的田野往往會耗費四到五倍的時間打字寫筆記。Annette 那堅定的 24 小時內完成的要求，不僅考驗個人時間安排和對田野的敬業，更訓練了記憶能力與田野效率。Annette 甚至在寫作能力上也對學生們有嚴格的要求。她屢次提醒我，在既有的課堂閱讀之外，每個月讀完一本非學術的英文小說。原以為這是為了非英文母語的學生所制定的特殊訓練，藉由浸泡在英文文學世界，鍛鍊我對文字的敏銳與寫作表達的精鍊。田野結束後我才發現，這不但是她對學生的要求，更是她身為擅寫作又多產的資深學者，也必定完成的閱讀課題。在學生身上，Annette 證明了田野與訪談都是可習得，而且必須反覆訓練而獲得的技能；在自己身上，她彰顯了質化研究者反覆打磨自身研究方法的至誠與奉獻精神。

Annette 將自己從業幾十年來的訪談和田野知識與經歷，一氣呵成的書寫成 *Listening to People*。這本書經過多年的反覆修改，以及與許多學者的討論，終於完成。有了這本書，即便沒有上課，讀者們也可以藉由閱讀而獲得相當寶貴的訓練與提醒。*Listening to People* 告訴我們，不同於許多的刻板印象，嚴謹的學術研究中，訪談不是單純的跟人進行問答，而是充滿傾聽和自我反思；田野也不是個人的深度旅遊，而是滿盈著深思和另類詮釋的傾力觀察。確實，訪談跟田野耗時費力、所費不貲，期間研究者不斷自省再自省、自身也不斷改變再改變，研究成果也往往極為寶貴，引人入勝。如同 Annette 在她的退休演講上所說：「民族誌有憾動人心的能力，要相信書本的力量，因為一本好書可以改變一個人的一生。」讀者可以在這本書裡找到豐沛的民族誌案例，可以更好的理解所閱讀的質化研究著作；打算書寫質化方法成果的各位，可以在本書中事先準備好多種可行備案，也能夠在遇到研究困難時，參考 Annette 和其他研究者們的經驗，從而得出乘風破浪的研究進展。祝各位開卷有益、閱讀愉快。

推薦序
《傾聽的技藝》給量化研究者的學習與啟發

胡伯維

美國加州大學洛杉磯分校社會學博士候選人

我博士班一年級時，哥倫比亞大學社會學系教授 Peter Bearman 來訪，在系上著名的 237 研討會上，分享他和 Adam Reich 準備要出的新書。[1] 多年過去，我幾乎忘了那場討論的內容，但是開場時他有一句話，卻讓我至今印象深刻：「我們的學生都不懂得傾聽。」這是他在討論這本書的研究計畫起源時，提到研究生助理幫忙做田野帶給他的挫折。

的確，不僅是在社會學博士班，就連一般的大學教育裡，雖然有大量的閱讀、寫作、報告與討論的訓練，但少有機會學習傾聽。然而，本書引人入勝的部分，不僅是教導你在研究過程中怎麼聽懂別人（這是訪談研究過程的關鍵），在結尾的章節還教導你怎麼寫研究論文。即使是量化研究者，或是學院外需要參與會議討論、撰寫報告的上班族，也都能獲益匪淺。良好的溝通技巧，以及邏輯嚴謹的寫作功夫，是當代專業工作者共享的核心能力。

拉蘿在 1984 年拿到加州大學柏克萊分校的社會學博士學位後，先後任

1 Reich, Adam, and Peter Bearman. 2018. *Working for Respect: Community and Conflict at Walmart*. New York: Columbia University Press.

教於南伊利諾大學、天普大學、馬里蘭大學。2008 年起至賓州大學社會學系擔任講座教授，直到 2022 年退休。研究領域為家庭、社會階級、教育與文化等。拉蘿著作等身，其中以《不平等的童年》最具有影響力。[2] 該書從親子互動中，探究深刻的社會問題——社會階級如何複製。這是在量化方法主導的社會流動與階層的領域中，[3] 另闢蹊徑的絕佳典範。

本書在 2021 年付梓之後，接著倡導溯因推理（Abductive Analysis）的 UCLA 師徒檔 Stefan Timmermans 和 Iddo Tavory 出版 *Data Analysis in Qualitative Research: Theorizing with Abductive Analysis*。[4] 還有 Mario Small 與 Jessica Calarco 討論如何評價質性研究的 *Qualitative Literacy: A Guide to Evaluating Ethnographic and Interview Research*。國內則有謝國雄的《四位一體的社會學之道：技法、基本議題、認識論與存在感》。這些書籍無疑是新一代了解質性研究方法最佳的案頭書目。[5]

拉蘿在這本質性研究的「實戰手冊」裡，毫無保留地分享多年來訪談與參與式觀察的步驟與心法，尤其是輔以菜鳥研究生、助理的實作案例，讓讀者深刻體會「做中學」的箇中滋味。本書從行前準備、資料蒐集、田野筆記、檔案整理、資料分析，到最後研究寫作，以非常詳盡的導覽，手把手帶領讀者走過整趟研究流程。以下，我從量化研究者的角度，分享與討論書中的訪談技巧與研究寫作。

---

2 臺灣譯本為《不平等的童年：拚教養能翻轉階級嗎？》，在 2021 年由野人出版社翻譯上市。此外，拉蘿亦著有《家庭優勢》，於 2015 年由群學出版社翻譯出版。

3 可以參考最近由 Jennie Brand 與謝宇（Yu Xie）在 *Research in Social Stratification and Mobility* 期刊，2023 年的特刊：Robert D. Mare's Legacy 有一系列關於當代量化階層與社會流動領域的討論。

4 有興趣的聽眾，可以參考他們在 Annex Sociology Podcast（2024 年 3 月 4 日）上的分享。網址：https://socannex.commons.gc.cuny.edu/podcast/abductive-analysis-tavory-timmermans/

5 Emory 大學社會系的徐彬也評論了三本質性研究的近作，參考 Xu, Bin. 2024. "What Does Good Qualitative Research Look Like? How to Do It?" *Contemporary Sociology* 53(2): 93-98.

關於訪談技巧

本書第 5 章，拉蘿重新檢視學生助理做訪談的資料，從訪談的對話逐字稿裡，引導讀者學習如何改進訪談技巧。在訪談研究中，建立信任關係是研究者開啟與拓展對話資料的核心。例如，在訪談一開始，研究者運用較為開放式的問題，而收到受訪者給予的多重答案時，選擇哪一條線索來追問，不僅影響接續的資料蒐集，還塑造了研究者與受訪者的信任關係。書中提到，家長在描述小孩給人的第一印象時，訪員在家長給的諸多線索裡追問：「你說行為有問題，可以多談一點嗎？」看似簡潔的問題，但拉蘿反省了訪員的追問方式：

> 這不是理想的探詢方式，因為他回答的時候，受訪者誇獎他的兒子分別有四次：
>
> 「他很乖」
>
> 「他很聰明」
>
> 「對我來說他非常聰明」
>
> 「他是好的」
>
> 很遺憾，訪員的追問並未顯示她聽到這些優點。反之，她只看到唯一的缺點（「你說行為有問題，可以多談一點嗎」）。受訪者可能會認定訪員沒有仔細聽她說話，或更想知道讓這個家看起來很壞的蛛絲馬跡。

可見，訪員若是沒做好充足準備，要在當下「聽懂別人」還要問對接續的問題，以完成一份好的訪談，並非容易之事。[6] 而所謂好的訪談，

6　有興趣深化訪談技巧的讀者，除了本書相當寶貴的案例資料外，不妨翻閱 John Martin 在

是「受訪者能夠發展出一個並非完全由研究者提問所設定的敘事軸線」（Timmermans and Tavory 2022: 53）。此外，訪員的自我節制也很重要（亦可見 Martin 2017: 69–70）。不僅是在言語上，訪談互動中表現出來的態度與情緒，也是訪員容易忽略的細節。拉蘿也反省他曾在自己的訪談中，聽到母親為天氣太冷而不讓小孩出去玩做辯駁時，研究者未能控制情緒：

> 我這裡犯了個小錯誤，我聽到 Tyrec 不許到外面去時，居然表現驚訝。驚訝等於在批評（或是在說受訪者不正常）。

以上例子顯示出訪談中諸多的細節需要注意，做出完美的訪談的確困難。就好比學習一項新的球類運動，剛開始都是顧此失彼。即使大腦已經明確理解基本原則，但在面臨更動態與即時的情境時，卻沒有能順利指引身體的動作。而隨著日常練習的累積，動作細節一一形成「肌肉記憶」，球員就更能靈活表現。

幸好，拉蘿在書中已詳盡步驟，也列舉各式情境，不論是資深教師還是大學生，都可以在本書有系統的指引中反覆操練基本功（打造與維持做研究的肌肉記憶）反省研究過程的缺失。同樣地，量化研究不僅是應用統計學的訓練，還包含了資料清洗、變項操作化、如何利用 Directed acyclic graph（DAG）架構因果關係、視覺化等等。這些量化分析的基本技巧亦是需要反覆練習，研究者才能慢慢建立起利用量化資料來佐證論點的能力。近年來也有許多關於如何執行量化研究的專書出版，讀者可以進一步自行學習。[7]

Thinking Through Methods 的第 4 章，討論如何改善訪談綱要，與一些訪談中要避免的行為。

7 專書如：Bellemare, Marc F. 2022. *Doing Economics: What You Should Have Learned in Grad School—But Didn't*. MA: MIT Press. 推薦閱讀第 2 章。另有強調研究設計為主（並富有實驗法精神）的 Blair, Graeme, Alexander Coppock, and Macartan Humphreys. 2023.

關於研究寫作

整趟研究旅程中，研究者有無數的難題需要解決。寫作，是學術工作者最核心、最具挑戰的工作環節。我開始寫論文計畫書時，其中的論文委員會成員 David Brady（加州大學河濱分校公共政策系教授）看我的文獻整理章節時，曾說：「Synthesize, don’t summarize」（要融會貫通，不能只是摘錄）。他提到，好的文獻整理章節，其實「沒有文獻」。這是指縮短常見的段落式摘要，擴充疏理過去研究共通的主題或模式，然後找出整體的（抽象層次更高的）弱點、漏洞、或迷思，而加以批判與推進知識。

拉蘿在書中也持類似的建議。在第 9 章他提到，文獻整理是帶領讀者去看既有研究的弱點，才因此需要你的研究。書中舉例：

> 你可以指出，文獻提供一個過程的概念化，但這個概念化過於強調其中一個面向，而沒有充分注意到過程的其他面向。講完這個觀點後，你簡要整理過去的研究，向讀者說明你要表達的意思。然後說明自己的觀點：你剛剛向讀者展示，過去研究中的概念化有具體缺陷，需要調整這個過程中的特定元素。換句話說，文獻回顧要有個論點。

在批判文獻的技巧裡，他特別說明：

Research Design in the Social Sciences: Declaration, Diagnosis, and Redesign. NJ: Princeton University Press。該書網站上可以閱覽全書與 R 的程式碼 https://book.declaredesign.org/。期刊文章如：Lundberg, Ian, Rebecca Johnson, and Brandon M. Stewart. 2021. “What Is Your Estimand? Defining the Target Quantity Connects Statistical Evidence to Theory.” *American Sociological Review* 86(3): 532–65. 以及 Cinelli, Carlos, Andrew Forney, and Judea Pearl. 2022. A Crash Course in Good and Bad Controls. *Sociological Methods & Research*.

一般情況下，你不能只說研究沒有涉及某個社會群體（也就是特定的種族或族群、性別、性取向或某個年齡層的人）。相反地，你想聚焦在一個社會過程。你說的是目前的研究不完整，暗示過程有些不同，焦點顧此失彼，而且在經歷重大的社會變遷後已經過時，或是有其他的不足。

因此，當文獻在談一個重要的社會現象時，可以將既有研究所提及，觸發該現象的過程逐一分類。通過主題式的安排，文獻裡被忽略的社會過程將會浮現。這就是一個好的研究出發點，我相信量化研究者同樣可以受惠於這個洞見。

舉個例子，我的博士論文主題是討論金融發展與債務不平等的關係。通過高層次的文獻疏理後，可以歸納出兩個核心的社會過程：一是政治經濟學取向的「金融自由化」，另一是社會不平等取向的「債務階層化」。前者大多是利用比較歷史方法，後者多數仰賴量化技法。論文全書的核心貢獻是分析金融機構（例如商業銀行、信用合作社、微型高利貸等）的組織過程（尤其是人口生態學視角），來解釋金融發展導致債務不平等的機制。[8]簡言之，金融機構的組織過程，是既有文獻（金融自由化與債務階層化討論）忽視的核心社會過程。

最後，我常在詮釋統計結果或閱讀統計發現的章節時，思考要如何撰寫才能讓研究發現更「立體」，而不是枯燥無味地帶出係數大小、顯著性、確證假設與否等等。拉蘿在本書深深啟發了撰寫研究結果的策略：

在寫作時，研究結果要寫得越清楚越好（例如，受到經理的侮辱後，

8 本序無意置入行銷，而是用自己的論文舉例，說明如何從文獻中找到研究問題的出發點。有興趣進一步理解何謂「組織過程」的讀者，可以在作者的個人學術網頁上閱讀相關作品。網址：https://boweihu.com/

Mark 威脅他的經理），並把例子連結到你的概念（例如，工人階級的貧窮年輕人不大清楚制度是怎麼一回事）與你的整體論點（例如，社會階級形塑理解制度的文化知識；階級的差異會導致不平等）。

也就是寫作者要先理解研究中資料的結果、假設、概念、主張與整體論點在抽象層次上的差異，然後在寫作中嘗試連結跨層次的元素。有經驗細節的呈現，也有與高層次主張的呼應，如此層次分明的架構，常是撰寫研究結果章節時被遺忘的關鍵技巧。

我相信無論是學院裡的研究人員、大學生，或是需要文字溝通能力的工作者，都能在閱讀本書後，得到精準且相當實用的建議。

1 導論 1

研究過程的浮現本質

訪談和參與觀察加深我們對人、制度和社會過程的認識。這些研究途徑引領我們進入個人日常生活中各種大小事的**意義**，顯示人如何受到社會結構力量的影響。精心設計的研究可以讓我們感覺到自己和栩栩如生的事件非常貼近。例如，雖然對受害者的問卷調查，紀錄了災難的規模和範圍，但深度訪談和參與觀察可以協助我們掌握意想不到的後果。Kai Erikson 在《事出必有因》（*Everything in Its Path*）這本著作說明，西維吉尼亞州一座疏於維護的水壩倒塌，不僅洩下大量的水沖垮房屋，還奪走 132 條人命。這場災難有一部分也因為救災的方式，消解了社群重要的社會紐帶和感受。

與此有關，民族誌學者證明人如何同時生活在層層堆疊的社會世界中，並且揭示這個世界如何以意想不到的方式產生碰撞。例如，專家經常執行忽略多重機構壓力（multiple institutional pressures）的政策，但家人卻敏銳感受到這種交叉壓力。Leslie Paik 在《困在迷宮》（*Trapped in Maze*）中描述限制家庭「多種機構的迷宮」，例如與她兩個十幾歲的孫子和侄子住在一起的老婦人 Catherine 女士。Catherine 女士與 11 個不同的機構往來，每個機構的規則衝突造成混亂。[1]很多時候，質性研究針對事件的意義提供一個「在地觀點」。這種觀點可以挑戰刻板印象。比方說，Matthew Clair 在研究經 2
歷刑事司法體系的被告後發現，律師對黑人被告有時自願放棄緩刑而選擇入獄感到詫異。Clair 的《特權與懲罰》（*Privilege and Punishment*）說明選擇背後的邏輯：由於工人階級的黑人被告在自身社區中受到警方嚴密監視，他們認為緩刑的風險太大。其他時候，學者可以說明截然不同的人群如何擁有類似的經歷，就像人類學家 Katherine Newman 訪問流離失所的家庭主婦、機場塔台人員、藍領工人和管理人員說明向下流動的痛楚。[2] 由於深度訪談和參與觀察可以發現過去在社會科學文獻中不為人知或發展不足的過程，這些方法特別有助於改進我們的概念模型。[3]

許多人都想學習如何做出高品質的深度訪談和參與觀察。[4] 以我來說，當我初學這項技巧，讀過的書讓我感到無所適從。我無法找到符合自己所需的建議。這些書似乎過於規範。它們告訴我應該在訪談中敏銳地「探詢」（probe），但沒有描述探詢的內容，也未能充分體認到探詢本身的困難。當我閱讀附錄所寫的研究方法，那些做過參與觀察的研究者，把進入現場描述為偶然事件的結果，這時我感到特別沮喪。當我試圖進入新的環境，我應該如何複製這種人生的偶然呢？關於訪談和觀察的書籍讓人覺得做研究會相對順利，但根據我的經驗，事實並非如此。我渴望能讀到一本更貼近現實也更實用的書。

當我追求人如何思考、行動並理解他們日常生活的興趣時，那些很棒且潛力十足的研究也讓我受到衝擊：作者設計一套宏大的計畫，進入的管道令人印象深刻，花費大量的時間蒐集資料，或者訪談各方人馬，或是寫了無數的田野筆記，而且寫得鉅細靡遺。儘管這一切看起來前途光明，但最終的作品卻不盡理想。為何如此？哪裡出了問題？有時候，作品裡高品質的資料不足，無法為讀者提供豐富、生動的臨場感。由於缺乏深度的資料，
3 也就難以評估作者所說的是否站得住腳。我對於蒐集大量資料而要讀者「信任」他們的研究者感到困擾，因為我希望這些作者向讀者**展示**他們覺得有說服力的資料。其他情況下，作者提供大量的資料，但論點卻看不到重點。有時候，論點很明確，但研究問題的構想很狹隘，更糟糕的是，作者沒有考慮其他解釋。在少數情況下，一個錯誤——無論是在設計、資料蒐集還是

分析方面——是如此重要，也就大大降低研究的價值。這都是類似的研究，但品質為何天差地遠？我讀過的質性方法論書籍沒有回答這個問題。

這些挑戰——研究方法的書不夠實用，有潛力發展為精彩的研究卻陷入困境——促使我寫下這本書。在《傾聽的技藝》一書中，我針對現實中五花八門的研究，提供具體而實用的建議，包括課程報告、論文、文章和書籍。畢竟，研究新手可能會遇到非常棘手的問題，但仍然想辦法做出精彩的研究。此外，因為就算是老手也難免會遇到困難，我對於研究過程的描述比其他許多作品更為真實。我還強調研究過程中不確定的本質，以及研究過程中的重要之處不僅要與他人交談，也還要聽取他人的反饋。正如本書標題所示，我認為傾聽是深入觀察和參與觀察的核心。你必須在蒐集資料時傾聽別人的意見；當你在描述資料蒐集時的理解，「傾聽」別人的反饋；在你鑽入自己感興趣的文獻主題時，「傾聽」別人的發現；在你對研究某些方面做分類並且排定優先順序時，「傾聽」自己的聲音。當你以各種不同的方式傾聽，你會發現其中的關係，重新考慮預設，抓出錯誤，發展和評估新的想法，衡量優先次序，思考新的方向，並做出各種調整，這一切最終都會讓你的貢獻更清晰且更有價值。

「浮現」的意義是什麼？邊走邊想

以類比攝影為例，底片要沖洗，要在暗房裡印出來。你要先到暗房用機器把圖像放大，接著在白色相紙上曝光一下，再把照片洗出來，緊接著 4
把相紙浸泡在化學藥水之中。起初，紙張完全空白。隨後照片開始出現圖案——非常慢、這裡一塊，那裡一塊。當圖像開始浮現，甚至可能看不出裡頭的形體，但慢慢地，照片變得栩栩如生。如果圖像太亮或太暗，你就放回機器，改變你「曬」（給圖像更多光）或「遮」（留住影像中一部分的光）的時間，創造出一張平衡的照片。然後，你再把新的照片放入化學藥水，觀察圖像的出現，最後在你對照片滿意時把它放入「停影液」（stop bath）。

沖洗照片和讓見解從你訪談及參與觀察的研究中浮現有著明顯差異，但焦點緩緩成形卻是異曲同工。此外，不論是訪談或參與觀察，隨著研究推展，會有很多調整和變化——尤其是在研究的前半段。因此，訪談者和參與觀察者很長一段時間不知道自己在做什麼實屬正常。如果發生這種情況，你可能會感到困惑與不確定。你可能不太了解自己的研究如何加入這個領域的知識辯論。你可能不知道什麼是新的與令人興奮的知識。或者，你可能會感到力不從心，認為自己的研究不過是一團混亂。一切不安和擔憂都是正常。當你在訪問或到一個環境中遊走，許多新問題會浮出水面。你必須根據不完整的資訊做出許多決定——你應該探究這或那？你應該花時間在哪個人身上？你為什麼要做這項研究？你希望能學到什麼？由於社會生活相當複雜，不論是哪項研究，總是存在多種知識途徑。因此，你需要一直「邊走邊想」。

正如我在第 8 章討論資料分析時解釋，並不是只有一種正確的方法來構思你的研究。我在那一章中呈現一個學生的案例，他正在做一項狗主人的研究，並且努力從好幾個合理的研究問題做出選擇。他無法處理所有問題，有一段時間相當不安。然而，漸漸地，他確定一個知識方向，並把其他問題放下。以我自己來說，當我還是博士生時，每隔一段時間就要與霍希爾德（Arlie Hochschild）見面討論我的研究，她會仔細傾聽我描述另一個新的想法，但隨後就會親切地說：「嗯！這個想法非常棒！但你可以把這個
5 想法放到另外一篇文章。**讓我們聚焦吧！**」當我學會聚焦，我研究的核心觀點也就更清楚地浮現。

為什麼焦點如此重要？對讀者（或任何聽眾）來說，吸收一個實際上由四、五個不同故事組成的故事，真的很困難。當作家從一個點跳到另一個點，或是當講者展示許多有趣卻未能相互契合的例子，聽眾會感到一頭霧水、無聊或不耐煩。身為讀者，你可能有過這樣的經歷：讀完一篇很長的論文，卻不了解作者為什麼要寫這篇文章（本文是否有主旨？重點在哪？）。

或者，你可能讀過一些充滿各種觀點和案例的文章，很難直接弄清楚整體論點。不要低估讀者只是想跟隨一個論點有多困難。如果你有個清楚的焦點，就有助你的聽眾了解你想表達的重點。

然而，當你著手訪談及參與觀察，想找到一個明確的焦點卻非常困難。有時是不可能的 —— 即使你很仔細閱讀其他相關研究，並對主題做了大量思考。通常唯有藉著蒐集資料、思考文獻、打磨問題並蒐集更多資料，你的焦點才會慢慢成形。這就像暗房裡的影像，你的焦點會隨著時間浮現。

針對訪談及參與式觀察浮現的本質還有一點要說：你常常要**表現**（act）的像知道自己在做什麼。為了進入研究場域，貼近研究對象，你必須解釋自己的研究目的。此外，閱讀和審查研究計畫書、補助申請、研究倫理審查書（institutional review board, IRB）與論文計畫等等的人，通常希望從你口中聽到你的研究目的。在這個階段，他們想知道你在想什麼，他們想確保你沒有漏掉任何東西。他們可能特別在意你是否想過自己的研究對研究對象及參與者的影響。根據定義，你在申請書和研究計畫中所說的內容，本質上充滿臆測，因為只有當你通過資料蒐集和資料分析階段，個人研究的真正重點才會更加清晰。調整和改變是訪問和參與觀察過程中的一部分。

威廉・史壯克（William Strunk Jr.）曾在經典的英語寫作指南《風格要素》（*The Elements of Style*）建議康乃爾大學的學生：「如果你不懂如何發 6
音，就大聲說出來！」後來修訂《要素》的作家 E. B. White 贊同這條原則並補充說：「為什麼要把無知說成是聽不見呢？」[5] 當你要以訪談和參與觀察提出研究案或申請補助，你要清楚說明自己初步的研究問題，簡要說明計畫如何進行：你會有進入的渠道、蒐集資料（具體寫出你的研究方法），對具體問題相當敏銳（列出例子），並提出可能的解決方式（列出例子）與解決的問題。你會諮詢指導教授。同樣重要的是展現對研究的龐大熱情及興奮。這會很有價值！你將學到重要的東西！你意識到可能出現小小的阻礙，但你有解決問題的腹案！

雖然從某些方面來看，撰寫研究計畫的整個活動充滿隨機性，但你也只能做到這些。你在分享自己剛知道的事。隨著你越學越多，你會調整自己的研究。這項工作的浮現本質，也表示你不想在開始蒐集資料前等太久。一旦你開始這一步，許多事情會發生轉變，你會有新的問題。這都是正常且適切的。在某個時間點，理想上是資料蒐集到一半左右，你想要決定自己知識最高的追求目標，開始把資料蒐集的焦點放在核心的研究問題上，尋找資料來支持你浮現中的觀點，認真考慮其他解釋，並開始思考你需要什麼資料證明自己的論點。正如我在後面的章節中所闡述的，你的研究問題、文獻理解以及資料蒐集的重點，都會不斷演化。你不希望在研究結束時沒有清楚的焦點。但開始時，你要大聲、自信地表現出你有清楚的計畫。這個計畫就是獲得做研究的許可，展開研究並盡力而為。這已經很好了。

本書章節安排

我在第 2 章從規劃開始談起。儘管訪談者與民族誌學者有很大不同，面臨的挑戰卻相當類似。我討論了計畫初期的思考和決策，特別是研究的
7 設計、選擇研究對象還有做出艱難的取捨。我也對整趟研究之旅做出概述。第 3 章談一切就緒之前的準備階段。我在這一章討論倫理審查以及實際問題，例如蒐集資料時的吃飯、衣著和個人安全。我還討論了為了研究招募人員和取得進入的渠道等棘手問題。

接下來，我用兩章的篇幅介紹訪談。第 4 章是「訪談以外的所有事」，包括訪談前的規劃、寫下訪談大綱（interview guide）、打包訪談袋以及感謝研究的參與者。第 5 章長篇摘錄一名新手和一名老手的訪談，帶你了解兩個現實生活中的訪問。節錄的內容旁都用方框的文字做評論，我會指出哪種探詢的效果好，哪種問題不那麼成功。

第 6 章與第 7 章分別討論參與觀察，提到涉及參與觀察的一些重要挑

戰：向田野地點的當地人自我介紹，界定你在田野的角色，安排田野時程，還有避免常見的錯誤（例如，進入田野前忘記吃飯、訪問結束後超過二十四時才寫田野筆記）。我還討論其他的挑戰，像是聊天主題、如何回應參與者要求幫助以及難以讓自己出門做田野的現實。第 7 章提供高品質和低品質田野筆記的實例，並且說明如何大幅度改善不夠完整的田野筆記。

本書從頭到尾的一項主旨是你必須邊走邊想。最好是在研究計畫的每個階段做資料分析——研究設計、蒐集資料、提煉焦點、蒐集更多資料、編碼並寫出研究結果。然而，儘管研究工作的本質是不斷前進，但停下來並有系統地比較和比對你從編碼學到的東西極有幫助。第 8 章集中討論資料分析中編碼這個正式階段。第 9 章轉向寫作的挑戰，清楚陳述論點、提供充足的資料支持你的論點，討論反面的證據，並提出結論。我在第 10 章，即本書的結論，重新審視做這種工作的價值、大多數錯誤的衝擊有限，以及新手帶到檯面上的禮物。我最後還提到在整個過程中保持信念的重要。

如何使用這本書 8

我希望讀者可以從頭到尾閱讀《傾聽的技藝》這本書，並且在你面臨特定任務或與特定問題打交道時拿出來複習。因此，我通常會在每一章簡單扼要地定義關鍵術語，方便讀者在脈絡中理解。整本書的重點是做深度訪談和參與觀察。儘管這兩種方法無疑是社會科學中最常見的質性方法，但它們不是唯一的方法。舉幾個例子，其他相關的和重疊的方法，就有焦點團體、自我民族誌、文件內容分析、肖像法、延伸個案法和混合方法。[6] 由於篇幅的限制，在此處不打算討論這些方法。然而，許多形式的質性研究都有一些關鍵因素，包括研究設計、資料蒐集的方向（例如，訪談中的探詢）、資料分析和寫作——都與訪談和參與觀察相似。因此，我希望《傾聽的技藝》會有廣泛的幫助。

由於作家經常被提醒要「寫自己知道的事」，因此在這些章節之前，我用自己在社會學研究的例子。這些研究採用參與觀察和訪談的方式，通常側重於社會階級和種族對家庭生活關鍵面向的影響，包括育兒、家庭—學校關係以及擇校。我還參與了對富裕家庭、金字塔頂層和難民家庭的研究。當然，除了研究個人之外，訪談和參與觀察的方法也非常有利於闡明組織動態、政治團體以及更廣泛的社會系統。我希望你在閱讀的過程中，關注你所在學科感興趣的主題；其中許多主題可能較少涉及人們的日常生活，而更多涉及全球各地組織的運作。[7]

你會發現除了社會學的例子，《傾聽的技藝》也借鑒其他領域的作品。此外，我也向其他學科的同事徵求意見，並從學術界以外的地方蒐集有用的觀點。我在整本書的小框框分享這些小技巧及建議。整個社會科學領域有很多使用訪談和參與觀察的精彩研究，但遺憾的是，這裡只能列出其中一小
9 部分。為了擴大手上的資源庫，我引用優秀的、較少閱讀的老作品，以及一小批新作品。參考書目也列出對我有幫助的方法論作品；參考書目是一張通向一般主題和具體討論的珍貴地圖。由於本書希望成為一本實用的指南，我並未探討深度訪談和參與觀察的理論根源，也未檢視經常討論這些方法的文獻。理論模型在不同的學科中也有差異，這裡並不討論能夠有效引導你研究的角色理論。[8] 我也不打算加入訪談及參與觀察各自優勢的辯論。[9] 公共生活中適當使用社會科學研究的豐富討論也排除在外。[10] 此外，雖然個人顯然從不同的、不平等的社會位置進入研究過程，這些重要議題也不是本書的焦點，雖然他們會以各種方式在書中浮出檯面。[11]

本書試著成為你在學習如何使用深度訪談和參與觀察來設計、著手、蒐集資料、分析並撰寫研究報告時的好伙伴。你走上這條研究旅程可能會令人興奮。雖然許多重要的研究可以在辦公室裡坐在電腦前完成，但訪談和參與觀察的關鍵部分是在外面的世界完成，傾聽其他人，不論是與他們一起玩或正經八百的訪談，或同時使用這兩種方法。正如去一個新地方旅行和探

索會感到刺激，因為你會沉浸在截然不同的社會世界之中，做這種研究也會是不同於你日常生活的強大體驗。然而，訪談和觀察也有許多潛在挑戰，包括研究者和參與者之間，在權力和地位方面的明顯不平衡。[12] 這些問題要求你對自己對做研究所採取的方法保持警惕與高度敏感，並且隨時注意自己的研究如何影響參與者和他們所在的社區。民族誌的作品有時也充滿矛盾，正如我在隨後的章節中所示，你需要在研究的關鍵面向保持章法和嚴謹，但在其他面向卻要敏感和高度靈活。這項工作也可能很累人，甚至讓人身心俱疲。此外，深度訪談和參與觀察研究不僅加深我們對關鍵問題的理解。對於使用這些方法的人，它也可以成為一種永生難忘且帶有顛覆的生活經驗。如果你想做一項研究，我建議你用深度訪談及參與觀察。你可以大大了解自己，也可以了解他人。更重要的，你產生的知識——關於人、團體、制度和社會過程——可以改變其他人對世界的理解。

2 開始之前 11

想像與思考

開始令人興奮——此刻一切都在你面前，充滿可能性。開始也是作出關鍵決定的時刻。使用訪談和參與觀察的研究，一開始就面對共同的挑戰，本章將討論研究最初的起始點。做些白日夢是非常重要的第一步。當你開始聚焦在白日夢，你會從各種吸引人的潛在研究題目中選擇一個主題，框構初步的研究問題，並思考一些重要的研究設計。然後，你最好現實地評估一下生活中的其他責任，這些責任可能會影響你研究的廣度和深度。本章將討論一開始的研究設計，並概述研究過程。由於你的目標之一是寫出精彩的作品，我也會簡要討論大家眼中傑出作品的標準。下一章，我會介紹把計畫轉化為現實的各個步驟。

想像：概念化的研究

但首先是想像。你想做什麼？你要研究誰？你覺得那一類研究令人滿意？為什麼你佩服這些研究？你覺得哪些研究令人不滿意？為什麼它們有問題？

回答這些涉及其他研究的問題時，你可以開始根據現有的領域來評估自己的想像。在這個階段，只要你的計畫符合社會禮俗，沒有什麼不能做。即使你的目標因為要闖入某個禁區而看起來古怪（例如緊盯一支職業美式足球隊，看看網路新聞如何製作），重要的是清楚表達個人的希望與想像—— 12

你靈魂中的不滿——然後仔細想一想。如前所述，傾聽有諸多形式。你這是傾聽自己內在的聲音。你也想要與他人聊天，傾聽他們分享的專業知識。閱讀其他研究也有助於你「傾聽」既定的知識。正如你對未來的研究做過白日夢，找出一個可以當作榜樣的研究也大有助益。但你也可能想嘗試一些從未做過的事。而且，在這裡，即使別人否定你，也要切記反對者不見得對。例如，當我動手做第二個計畫，其中有幾乎一整個月每天都要到有小孩的家做訪談，許多人（包括同事、朋友和研究生）都直言這不可能辦到：沒有一戶人家會允許我這麼做。他們殘忍的評估嚇到了我。但他們錯了，我完成的研究讓我寫出《不平等的童年》（*Unequal Childhoods*）。同樣地，當 Rachel Ellis 還是個研究生，想在女子監獄裡做一年的民族誌研究寫博士論文，有一位著名的教授對他說這「非常困難，甚至是天方夜譚」。[1] 但這並非不可能。同事們嘲笑 Katharina Hecht 要在倫敦訪談高收群體的想法，但是靠著他與助理的通力合作，她取得訪問的機會。[2] 如果我真的對一個可能的研究想法感到興奮，我未必會聽得下反對者的意見。我會嘗試三次、四次或五次，試著把焦點修正到一個重要面向，或是在我徹底放棄之前以其他方式做出取捨。只不過，一如既往，你要想像一個自己想回答的問題，能夠透過訪談與參與觀察獨特的優點做出回答，了解社會過程以及這一切對於參與者的意義。[3]

思考：開展研究設計

當你想像「一切皆有可能」之後，接下來就要思索冷酷無情的事實。正如我接下來的說明，設計一項優質的研究要考慮諸多因素，你需要**時間抵達**（time to be there）田野或做訪談。研究設計的本質不一，大學生做的研究與研究生或老練的學者不同。雖然關鍵問題是你想學到什麼，你要思
13 考自己想花多少時間做這項研究，然後往後推，你需要在何時完成寫作。

你也要衡量做訪問（詳見第4章、第5章）或參與觀察（詳見第6章、第7章）的相對優點。[4] 關鍵在於你要選擇研究一個對象，或比較兩種以上的經驗。[5]

換句話說，你需要研究設計。當你開始思索可能的研究，你可以想一想自己的研究目標？例如，你到底想觀察什麼，為何要看？焦點在哪？如果你想要訪問一個地方（如學校），你為何要到現場？你希望了解什麼事？身為一名參與觀察者，參與占多少？觀察又占多少？如果你要訪問其他人，你想訪問誰？為什麼你需要與他們聊天？他們能告訴你什麼？你有什麼不知道的事？這些問題的答案通常沒有對錯。反之，這取決於你的目標。起初，你可能不確定自己的研究目的，但你會有一些想法。漸漸地，你就可以釐清自己的主要目標。

由於訪談研究和參與觀察幾乎會隨著時間推移，以料想不到的方式展開，所以任何研究設計都需要有彈性。提前訂定理想的計畫當然合理，這樣做也有助於伸出援手的其他人（如指導教授、資助單位）。也就是說，一旦你動工，調整計畫相當合理，因為事情往往不能如預期進行。而且絕對要調整，而不是堅持在一個有問題的軌道上。比方說，訪談研究的過程中，你可以在中間修改問題，放棄已被證明是「語無倫次」（tone deaf）的問題，或增加新的提問，讓自己挖掘一個重要的、新出現的問題。在參與觀察的研究中，你可能會發現事情的發展和預期大相徑庭，或者你可能最終沒辦法把重點放在你原先打算要做的研究，但你已經在一個相關的話題上得到有趣的看法，並贏得他人的信任。邊進行邊調整沒什麼問題或可恥之處。這相當正常。[6] 事實上，訪談和參與觀察研究的優點之一是你可以隨機應變。

有時候這表示，你實際上不會問前三分之一的受訪者一個隨著研究進
行才浮現的問題。顯然，這樣不太理想，但是根據新的看法進一步分析絕對 14
會更好。這表示你可能無法問每個人相同的問題，而且你想做個表格時可能資料不完整？沒錯。這很困難嗎？是的。這可以避免嗎？沒辦法。正如第1章所說，千萬別忘了民族誌的研究是逐步**浮現的**。

聚焦於你的研究

選擇做訪談還是參與觀察，要看你的研究問題而定，或是換句話，要看你想要知道什麼。訪談對於掌握人如何理解他們生活的重要面向特別有價值。參與觀察特別有助於拆開社會機制。當然，有些研究兩者都用。對於一些需要高度信任的敏感主題來說，（透過參與觀察）與參與者保有穩定關係可能相當寶貴，而對於一些個案可說是基本。[7]

研究者在訪談研究中會聚焦在他們的問題，並吸收一些人來教他們想知道的事。訪談經常集中在意義的創造：人們如何理解自己所處的社會位置、他們相信自己所面對的障礙、他們對小孩的憂慮，或是帶給他們自豪感的工作、健康、成就。以組織研究為例，訪談可以幫助你了解組織為什麼可以發揮作用與發揮不了作用。訪談要選擇的那群人，必須最有助於你理解自己感興趣的話題。你的受訪者必須是你所選主題的專家。例如，醫生可以深入討論與提供醫療的知識，但不能討論病人對於醫療的感受。

對於參與觀察來說，你要確定所選的田野也可以讓你觀察人與人的互動。因此，觀察看電影的人通常不是一個理想的選擇，因為這樣的研究對象通常不會以觀察得到的方式做互動（研究一群人如何製作一部影片可能比較好）。如果你感興趣的是人如何談戀愛與發生性關係，因此跟著人去約會是理想的選擇。然而，這樣的研究非常唐突，而且很難不影響你所觀察的互動。[8]因此，比較好的作法是「泡」酒吧、兄弟會或是其他可以觀察得到情愫萌芽與調情的地方。從另一個角度來看，如果研究者對宗教感興趣，參加宗教儀式只是起步。例如，要想了解一名福音派的信徒，重要的是能在傳教、慰問無家者、查經，以及小組活動時，與大家「泡在一塊」。關鍵是這個地方必須是人在那裡互動的地方。如果你想了解的是無關特定地點的社會互動，把自己鑲嵌到一群人之中而不是一個特定的地點，可能會更好（你甚至可以選擇追蹤同一種團體在不同地點的成員），例如參加一個賞鳥團體、婦女聯誼會或一個校園宗教團體。

研究設計：你的研究還有研究對觀點的貢獻

一項研究不能完成每一件事。不論是研究開始前或研究期間，你都需要做出艱難的選擇。廣義上來說，每個研究計畫都受到關鍵資源（時間、經費、可及性等）的限制。而且，正如我簡短闡述，選擇研究對象和研究地點的優先順序有許多衝突之處（至少在剛開始）。你要怎麼決定？我相信問題的答案聯繫到你想要研究什麼的初步想法。你的研究問題是什麼？你嘗試了解什麼？你將採取哪些步驟獲得你所尋求的知識？為了幫助你探索上述問題，請思考引導你研究更宏觀的想法，還有你的理論目標。

事實上，研究者與思想界的關係都不同。有時你可以藉著思考自己欽佩的研究，引導自己做出（困難的）決定。許多人欽佩某類主題或某類群體的研究。你可能會想：「我要研究流浪漢（無家者）」、「我要研究婦女聯誼會」「我想研究醫生」「我想研究工程師」。這些都是研究主題的實例。有些人很喜歡對一個群體做豐富的、描述性的研究。針對社區或組織有些深具影響力的研究，如 Andrew Deener 的《威尼斯》（*Venice*），談的是美國加州一個海灘社區；David Grazian《美國動物園》（*American Zoo*）；或 Gary Alan Fine 關於餐廳工作文化的《廚房》（*Kitchen*）、辯論隊《天才之舌》（*Gifted Tongues*）與棒球隊《男孩們》（*With the Boys*）的作品。
這些研究包含實踐和過程的深刻問題；它們說明社會團體、社區或政府如 16
何運作。這本身就是一個目標。一般而言，這些研究常常幫助我們了解這些組織運作的細微差別和過程，尤其是組織如何達成或無法達成其任務。

有些學者把自己的研究當成一塊**跳板**，果敢聚焦在一個理論問題。他們認為自己焦點明確的研究，對於發展社會過程的更一般性想法有幫助。因此，雖然他們經常從同一個點出發——一個研究主題——他們也會努力把自己的問題打磨的更窄。最終，他們的目標就是一個定義明確、從理論出發的研究問題，正如 Michael Burawoy 在《製造甘願》（*Manufacturing Consent*）問的是工人最終如何打破規則來達成雇主的目標。Kimberly Hoang 在《慾望中的交易》（*Dealing in Desire*）則說明越南女老闆的角色，如何促進全球經濟中的交易。在另一個方面，Maia Cucchiara 在《行銷學校，行銷城市》（*Marketing Schools, Marketing Cities*）探討支持學校改革的政府計畫，最終為什麼讓學生得到不同的好處。Karolyn Tyson 在《整合中斷》（*Integration Interrupted*）則是證明組織的動能，尤其是資優班（gifted classes）裡黑人學生的人數，如何影響學校的種族變動。在這些研究中，研究者提出一個明確的分析性問題，引發各種對立的答案：當他們提出自己的知識立場，也拒絕了一些答案。藉著理論概念，他們把自己的實證資料連結到一組所屬學科的抽象概念。加入觀點的對話，採取這種途徑的研究者就可以彰顯自己的知識貢獻。

閱讀如何幫你選擇研究主題

開始蒐集資料前，大量閱讀有助於你在研究中聚焦。這條路沒有捷徑，而且因你是大學生或博士生而情況各異。大學生動手做課堂計畫前可能已經讀了幾篇文章。對博士生來說，我通常會建議學生至少讀二十篇核心領域的文章與一些重要的專書。最理想的做法是閱讀你研究主題中獲得大量引用的文獻，也可以閱讀歷久彌新的經典之作。當你閱讀一個主題的文章，你會想熟悉引用率高的那些（儘管你不會知道所有文章）。但是，問題就在
17 於有許許多多稍有相關卻極為重要的文章。例如，我的《不平等的童年》涉及許多主題，像是醫生與病人的互動、教師與家長的互動、家庭與宗教、課外活動的長期好處、種族社會化（racial socialization）等。如果我花時間閱讀每個主題，我永遠無法完成這本書。最後，我發展出一套閱讀二至三篇文

章的「經驗法則」：通常是一篇文獻回顧的論文、一篇經典文章，以及（或）一篇最近發表的優秀論文。我有時也會在百科全書或手冊（handbook）中閱讀一個主題。此後，儘管我的知識存在不小的漏洞，我也不再閱讀。我決定如果這個主題變得更重要，我可以之後再讀。正如 Howard Becker 所說，一定有「被文獻嚇到」的風險，所以當你對自己的核心問題做了深入閱讀，而且大略看過你的次要議題之後，你需要停止讀文獻，並開始蒐集資料。

如果你一邊蒐集資料一邊閱讀，你對文獻的貢獻也會變得更清楚（或者，如果你太累或太忙，無法每週都這樣做，那麼每隔幾週就抽出幾天時間，放慢資料蒐集速度，這樣你就有時間停下來閱讀和思考）。好的研究受其他研究的啟發而來。當然，有時你也會到很遠的地方多了解一些。Robin Leidner 在麥當勞和保險銷售人員那裡做了參與觀察，但實際上，她更感興趣的是理性化（rationalization）的概念。[9] 其他人可能被吸引去研究麥當勞，了解其他主題，如食品消費模式或工作與家庭平衡。無論你選擇研究什麼主題，閱讀一些文獻絕對必要，而且通常會有所幫助（即使它令人生畏）（第 9 章會更深入討論要讀多少）。有時，根據你的研究焦點，你可能很難找到你的「對話對象」，也就是找到一個似乎合適的知識辯論，並在龐雜的文獻中找到你的批評意見。Kristin Luker 在一本討論質化研究的著作中，把文獻想像成一朵「被拉來拉去的菊花」（draggled daisy），建議你把跟研究相關的各種文獻畫成一張范恩圖（Venn diagram）。[10]

研究設計的決定：研究對象、研究規模、研究時間

隨著你動手做研究設計，你會需要做一些重要的決定，包括你要研究**誰**、研究**多久**、他們在**哪裡**？你要研究的年齡層？你要研究的是有特定經 18
驗的人？你要研究一個種族或族群，或是多種族？限定美國出生或者可以是第一代或第二代移民？大多數決定視情況而不同。但是，在其他條件一樣

的情況下，除非研究問題有要求，否則研究一個以上的種族或族群，限定研究對象的年齡前後差距 5 歲（18 歲以下）或 20 歲（成年人），並且在一定程度上了解扶養你成為公民的國家在其中所扮演的角色，都會有所幫助。然而，只研究一個種族和族群，或以其他方式限制一項研究，也都有很好的理由 。老話一句，一切視情況調整。

你還需要思考資料蒐集的時間要多久。當然，你想要得到深刻且紮實的資料。資料蒐集的目標是「飽和」（saturation），或者像 Howard Becker 在《證據》（*Evidence*）一書所說：「當你有一段時間沒學到任何新事物，你的研究也就完成了」。[11] 理想情況下，如果你正在做參與觀察，你想要在週間定期走訪田野，並且沉浸在環境一段時間（時間的多寡取決於你所處的人生階段。對於一個修一學期課程的大學生來說，可能是每週去兩次，持續兩個月；對於一個博士生來說，可能是每週去兩到三次，持續九個月）。如果是訪談，你需要訪問夠多樣本，直到你反覆聽到同樣的事。由於做這些事賺不到錢，你也需要想好田野調查期間的生活費。另外，你需要時間做研究，**並且**在每次訪談結束的 24 小時內寫出田野筆記或訪談筆記，或者針對訪談，找時間或經費來謄寫逐字稿。理想情況下，你每週至少應該有 9 到 15 個小時（如果無法更多），投入這件事，儘管有些人完成這項工作的時間遠低於此。每週投入更多時間會更好。因此，首先要考慮一個冷酷、無情的事實，你是否有時間執行這項研究。有時你可以調整日程安排來「騰出」時間；例如，家裡有孩子的研究者可以在資料蒐集期間尋求額外的家庭支持和小孩照顧。你要把跟自己研究有關的許多不同任務「算成」工作：出差做研究，處理未來訪問的後勤，做訪談與參與觀察、寫田野筆記、謄
19 寫資料、寫筆記反思自己學到什麼。例如，如果你每小時的參與觀察要寫 2.5 小時的田野筆記，10 小時的田野工作（超過三次訪問）就要「花掉」25 小時寫田野筆記。這還不算上 1.5 小時的後勤工作以及可能要 3 小時的交通。你還想花 3 小時或更多的時間寫筆記和看書。因此，大約 10 小時的參與觀

察很快就成了每週 43 個小時的工作。訪談也有類似資料：安排訪談、準備、前往訪談地點，上傳錄音、寫下反思，以及寄出親筆寫的感謝信。另外，許多受訪者會取消和重新安排時間。一週內有三次訪談，就是美妙的一週。

不但如此，你還要考慮研究目標以及研究的長度。貫時性訪談可能很有價值。有些研究人員會在密集的資料蒐集結束後（如六個月或一年後）做「檢查」或「追蹤」研究。由於資料過程的浮現本質，常見的方法是暫停資料蒐集，尤其做訪談時，要先做資料分析（見第 8 章的討論），然後以更明確的重點繼續做訪談。

研究設計：研究規模與取捨

在你申請 IRB（研究倫理審查委員會）的審查前，需要根據自己的研究目標做出一些重要的決定。一項研究不可能盡善盡美，你不但要限制研究的規模，也要限制研究對象的多寡。小而美的研究可能極有價值。當你思考研究的範圍，可能會有「面面俱到」（do it all）以及做很多樣本的龐大壓力。然而，訪談和參與觀察的研究有其獨特邏輯，深入掌握資料可以強化研究的各個面向。研究的大小取決於許多因素，但對大學生（或參加暑期密集班的人）來說，非常適合做高度限定的研究（即「迷你」研究）。也就是訪談次數不用太多（通常在十次以下），走訪的次數也不用太多，經常是上課期間一個禮拜一次。迷你型研究也要經歷各個準備步驟，但由於時間有限，不會花那麼多時間做研究。對一些學者來說，有深度的文章或著作，靠的是有限的資料。[12] 事實上，《向陌生人學習》（*Learning from Strangers*）一書 20
的作者 Robert Weiss 說，他可以輕易放 50 個人到腦中思考。為了避免像「軍備競賽」一發不可收拾，應該要以計畫的目標做決定，正如 Mario Small 在〈我需要多少個案？〉（“How Many Cases Do I Need?”）這篇富有價值的文章所言。此外，最大型的研究幾乎都是由人力及資金充沛的研究者完成

（例如，我那本《不平等的童年》就是建立在一項充滿企圖心的研究計畫，申請到大筆補助並且有研究助理幫忙蒐集資料）。

另外，以訪談或參與觀察為主的研究，研究者總是要妥協。你所掌握的文獻，還有對自己的了解，有助於你揭示什麼是「你可以接受」與「完全不能接受」的妥協。然而，仍然深感遺憾的是，你可能需要割捨一些你想研究的群體，以便在較少的人身上蒐集更詳細和豐富的資料。在此，請再次想想你所欽佩的研究。你是否對於只研究一個種族感到放心？你所喜歡的研究是否有做這樣的研究設計？比較對你來說是否不可或缺？當然，一個群體的輪廓並不明顯。重要的是你的想法。此外，無論你的決定為何，你都想向你尊重的人說，並**傾聽**這些人告訴你的事（比方說，如果你傾聽其他人的意見，他們也可能料到其他人在出版過程中可能如何評價你的研究設計）。你不需要與所有研究對象分享研究上的來龍去脈，事實上，他們可能不會完全同意你的分類（categorization）（例如，大多數美國人認為自己是中產階級，所以工人階級家庭可能會反對我把他們歸為工人）。有時候，你可以隨著研究的進行做些調整，但是有一些關鍵元素需要固定，才能讓研究看起來有系統，也顯得有妥善的設計。

理想上，你想要的研究是有方法也有系統。對我來說，對不同的人在不同環境中所做的類似研究進行比較絕對有好處。[13] 由於真實世界的限制，對更相似的群體進行比較相當理想。這種「拿蘋果比蘋果」的趨勢，可以提升你對自己結論的信心。舉例來說，做訪談研究的設計時，如果有三個受訪者是一個種族，另外兩個是另一個種族，還有六個是第三個種族，就不太理
21 想。我自己對於一個分類只有兩、三個人感到不安；如果我要區分出一種樣態，一個分類裡有五個、六個或七個人會讓我更有信心。因此，如果你要做比較研究的設計，你會想要看來合理且有系統。當然，到頭來，你的人數可能稍有變化，例如一組有 11 人，另一個組有 13 人，然後畫出一個簡單的表格做比較（表格中的方塊稱為「單元格」），例如比較上層階級、中產階

級與工人階級有三至六歲小孩的白人和非裔美國人家庭（見表 2.1）。你可以把樣本限定在所有美國公民或五歲以前移民美國的人，以避免移民的特殊經歷。此外，訪談研究的理想做法是重複訪問子樣本（subsample）裡的每個人（例如大學生的父母或工人的另一半）來做三角測量（triangulate）。或者，你可以做民族誌，然後對你觀察的一個子群體做詳細的訪談。[14]

表 2.1　假設研究傳統公立學校與特許學校的家庭與學校之間的關係，研究對象是家裡有三至六歲小孩的母親

	黑人母親	白人母親	合計
中上階級	7-11 人	7-11 人	14-22 人
中下階級	7-11 人	7-11 人	14-22 人
工人階級	7-11 人	7-11 人	14-22 人
合計	21-33 人	21-33 人	42-66 人

此外，你還需要做許多決定。舉個例子，我做了一項探討兒童撫養差異的研究（由不同種族的研究助理協助），並且在《不平等的童年》寫出結論。這項研究在兩所小學的課堂，做了幾個月的參與觀察；也對 137 位家長（分布在 88 個白人和非裔美國人家庭中）分開做了深入訪談；觀察數不清的兒童活動；對家庭做密集觀察，通常是每一天觀察，連續三週；總共
有十二個家庭受訪，分別歸為中產階級、工人階級與貧窮家庭。當我徵求家 22
庭接受密集觀察時，遇到艱難的取捨。我拜託受訪的家庭允許我入戶觀察，通常每天二至三個小時，持續三週左右（只要加入研究，每個家庭可以收到的酬勞相當於現在的 550 美元）。我訪談了一些中產階級非裔美國人的單親家庭。我每次招募一個家庭，而我在招募非裔美國人中產階級家庭做觀察前，已經完成兩個白人家庭的觀察。因此，在決定對四個中產階級家庭做密集觀察時，我必須堅持這兩個非裔美國人家庭必須是雙親家庭（一如我觀察

過的兩個白人中產階級家庭），因為我擔心會混淆家庭結構、種族和階級的影響。我觀察和招募家庭的學校，是一所白人占絕對多數的郊區公立中產階級學校，每個年級只有大約三個非裔美國學童。因此，同意密集觀察的非裔美國人中產階級家庭，都不是來自我觀察好幾個月的那所公立學校。也就是說，在其他條件之外，我在公立學校的觀察已不再是那本書裡頭核心、清楚的特色。這是一個艱難的選擇，特別是在我所觀察的那所學校，如果我有詢問，校內非裔美國人中產階級的單親家庭，可能會同意加入研究。即使我一直預想整個計畫要圍繞學校做觀察，但是我不想把家庭結構與其他因素混淆的想法，就表示我需要做出很大的調整。這項研究逐漸遠離校園生活，而更多的涉及家庭生活。簡而言之，有時你必須跳脫充滿未來性的研究對象或誘人的觀察點，因為它們不會產生系統的比較。從頭到尾，你必須弄清楚什麼對你最重要（以我為例，就是種族和階級），這樣你才能「控制」其他變數。假如這些群體在重要面向可以做比較，也就能幫助你聚焦在關鍵機制，並增加你對研究結果的信心。

23 此外，你的限制越多，也就越難招募到研究對象。小孩必須是家裡最大的兒子嗎？在我和 Elliot Weininger 做的選校研究，老大的年齡很重要，但是在其他研究中，這可能不重要。[15] 參與研究的家庭是不是只有一個小孩會有影響嗎？家庭結構呢？（我們找研究對象時並未具體針對這個問題，但我們確保在每個種族和階級分類中，都有雙親家庭〔包括混合家庭〕以及一定數量的單親家庭）。母親是全職或兼職工作有影響嗎？（我們的研究沒有考慮這項因素，可是一旦出現，的確會有不同）。你不斷思考所有影響因素，決定哪幾項因素重要。你經常把注意力集中在幾個關鍵問題上，然後讓其他因素隨樣本展開。你要密切關注研究參與者彼此之間的不同之處。如果一種形態變得重要，你也可以調整樣本以增加某一種類別的數量。

遊走在（juggling）這些對立的優先選項之間，訪談人數很容易暴增。假設有一項研究，對象是三到六歲兒童的母親，然後要比較兩個種族和三種社會階級，每一種類型要有七個人，也就會產生一項 42 個人的研究，這比每個類型 11 個人，共 66 個人要容易得多。

想要把一項研究限定在兩個種族、一種性別和三個社會階級相當困難（西班牙裔？移民？父親？）。此外，從歷史上看，有些（優勢）群體被研究的機會比其他同樣重要的群體更多。正如 Amy Steinbugler 所說：「當優勢群體一而再、再而三中選，對於我們的學科會有長期影響，這會決定那些人的習慣和經驗成為標準。」[16] 當然，你尊重漏掉的群體，而且相信如果自己納入更多群體研究會更好。但是，你也必須做出艱難的取捨，避免蒐集訪談資料後卻置之不理。資料的意義往往在於研究參與者的話語中。做深入訪談只是為了減少分類的數量嗎？畢竟，樣本通常非隨機選出。根據我的經驗，自己做訪談可以深入挖掘，連結研究中的人，而且學到很多很多。但 24
是，一個人能做的有限。以我研究階級與種族差異對家庭生活的影響來說，我試著在一個類型中至少找到七到九個人。如果每個類型只有三或四個人，我擔心可能會有某個人特殊到足以推翻研究結果。如果每個類別有超過九個或十個人，研究就會變得相當棘手。

我也了解，現實上有許多研究都是由剛起步的年輕人來做。他們沒有大筆補助來支付交通費或謄錄幾十次訪談的費用。他們需要務實一些。你很容易覺得自己的研究不夠。然而，小就是好。小不僅合理且實用。小就表示為了保持研究的規模合理，你常常要限制研究對象的數量。一項研究只能做這麼多，各種研究可以相互啟發。好消息正如 Mitch Duneier 所言，最優秀的民族誌往往出於年輕人的博士論文。[17] 舉例來說，許多經典民族誌作品，包括《血濃於水》（*All Our Kin*）、《街角社會》（*Streetcorner Society*），《都市裡的村民》（*Urban Villagers*）與《泰利的街角》（*Tally's Corner*），最初都是博士論文。[18] 事實上，許多民族誌的作者一輩子只做過一次參與觀察研究，而且是在學術生涯的初期就完成。雖然他們的名氣還不足以讓他們拿到大筆經費，但年輕的研究者有許多關鍵優勢：他們正是才華洋溢的年紀，經常（雖然未必）沒有太多家庭羈絆，因此比資深的民族誌學者有更多自由時間，比年長的民族誌學者更容易融入青少年和成年人的環境，而且他們有「滿腔熱血」落實這項研究。這是雙贏的組合。

選擇研究地點

除了考慮你要研究的對象和人數，你還要考慮這些人在**哪裡**，你要到那個社群（社區）找你要研究的對象。務實一些！你希望能經常到現場了解人們的生活經驗，或者說，如果你是訪談，你希望研究的人離他們的家近**並且**離你家很近。具體來說，這表示你的田野考察點應該靠近你的居住地（或你為開展研究而搬到的居住地）。理想情況下，你應該能夠自由與相對容易走訪該處。

25 如果你沒有車，你的研究地點應該是大眾運輸到得了的地方。如果你有車，研究地點單趟車程不應超過 30 分鐘，你需要一個具體的、可靠的出行計畫，否則從現實來看，你可能需要選擇不同的研究。在極少數情況下，到離家一個多小時路程的地方做研究還算合理，但在大多數情況下，選擇一個離家較近、稍不理想的田野地點會好上很多。當然，選擇地點的時候，別忘記把塞車的成本也算進來。如果你非得要研究一個離家很遠的地點，那麼你應該盡量安排好自己的生活，以便能搬到那住幾個月。在你開始考量研究地點前，你需要想想怎麼過去。

抵達

你能從親友那借到一部車嗎？你的大學有車供你使用嗎？你可以騎腳踏車過去嗎？你可以請朋友載你過去，然後替他做點事作為回報嗎？你可以申請往來交通費的補助嗎？

遠距離資料蒐集

2020年，新冠肺炎席捲全球。全美國的大學突然關閉各種活動，包括實地研究，並轉移到線上課程。美國各州的反應不同 ，但大多數州都限制行動並呼籲維持社交距離。這場危機帶來一場全國悲劇，死亡無數，到處可見失業和糧食短缺。雖然這場傳染病的全部衝擊尚不可知，但後果將非常巨大。對研究人員來說，全國危機期間如何進行訪談與參與觀察，出現一系列新的挑戰。我自己的研究也非常艱辛。由於2020年疫情發生時，我正在訪談高淨值資產（high net worth）家庭（也就是淨資產通常在一千萬以上）蒐集資料，我只能在恢復線上訪談（使用線上錄影技術）前暫停研究兩個月。線上訪談要比資料蒐集原地踏步更好。但是，就像我稍後的解釋，此舉帶來了挑戰。

研究人員試圖駕馭這個千變化萬的領域，汲取廣泛且越來越多的文獻，進行線上的質化研究，包括「網路」（net）民族誌（也就是根據網路社群 26
調整的民族誌）、數位日記、「再現的影片」（reenactment videos）、線上支持團體、線上焦點團體、政治活動、線上影片與推文。[19] 從歷史來看，有些面對面的接觸非常有助於發展一種研究關係，帶來深刻、豐富的資料，但是這個場域也在快速演化中。[20] 不同的學科領域也有許許多多方法論的作品在探討線上的質化研究。這些作品中說到作者討論如何一步步建立信任，然後取得分享檔案的許可。[21]

針對線上訪談，也有許多方法論上的討論。[22] 有些人堅持在線上訪談中：「從線上得到的回應，品質基本上與傳統方法的回應一致。」[23] 我自己做線上訪談的經驗有好有壞。有時候，假如是個健談的受訪者，我發現兩個小時的半結構訪談，品質比得上一場面對面的訪談。然而，更常見的是，我發現線上訪談的品質，大約是我面對面訪談的75%到80%，尤其是在敏感問題的深入程度。線上訪談比較難建立融洽的關係；我和參與者的聯繫比不上面對面的訪談。然後，當我碰觸到敏感問題時，我會不好意思探究，因為我看不到受訪者是否自在的「信號」（signals）。某些個案中，在我看來受訪者沒那麼坦誠。此外，訪談可能會突然結束，假如是面對面訪談，這種情況不大可能發生。正如我在第 5 章的討論，當你做面對面訪談，然後出現一個敏感話題，你經常可以「看到」情況，然後「深掘」以取得更多細節（如果對方願意讓你這麼做）。但是，當你透過線上會議系統與人互動時，會看不到一些細微的東西。線上訪談遠比什麼都沒有好，但我發現訪談的品質經常不如面對面訪談。其他人則有不同的經驗。有些人，例如沒有證件的人與難民，可能會高度懷疑機構人員潛在的傷害，可能會對線上訪談與記錄感到不安全。

線上訪談與觀察也有一些優點。如前所述，在某些歷史時刻，例如傳
27 染病期間，線上訪談是少數選擇之一。此外，線上訪談省去差旅和資料蒐集的費用，也省去為了研究而離家的不便，以及各種雜支。還有些參與者可能覺得面對面訪談過於拘謹、不舒服、讓人緊繃。這種方法使你能接觸到一些根本不可能接觸到的人，例如住在世界其他洲的人。對許多群體來說，特別是年輕人，線上活動是日常生活很重要的一部分。對青年的研究如果不包括線上的活動將不夠完整。

大家對於遠距離的資料蒐集各有主見，人們對它的熱衷程度也相當不同。就像大學裡的人對線上教學的熱衷程度天差地遠，對使用線上技術蒐集資料的看法也不同。因此，使用線上科技蒐集資料，在社會科學還在開展中，也還在理解中。

你的身分影響研究

研究時，你自己的身分很重要，研究進行是否有傳達其他人生活的權力及正當性，將會挑起複雜的問題。[24] 正如 Peshkin 所說：「一個人的主觀性（subjectivity）就像一件衣服，無法輕易脫掉。」[25] 你的任務並不是排除

研究過程中涉及你身分認同的挑戰，而是要了解任何途徑的優勢與劣勢。這些問題在研究的各個不同時刻都會出現，特別是參與觀察的時候，但它們也出現在訪談研究中。一般來說，這些問題被框定（framed）在自己人／外人的辯論。

自己人／外人的議題

大家普遍認為，「自己人」的觀點表示在某個社群有相同的成長經歷，有相同的種族或族群身分，或擁有其他共同經歷，會提高研究計畫的品質、正當性和價值。例如，Victor Rios 的《懲罰：管好非洲裔與拉丁裔男孩的生活》（*Punished: Policing the Lives of Black and Latino Boys*）與 Randol Contreras 的《強盜男孩：種族、毒品、暴力與美國夢》（*The Stickup Kids: Race, Drugs, Violence, and the American Dream*），都強調他們研究自己成長的社區，而且在他們年輕時就已涉及過一些重要活動，帶給他們獨特的 28
研究優勢。然而，Rios 也觀察到自己是「外人」，也是「自己人」，他指出：「我也會遇到警察的騷擾……看起來有如男孩們讓我具備一種敏銳感，了解這些年輕人的經歷。」[26] 書中的年輕人尊稱他為「O. G. Vic」，「O. G.」代表「當地的流氓」（original gangster）。這種崇高的地位幫助他獲得信任，並且更快進入田野。但是，他也說：「我承認這種自己人的身分，限制了我的觀察。」像是年輕人會想要討好他，抑或自己有可能根據與警察的（不好的）經驗而做出錯誤的假設。在他這裡的說法中，Rios 看到一個經典問題：自己人有利於進入田野與建立信任。然而，這些優勢可能造成一種視野，把關鍵問題當成理所當然，卻忽略其他問題。自己人也很難跟社區裡不在正常領域的其他人建立關係。[27]

其他人則提到外人帶來的新視角。Michèle Lamont 在《工人的尊嚴：道德與種族、階級和移民的邊界》（*The Dignity of Working Men: Morality and the Boundaries of Race, Class, and Immigration*）一書中提到，身為一

直生活在法國和美國的魁北克人（Québecoise），自己「沒有一聽就不一樣」的口音有些好處。當她訪談美國人，「大多數人……都意識到我是外國人……這讓我可以問他們一些理所當然的概念（例如，**假貨**〔*phony*〕代表什麼意思），而本地研究者無法自由探索」。[28] 外人往往被認定對文化習俗一無所知，他們可以比其他人更自由地提問。這可能是一種優勢。

在自己人／外人這個激烈辯論的問題上，特別是在種族和民族誌領域的爭論，我通常認為「外人」可以對「自己人」做出高品質的研究 。外人對研究對象打從內心的尊重，跟他們的好奇心及開放性一樣重要。[29] 我相信女性研究男性也可以很出色，異性戀者可以對同性戀者做出精彩的研究，這個種族和族群的成員，可以對另一個種族和族群背景的人做出令人印象深刻的研究。當然，外人總是有誤解別人之虞，尤其是涉及到種族和階級障
29 礙時；研究者需要接受這個現實，也不要像 Duneier 所說的，認定「你信任或是特別同意你想要書寫的對象，即使只是表面如此」。[30] 儘管這樣，外人也可以帶來新的見解。他們可以看到「自己人」想阻止其他人看到的事物。對於外人的限制，也就是只有自己人才能相互研究的想法，產生一個不幸的後果，限制位處一個社會位置的人只研究跟他們一樣的人（例如，這個位置表示你只能研究自己的社群，無論是種族、族群、社會階級、性取向、性別、宗教信仰等方面）。此外，最終，任何研究都是有限的。設計一個多群體的研究有很多好處。雖然這樣比較費工，但有助於化解一些外人／自己人這個問題的批評 。也就是說，針對種族和族群問題，不論是外人和自己人的角度都能做出精彩的研究。

雖然「自己人／外人」的困境在種族和族群以及性別的成員問題上，得到最多關注，但當你（即研究者）是中產階級，研究經濟弱勢群體，也會有很大的挑戰。當然，當你「向上」研究比你富裕的人，也會有挑戰。即使研究跟你一樣的人還是有挑戰。

由於自己人／外人這場辯論本質上針鋒相對，無論你站在哪一邊，都

會有看法不同的人批評你。重要的目標就是讓自己人和外人完成一批研究，不斷累積不完美的知識，最終得到一個越來越完整的圖像。不過，重要的是要深入了解自己人－外人這場辯論，表達自己的看法。你也要引用方法論的文章捍衛你的立場。做出一個對你的計畫最合理的決定，你所面對的限制，還有當你必須在這件事面對質疑，你可以為自己的立場做出深思熟慮且細緻的辯護。

你的研究旅程：概述

動手做研究是一場知識之旅。我在此簡單介紹一下幾個關鍵步驟，當
然，你要知道，每項研究的開展都有些許差異。如表 2.2 所示，你的知識之 32
旅有幾個與眾不同的部分。首先，是「開始」階段，你有一個初步的靈感，或是文獻批評，初步的研究問題，還有一個動手蒐集資料的計畫。接著，進入前幾個步驟，你蒐集資料，思考你學的，然後慢慢聚焦。隨著你進入「研究中期」，你蒐集的資料讓你修正，引導你有幾個研究問題。你會思考你的資料說了什麼，重新檢視文獻來提煉自己的批評。你開始發展一個知識立場（例如，學位論文），然後捕捉自己的發現。一旦你有了論文，你就開始找駁斥論文的證據，挑戰自己的論文[31]（這個過程會在思考研究你研究問題的「中期」反覆，提煉你的批評，仔細看資料，評估證據的強弱，尋找反對的證據，最後根據你的所有證據，針對你的發現拋出自己的論點）。一項研究經常會有好多個方向， 但你必須根據掌握到的最強資料做選擇、**你**最感興趣的研究內容、其他人覺得你最大的貢獻是什麼，還有其他因素。最後在「研究後期」，你有一個終極的研究問題，對文獻的批評，聚焦的資料，並且分析你的資料如何為文獻提供新的貢獻。批評、資料和分析的結論構成你的最終論點。附錄的方法論有時會對研究者的知識之旅做出生動的描述。[32]

30–31 **表 2.2　知識之旅：一個發展中的焦點**

旅程中的標準步驟	研究問題	文獻
研究開始	初步研究問題	文獻的知識：你對某件事的直覺困擾著你，或是看到的文獻不完整。
前幾個步驟	浮現的研究問題	重讀文獻：使用你的資料，思考文獻缺少的部分。
研究中期 （中期有可能重複好幾次：向他人**尋求反饋**並仔細聆聽，是這段時間的關鍵。）	浮現幾個方向不同的研究問題 根據你對文獻的更深入了解，還有浮現的研究發現，修正你的研究問題，使問題、文獻與資料可以相互同步。 設定優先事項。	再讀文獻：使用你的資料提煉並且聚焦於你對文獻不足的批評
研究後期	一個最終的主要研究問題（其他問題都附屬於這個主要問題，或「衍生」出其他的文章）。	關注於你的研究會如何強化既有文獻。

[a] 這些研究問題是來自《不平等的童年》。

資料與分析	研究問題的例子 [a]
寫下蒐集資料的計畫並獲得IRB的許可。	社會階級如何影響小孩子校外的生活？
蒐集資料。 想一想你學的東西。 開始聚焦。 思考你的貢獻。	中產階級的孩子比工人階級的孩子還要忙碌嗎？
關注你蒐集的資料以回答你所提出的研究問題。 從你的資料建立浮現中的知識立場（例如，論點）。 你的發現對文獻有何貢獻？ 尋找你命題的反面證據。 系統性的對資料做編碼。	許多問題： 性別如何影響不同階級的小孩所過的生活？ 種族如何影響不同階級的小孩所過的生活？ 家長的策略為何不同？ 家長的文化品味有何不同？ 家長與學校專業人士的互動有何不同？ 小孩在活動中傾向扮演何種角色？
根據你的資料，發展最後論點（或命題），對文獻做出貢獻。	問題：社會階級如何影響扶養小孩的文化邏輯？（答案：所有的家長都想要他們的孩子健康快樂，但中產階級的家長致力於規劃栽培，工人階級與貧窮家庭則致力於自然成長。）

本書第 8 章集中討論資料分析，但實際上，資料分析會透過寫筆記、和其他人聊天、傾聽人們給你的反饋，以及聚焦，在整個資料蒐集過程中「醞釀」。[33]

總而言之，普遍的作法是從一個問題開始，讓計畫擴展到好幾個問題（朝著不同的方向），然後根據你的資料是否足夠，你藉由傾聽發展出來的優先順序，以及你收到的回饋，最終結束在一個核心、修正過的研究問題（其餘的問題都附屬於主要問題，或「衍生」出子計畫）。當你蒐集資料時，你要試著不斷釐清自己的研究重點。研究結束時，你的研究發現最好能藉著描述一個群體，甚至解決一個分析性問題，對文獻做出貢獻。因
33 此，即使在資料蒐集的最初階段，你就要開始思考自己正在了解什麼。你的資料通常參差不齊。在某些方面，你有很多不錯的資料；但在其他方面，你更多的是粗略的資料。你的資料蒐集過程反映你的知識重點。研究初期，你的初步研究問題、文獻和資料通常不會完美契合。這很正常（第 8 章深入討論這項挑戰）。有時，你需要根據你所掌握的事物，徹底改變你的研究問題。

回應批評者：處理 4R 問題的手稿

Jack Katz 創造「4R‘s」這個詞，描述讀者針對質化研究一再提出的問題：代表性（representativeness）、反應性（reactivity）、穩定度（reliability）和可複製（replication）（見表 2.3）。[34] 思考 4R 問題對你有幫助是基於以下兩點理由：你想要累積自己的看法，你想要準備好答案，應付其他人在這個揮之不去的問題上不斷提出挑戰。儘管你的回應取決於你的計畫和觀點，但我還是要簡單扼要地分享對這些關切的可能回應。關於代表性的顧慮，在你的能力範圍內，你應該把自己的研究與可以比較的研究對象並列，看看自己的研究對象是否有特別之處（如果它不是典型個

表 2.3　如何回應問題 34

	如何回應問題
代表性——「樣本這麼少，你怎麼知道自己的研究結果有代表性？」	「本研究試圖更深入了解事件的意義。我的目的不是為了歸納。反之，我正試圖提高我們對關鍵社會過程的理解。我專注於解讀那些重要的因素——這些過程往往被其他研究忽略。」
回應性——「你是否在場有什麼不同？」	「當然，研究者絕對是資料蒐集過程中的一部分；這塊無法避免。不過，人們的行為與他們平時的行為不同相當煩人。在參與觀察的研究中，人們不能長時間表現出「黃金禮儀」（golden manners）。一般情況下，他們會調整（你在實境秀也能看到這一點）。
穩定度——「你去的時間與訪談對象會讓結果有很大不同嗎？結果是否穩定？」	「穩定度是指如果你在不同的日子做研究，是否會得到同樣的結果。比起其他方法，使用我的方法問題不大，因為參與觀察不是一次性的調查，而是持續一段時間。你要尋找不同時期的前後一致主題。」
可複製——「你的研究結果可否複製？」	「不完全是，因為我的田野地點是保密的，每項研究都有自身特色，但有個傳統是在各個研究中尋找類似的發現。有許多不同的研究。每一項都有貢獻。此外，「我希望有個學者在我的田野地點問出類似的問題，可以找到差不多的研究結果。」

案，也就要說明為什麼這個偏離的個案有啟發性）。這絕對是質化研究中最常被問到的問題，我會在第 9 章中詳細討論。反應性問題也值得關注，特別是在參與觀察中，但假如你在參與觀察的研究中經常造訪，研究者會習慣你的出現，並可能恢復正常行為。針對研究對象做「出口訪談」（exit interview），問他你在現場事情是否不同也有幫助（小孩或坦率的人尤其是提問的好對象）。為了解決穩定度的問題，你想要繼續訪談，直到不再了解新的事為止；幾個月內造訪你的田野地，看看你在現場時是否學到不同的東西。理想的情況是選擇一天之內的不同時間，一週之內的不同天，還有同一個地方不同的講話對象。你也要尋找可能破壞你論點的反駁證據。針對可複製的問題，你可以注意到無論誰做研究，研究結果中往往有共同的模式。
35 例如，不同地方、不同調查者的民族誌，經常表現出類似的模式。[35] 此外，你可以在自己的發現與各種研究之間尋找一致性（consistency）。

4R 的問題有時充滿啟發，有時卻相當困難（因為你對一些挑戰束手無策）。但是，不是一切批評都對你的研究結果有同樣的影響。請記住，每一項研究都有缺點，你的研究也不例外。

當人們提出 4R 問題，你可以決定如何應對，但表 2.3 是其他人問我同樣問題時，我預先擬好的答案。

傑出作品的特質

當你正展開一項計畫，在研究之前先思考你希望做什麼會有幫助。你要用訪談和參與觀察寫什麼？作品長度和預設讀者為何？你可以找到位置類似的研究者做出值得仿效的作品嗎？另外，你要分享照片與影片嗎？有些民族誌學者，包括 Mitchell Duneier，在他們的田野地點拍了影片。[36] 你腦中作品的最終結果，決定你需要蒐集哪些人的同意書。照片對看到的讀者極具震撼力。播出受訪者的聲音也很有說服力。但是，要做到這點，你需要獲得倫理審查委員會的許可，才可以事先請求參與者同意。

此外，稍微思考別人如何評價你的作品，還有他們對作品的期待，可能也有幫助。雖然社會科學家之間存在一些歧見，但他們對於傑出的標準往往是同意大於分歧。辨別這些標準的方法很多，包括 Lincoln 和 Guba 對研究計畫「可信度」（trustworthiness）的討論。[37] 例如，撰寫研究計畫的教戰手冊強調，你必須設定背景、解釋研究計畫的「回報」，還有本研究在文獻中的定位。

正如一本深具影響力的研究計畫寫作指南所說：「幫助讀者了解研究問題與該領域主要理論辯論的關係，並說明你的研究如何檢驗既有觀點或提供新觀點。好的研究計畫要意識到其他觀點的存在，論證作者的立場時要像整 36
個領域來處理，而不是發展出與其他觀點無關的狹隘傾向。」[38] 同樣地，國家科學基金會（National Science Foundation）的指導手冊強調，獲得研究補助要能夠「提出和探索有開創性、原創性，或可能有顛覆性的概念」，並且「有益於社會或推進社會渴望的結果（即更廣泛的影響）」。

個人反思是一部優秀作品重要的一環，你也需要列出自己已經閱讀或欽佩的文章與書籍（以及你所在領域的得獎作品），並且詳列這些作品共有的特質（你也可以把你讀過很差的作品列出來。這樣會很有啟發）。這些練習有助於更完整列出你的目標與旅程。不幸的是，雖然你在進行中會對自己的作品做些「品管」，也可以意識到自己研究的價值，但你應該不會是評估自己是否達到預設目標的最佳人選。評估只有其他人可以做。因此，最好早點收到別人的意見。不要等！不論是同事，還是權力在你之上的人都會有幫助。別人的反饋會幫助你仔細思考自己在這趟旅程已經走到哪，下一步要往哪走。當然，你想要思考你所敬佩的作品，你覺得令人興奮的理論觀點，還有你想要寫出哪一種作品。有個標準在前面可以幫助你走得更好，你會想要回到你的計畫目標，整趟旅程中的「北極星」，特別是在資料分析與寫作階段。

傑出作品的關鍵特質

- 對新知識做出清楚貢獻
- 充分回顧舊文獻，看到文獻的不足之處
- 有個研究問題，並且能夠以掌握的資料回答此問題
- 資料蒐集有廣度與深度
- 深入分析，然後根據證據做出詮釋
- 認清反駁的證據
- 以個案作為出發點進行討論，並且反思更普遍的關懷
- 探討觀點與實踐的意涵

小結：開始研究

一項新研究剛開始有各種矛盾之處。你想熟悉其他研究，又不想受到這些研究掣肘，因為你畢竟是在嘗試一些新事物。你需要有個初步的研究問題，但也要接受問題會隨著資料蒐集而改變的事實。你要為自己的研究安排一個計畫，你也要為所做的（艱難）決定提供一個理由。但是，你也不想過度擔心調整及取捨，因為沒有完美的研究。你想隨時注意自己所處的社會位置，以及位置如何影響你的視野。但是，與其擔心你在全球潮流中所處的位置（像是你的種族、族群、社會階級、年齡），還不如具體理解自己的位置如何影響你的研究來得有價值。最後，每項研究都是獨一無二，但對於所謂的傑出研究，大家都有一套公認的標準。而且，儘管不確定性帶來挑戰，但接受情況本身的不確定性是有價值的。有許多事你不知道。這就是你要做研究的理由。動手做研究相當刺激，理想的做法就是在你踏上旅程後，盡情享受期待和喜悅。

3 準備 38

研究的初期階段

研究的後勤工作，出乎意料的繁雜。你需要找到與接觸你要研究的對象，想清楚怎麼向他解釋你要研究的內容，並決定是否要給研究地點化名。至於你自己，你必須注意人身安全、交通和衣著。一旦蒐集資料，你要建立一套整理研究資料的方法，讓自己輕易檢索。固定寫筆記有助於思考，也可以讓你專注在資料的蒐集。由於訪談和參與觀察的過程有各種意外，使研究過程充滿焦慮。本章會討論這些問題。但是，研究倫理審查委員會的同意對於保護受訪者相當重要，所以我就從這談起。

機構（研究倫理）審查委員會

任何旅程難免會遇到阻礙。參與觀察特別令人頭痛：獲得 IRB 的許可是為了保護受訪者，然後開始研究。除了你學院的 IRB 辦公室，你要研究的組織也可能有自己的 IRB（例如，醫院、學區和美國原住民保留地）。IRB 的出現，是由於過去研究者各種不道德的行事作風，造成各種傷害行為（例如，惡名昭彰的塔斯基吉〔Tuskegee〕梅毒研究，對參與研究的貧困黑人隱瞞關鍵資訊，即使有青黴素可以治病，他們也未能得到治療）[1]。簡而言之，IRB 的用意是避免研究對象（例如人體）受到傷害，而要求研究
者把風險告知研究參與者，並請求他們簽下知情同意書。IRB 試著維持一 39
套簡單但重要的權利：人們有權不參加研究，不能強迫他們參與，他們也

可以隨時退出，而且必須將研究的性質告知。受益的倫理原則（principle of beneficence）是另一個重要的優先事項，也就是身為研究者要把研究對象的福祉當成研究目標。我們不想也不希望我們的研究傷人。如果研究可能帶來傷害，必須告知受訪者，以便他們能簽署知情同意書。如果你參與一項研究，你也希望知道潛在的傷害，這樣你就能給予知情同意。

不簡單的融合：與 IRB 交手

不是每個人都必須提 IRB 申請。一般來說，上課的學生如果從沒想過發表研究結果，可以不用申請 IRB 許可。對我們其他人來說，IRB 審查屬於強制性。不幸的是，由於 IRB 源自醫學研究，特別不適用參與觀察，也可能不那麼適合深度訪談。IRB 層層把關的要求和民族誌寫作「邊走邊搞清楚」的特質，存在一種文化衝突。IRB 辦公室有申請表讓你填寫，一旦你提交這些表格，也就是在制定一個「IRB 協議」（這意味著你在遵循一套官方程序）。IRB 的政策由聯邦政府制定，但各地機構在執行上的規範差異很大。

我在本章的附錄中，對如何成功達到 IRB 的要求，以及讓你的計畫獲得批准，有更深入的討論。以下是幾個關鍵：

- 你不能太趕，所以應該及早開始；至少提早一個學期取得申請許可。
40 - 隨時準備研究需要的 IRB 協議（除非你是課堂上的學生，而且你很肯定**永遠不會**發表研究）。
- 提交訪談研究的 IRB 協議，開始訪談，接著提出「修改」（amendment），以納入未來的參與觀察。審查修改通常比審查新申請更快、更容易。
- 你應該把核心問題描述得更大，不要過於狹窄，如此一來隨著計畫推進就會更有彈性（例如，「我要研究人們工作時面對的挑戰」，而不是「我要研究工作中的權力和權威」）。

IRB 的同意費時

通過 IRB 的審查如同搭機前要通過機場安檢。既然幾乎每個人最後都會通關，你也很有可能通過。但你不能太趕。

決定是否保密

有一次，我在一場小型的「午餐」討論會上介紹演講者；演講者準備談最近出版的第二本書。會議開始前，我很匆忙，我（愚蠢地）只靠演講者的簡歷，卻沒有查任何細節。我和這位學者是研究所同學，聽過很多人討論他第一本書關注的組織。因此，我在介紹時，隨興調整了自己準備的稿子，說出這個組織的名字。演講者臉色一變，突然打斷我說，組織的名字不能公開。我感到非常尷尬。當我反思這次在大家面前出糗的經驗，意識到問題有一部分是組織的真名在某些地方已是公開的祕密。由於許多人都提過，我沒有意識到這不能說。因此，在你開始前，你應該決定研究地點是否要保密，或者是否要「蓋掉」社區和人的名字。如果你要保護身分，你應該盡量別對其他人說，除了你的指導教授，如果有必要，還有你的另一半。其他像是學生、朋友、親戚、老闆、鄰居和同事，應該都只能看到化名。這意味著你需要盡早選擇化名，始終用化名來指稱你的社區和參與者（然而，直到發表前，你要怎麼改代號都沒關係）。

大家對遮蔽研究地點真名的作法意見分歧。雖然在歷史上，社會科學家常常掩蓋研究地點的名稱，但對做法卻有一番激烈的爭論[2]（順帶一提，
記者堅決反對蓋掉研究重點的名稱）。有些人採取折衷的作法。比方說，學 41
者會直接講出城市名，因為這樣做更準確，也可以讓讀者了解背景，並提供難能可貴的細節，但是對組織或學區（和當地學校）以及研究對象的真名保密。當然，有些學者強烈認為自己應該說出研究對象的真名，才能表達他們

的關心。其他人同樣強烈反對。但是，無論你打算怎麼做，都要盡早做決定，並在研究資料中向參與者明確說明。

我遵循傳統，隱瞞所有研究對象的真名。我不希望自己的研究結果使人們感到尷尬或受到傷害。只要保密，即使其他人猜出是誰，參與者也可以否認參與研究。而且，許多研究參與者會以保密作為參與條件。我最近的研究涉及資產超過一千萬美元的人，我詢問他們的財富性質、遺產安排等高度私人的問題。如果我必須說出受訪者的名字，研究就不可能進行。事實上，鼓吹不要保密的人，有時是研究公共空間的城市民族誌學者。家庭生活比較私密，保護兒童避開未來可能面臨的尷尬也是好事。

如果人與人之間有關係，透露一個組織或社區的名稱，可能在無意中就讓其他組織或社區露出馬腳（聯想往往相當容易）。另外，引用的資料如果網路上搜尋得到，也可能會暴露。正如 Jessica Calarco 的建議，有一種可能是「掩蓋的程度要足以讓人無法判斷誰是誰」。[3] 如果你正要掩蓋自己研究的社區，想一個與你正在研究的對象相似且著名的「姐妹」社區或城市會有幫助。然後，當人們問你在哪做這個研究，我建議你輕描淡寫地說：「嗯！社區的名字不能說，但這是富裕的中上階級所住的郊區，很像〔名稱是個差不多的地方，但距離較遠〕。」有些人可能會咄咄逼人，纏著你說出真正的地點，就算你酒喝多了，或是正在與你的閨密聊心事，只要你答
42 應別人要保密，你就不該說出你正在研究的地方。如果有人繼續煩你，你需要態度堅決，開個玩笑（你是情報員嗎？這是審訊嗎？），然後轉移話題。

訪談誰？招募你的研究對象

研究者招募訪談對象和進入田野現場時，通常依靠「弱連帶的力量」（即熟人關係）。[4] 換言之，你朋友、親戚與熟人的人脈，可以幫助你開始。為何這是個好的想法，因為這個人可以為你擔保。釐清你想研究的對象。然

後，問問你認識的每個人，看他們能否將你介紹給可能的研究地點或研究參與者：鄰居、親戚、多年未見的朋友、臉書上的朋友、同儕、教授、過去的校友，以及任何你能想到的人（當然，你要先探一下你聯絡人的口風，確保他們可以代你提出請求）。

請求的方式都不一樣：你應該做對你想研究的對象最自在的事。發簡訊對年輕人來說特別好；但對老年人來說，發電子郵件、打電話和寫信都可以。如果可能，請你的聯繫人先知會，請對方同意你去聯繫可能的受訪者。當你聯絡時，第一次先等回音等一星期。如果對方沒有回覆，我會跟我的聯繫人說，或者可能的話再聯繫一次。如果仍未答覆，我就會放棄，或等幾個月後再試。

不是每個人都適合包含在你的研究中。別要求你的指導學生或跟你有權力關係的人參加。由於各種原因，有些人可能也不合適，如家人、姻親或同事。如果有這些人，請避開。此外，我的經驗法則是，永遠不要訪問我將來在社會上有往來的人（原因是研究，尤其是訪談，既然是對方向你揭露，就不是一種雙向關係〔reciprocal relationship〕。在這點上，你和醫生、諮商師或社工有些一樣）。例如，當我的《不平等的童年》，無法從我在學校裡觀察的學生找到足夠的黑人中產階級父母，我就開始問我認識的人是否認識這類家庭，或者是否認識可能符合我研究條件的人。如果介紹給我 43
的可能受訪者，就在我目前（或未來可能）的社會世界中，我會拒絕探求訪問的可能性，但我通常會問他們是否還認識其他適當人選。另一種方法，是研究者獲許在醫生候診間（或其他適合的辦公室）閒逛；接待人員可以給病人一份傳單，把他們引向研究團隊的成員，或者研究人員就只是接近病人，解釋這項研究。[5] 其他人則透過網路社團找人，並且使用「篩人調查」（screener survey）；可能的受訪者上線填表。如果他們符合條件，研究人員會聯繫他們做訪談。

如果你希望研究一個組織，靠自己的人脈通常也比在無人支持的情況下進入一個組織要快得多，而且通常也更成功。此外，有時候這還是唯一的方法。你應該這麼做：先簡短描述自己的研究——四到五句話。最好是用所屬大學或組織的信箋（也可以是電子信箋）。問問你身邊的每個人，他們是否認識那個組織的人，或認識與那個組織有關的人。

請注意，我在這個階段並未詳細描述研究內容，也沒有要求做 90 分鐘的訪談，或取得觀察的機會。取而代之的是，我要求打一通簡短的電話。在取得同意講一通 15 分鐘的電話後，潛在參與者並未同意參與研究——只同意進一步了解研究內容。關鍵是，「請求」訪談或觀察，必須要面對面，或透過電話，或在有人為你向受訪者做「背書」之後。你要避免用電子郵件、簡訊或網路「冷冰冰的電話」，因為這些的成功率比不上有人替你擔保。例如，我和 Elliot Weininger 在「選擇家園，選擇學校」的研究中，我們想找三個學區能讓我們找家長接受訪談。我們需要得到學區督導（superintendents）的許可。我不認識任何督導。但我倒是不經意認識一位在教育性非營利機構的工作人員。我問他可否一起喝杯咖啡，我正在為一項新的研究「了解一下教育界的情況」。我們見了面，跟她說明研究目標，她幫了我們一把，告訴我們可以去的學區或可以找的人。她還認識一名教育工作者 John Larkin，這個人組了一個定期聚會的督導群。她給他發了電
44 子郵件，做了些介紹。我問可否到他的辦公室拜訪 30 分鐘。他同意了。接下來的會面，我們簡單介紹自己的計畫。Larkin 先生立即邀請我去向那群督導演講。然後，他還親切地同意把我們介紹給其他督導（在問了我們更多我們到底想見誰的問題之後）。我們把名單列出來。然後，我給名單上的督導寄了電子郵件，郵件標題是：「Larkin 先生建議我與您聯繫」，基本上是靠著 Larkin 先生為我做擔保。我拜託每位督導就我準備開始的「父母如何選擇居住地點」的計畫做面對面的會談。這封電子郵件很簡短。底下是一封稍微修改過的版本。

親愛的 Smith 督導

Larkin 先生建議我與您聯繫。我相信他已經提到，我與 Elliot Weininge 教授（紐約州立大學 Brockport 分校）正在做一項家長如何選擇居住地點的研究計畫，計畫名稱是「選擇家園，選擇學校」。

這是研究的一部分，我們正在訪問督導，所有學區的名字都會保密。

您是否有可能在下週用電話討論這件事？信中附件有這項研究內容的進一步說明。

如蒙同意，我會在下週致電您的辦公室，看看我們是否能安排一次十五分鐘的通話（如果您想與我聯繫，我的手機號碼是 555-232-2222）。我要說明，你同意與我通電話，不代表同意做訪談，這只是了解計畫的內容。

我知道您工作很忙。非常感謝您考慮這個請求。

安奈特・拉蘿敬上

附件：

我寫這封信是因為我和 Elliot Weininger 教授正在做的研究，主要討論家中有年幼子女的父母如何選擇居住地。我們有興趣進一步了解 45
影響家長決定在某地區定居的原因，尤其是有年幼子女的父母如何經歷這個過程。絕對不會透露你的姓名、學校名稱、社區名稱或家人的姓名。只會描述你們的社區將是一個東北大城市的市郊社區。

信件寄出後，我與督導們碰面。他們會問我想研究哪種學校。我給他們一些大致的條件，由他們替我選擇學校，並把我介紹給校長，我接著聯繫校長，要求當面訪談。所有電子郵件都非常簡短。

一般來說，你可以請學校給你代表學校的信頭；然後把信頭嵌入電子郵件，或把它附在電子郵件。另外，放上你的職位也會有幫助（例如，「我是某大學還在讀的學生）。雖然有些人會把他們發表過的作品放在電子郵件的底部，但我通常不會把自己發表的文章或書的連結放在信件中。但和潛在研究對象的電話聯繫時，我會簡要說明之前做過的事（例如，「我是研究家庭的社會學家，我寫過幾本探討家庭、養小孩和學校的書」）。我還會在網路上搜索自己，看看如果有人搜索我的名字，會從網站上看到的我。有時候，我會為一項研究架設網站，上面有我的照片（以及研究助理的照片）、研究簡述，以及相關聯繫資訊。我還上傳與研究有關的各種照片。

這個策略也適用於尋找訪談對象。你問問身邊的人，他們是否認識你需要的受訪者。發簡訊或電子郵件時提到為你背書的人，詢問是否可以撥電話說明。然後打電話給他們，看他們是否願意參加這項研究。訪談的最後，你問他們是否認識適合你訪問的人。我還會問他們（通常是幾分鐘後，當我們走向門口時）:「如果我需要再和您聯繫，也許幾個星期後，只是問一下，有沒有可能認識一些人，不知道方不方便？」你可以開玩笑地說，就是做個小小的「暗示」，而不是推坑。如果你手寫一份感謝函或送一份小禮物，就會促使對方引薦。在這個「滾雪球的樣本」中（也就是研究參與者招募
46 他人或提供引薦），有些人會限制他們從一個人那裡得到的受訪者人數（尤其在研究主題是社會網絡，或是某件需要各種不同人群的主題）。

不過，有時你找不到認識的人。這時候根據研究對象，你也許能透過社交媒體平臺與他們聯繫。例如，賓州大學（Penn）的大四學生 Sangeun "Shawn" Kim 從林肯中學（Lincoln High School）畢業生的 Instagram 公共帳號聯繫到 20 名校友；其中八人同意接受訪談，可說是相當成功。他有一個非正式且友善的聯繫方法：

他先替這個計畫申請一個全新、公開的 Instagram 帳戶，上面有兩張他開懷大笑的照片，其中一張寫著說明：「這個帳戶研究用，假如你是 xxx 中學的校友，請敲我（hit me up, HMU）！」

嗨！我知道這有點隨機，但你是林肯中學的校友嗎？

是的！

喔！中了！我是賓州大學即將升大四的學生。我正在做個計畫（關於種族識字的問題）。我已經跟許多林肯的校友聊過，也對他們做了線上訪談。我想你是否也願意分享你的觀點？

好的，那會很棒。

Sangeun“Shawn”Kim

有時候，你可能需要寫信。收到實體信件的情況越來越少，所以這樣做可能引起更多注意。雖然略顯唐突，但你可以在信中寫：「假如您同意，我會聯繫您的辦公室，看看我是否能跟您通個 15 分鐘左右的電話。」然後在你打電話到對方的辦公室時，你說：「我先前寄了一封信，想確認我是否可以與 X 先生／女士通個非常簡短的電話。」然而，另一種可能是打電話找到你想訪談的人的助理，然後問助理可否安排一通簡短的電話。如果可以就親自到訪，親手送上說明的信件。在其他辦公室，你有可能而且值得親自跑一趟跟進之前的信件。有時候，如果你覺得不尷尬，可以帶點小小的伴手禮，例如假日在家裡烤的餅乾、家裡院子夏天種的番茄，或自己做的布朗尼蛋糕。這是表現你的誠意，讓雙方互動順利；儘管這樣做有點刻意，但關鍵是送禮時不要期望對方會幫助你。你可以說：「我喜歡烤餅乾，家裡多了點，所以我帶了一些過來，希望您不要介意。或許辦公室裡有人會 47
喜歡？」例如，Rachel Ellis 想研究一所女子監獄，需要監獄和大學的 IRB 批准。[6] Ellis 一開始的計畫遭到監獄拒絕，而且獄方毫無解釋，而修訂後的提案又被擱置，Ellis 順便去了矯正署的辦公室。她知道收到申請的承辦人員叫什麼名字，順手帶來燕麥巧克力片聖誕餅乾（說是「太多吃不完」），並問他們是否知道案子何時可能會審查。最終，她得到同意。當你去拜訪，千萬別要求他們回答你的請求。你只問他們是否知道什麼時候有可能審查你的案子，以及他們是否還需要任何其他資訊。有時候把簡歷，或學術履歷與信件，和推薦人名單放在一起是有幫助的。例如，當我為《不平等的童年》邀請家庭接受我的觀察，我就把我教會的牧師列為推薦人。

對人說什麼

大部分的人對你在做什麼不怎麼感興趣。此外，雖然所有研究都帶有偏見，但你總是希望把自己對研究對象行為的影響降到最低。[7] 因此，你會想準確地把研究目標傳達給受訪者，但整體來說，最好不要講太多的細節。最好能想出一套「電梯演說」（elevator speech）說明你的研究。演講的準確性可說是基礎。但是，正如我在下面的表格中所示，演講內容越短越好——長度只有幾秒鐘。由於研究焦點可能隨時間改變，所以演講稿的內容應該要**模糊但準確**。

寫出這種演講稿比想得還難。你想避開專業術語，也不想過於繁瑣。例如，有研究顯示，研究人員會對環境產生影響（請參考西方電器〔Western Electric Plant〕經典研究的「霍桑效應」〔Hawthorne effect〕），你想要盡可能減少你對社區的影響。[8] 你的影響不可能去除，但你不想呈現太多細節，以免研究對象可能有意無意改變自己的行為來幫助你。比方說，如果你亟
48 欲比較女性在照顧家庭生活方面所做的「看得見的勞動」與男性有何差別，你可能會忍不住而一五一十地對人說：「我想知道你和其他女性為了經營家庭，做了哪些男性不用做的規劃。」這段話給了研究參與者太多訊息，而他們可能會反對，認為自己沒必要參與研究，因為他們沒有任何規劃。此外，受訪者可能會試著討好你，說太多他們沒做的規劃，甚至更重要的是，

表 3.1　研究介紹的範本

	不好的介紹詞	問題	修改後的介紹詞
研究概述	社會階級與教育成就相關。我想要解讀這個過程開展的機制。	**專業術語（社會階級、相關、成就）** **重點不清楚**	我想要了解不同家庭背景的小孩在學校的經驗。
請求執行一項研究	我正要開始做一個學校民族誌，要在學校裡做參與觀察。	**專業術語（民族誌、參與觀察者）** **不清楚你想要他們做什麼**	我試著了解家庭的生活如何影響學校的生活。如果可以，我想參觀你們上課的情況，一週兩次，每次二至三小時。

覺得她們應該要規劃，而增加他們所做的規劃。因此，你要一個**模糊但準確**的說詞。你可以說「我感興趣的是做多少事才能讓家庭生活順利，並且幫助人們度過每一天」，或者「我感興趣的是工作與家庭平衡」。

最重要的是，如果你要招募研究參與者，必須清楚知道自己想要對方 49
做什麼（順帶一提，這也是 IRB 希望你做的事）。練習介紹詞，直到熟練為止。在朋友面前站著大聲練習。人在講話時通常會不自在地轉移視線、看地上、撥頭髮、調整眼鏡或手的位置，或以各種方式表現緊張。如果可能，你要避免這些小動作。為了幫助你掌握訣竅，你至少要練習講十五次（例如，早上煮咖啡時，做運動時，又或者每一天的例行公事時）。當你介紹完以後，可以表現出你對他的興趣，並且開始打好關係。你或許可以問這個人一個問題（例如，「你在這工作嗎？」「你在公司待多久了？」），或者說點看法（「這個地方真好」或「這幾天天氣真好」）。你就是想要大家覺得自在。

穿著

研究中的自我呈現是個議題，尤其是你參與觀察經常去的地方。雖然你在觀察，但你也是整個環境的一部分。

參與者眼中的你會影響他們對你的信任程度。研究者的種族、階級和性別經常不同於研究對象。正如社會學家教我們的，我們的階級地位會影響到我們的文化品味和傾向。[9] 穿著是人們反映自己社會地位和品味的一種方式。許多研究都顯示種族對社會互動、身分和其他關鍵問題的影響非常重要。性別也起著一定作用；女性在社會壓力下，經常要穿得比男性還花俏。此外，服裝（和頭髮）與你的身分息息相關。作為一名田野調查者，一方面要融入新的社會環境，另外要保持自己核心的身分認同，實在是充滿矛盾的挑戰。

有個朋友替一家大學的研究機構找人做面訪，他找來的人穿著整潔幹練。衣服無須過度花俏，但需要看起來要很清爽。由於許多學者走的是一種飽受風霜與不修邊幅的風格，因此這條準則不如人們想像的那樣簡單。
50 此外，穿著應該相對中性；除非有很好的理由，否則你的衣服不該清楚透露你所屬的階級；也不該過於古怪。選擇適合所有場合並能融入其中的衣服是個好主意。具體來說 ，這可能表示穿牛仔褲（尤其是黑色牛仔褲）、新的網球鞋，以及一件乾淨的 T 恤或運動衫，或者更正式一點，穿上一般的深色褲子、平底鞋和一件普通的、乾淨的上衣（具體細節隨流行改變）。印有大學校名的運動衫或 T 恤是不錯的選擇。雖然這樣帶有階級屬性，卻可以提醒研究對象你的身分。唯一的例外是，如果穿著標新立異的衣服是你很重要的認同；在這種情況下，穿著不同衣服的心理成本會太高。有些研究者，特別是有色人種，可能有壓力，覺得這樣穿才能讓人覺得他們符合身分（legitimate）。然而，不論什麼場合都可能有穿衣的問題。[10] 穿著特別的衣服進入田野相當複雜。這表示當你從一個地方要到另一個地方時，你

建立關係的穿著

我有雙自己很喜歡的亮綠色運動鞋，有一天我穿著這雙鞋去做田野，結果鞋子收到**一大堆**讚美，因為這雙鞋看起來顯然很像另一雙由著名饒舌歌手設計的鞋子。我開始盤算自己田野要穿什麼衣服來搭配這些鞋子，因為這似乎能跟學生開啟一些豐富且有趣的對話。

Nora Gross

《悲傷中的弟兄》（*Brothers in Grief*）

必須在田野地的廁所或自己的車子裡換裝（這可能會讓人覺得有點可笑）。

我往往會替田野準備幾套常穿的衣服。正如我在其他地方的說明，田野調查很累，有時你必須拖著疲憊的身體工作，因此固定穿一套服裝——幾乎就是制服——對我很有幫助。當我為《不平等的童年》蒐集資料的時候，我通常穿普通的休閒服：一件清爽的 T 恤和黑色或卡其色的褲子。我之所以體認到這樣穿如此重要，是因為有一天我和大學的主管開完會後，來到一個工人階級的白人家庭（Yanellis 一家）。我那天非常匆忙，直到我開著車停到他們那間小小的排屋前都沒想那麼多。看著我那身訂做的紫色羊毛套裝、閃閃發亮的黑色高跟鞋，還有細細的金項鏈，我意識到自己看起來有多麼與眾不同。我穿著一身他們永遠不會買或穿的衣服（我可能讓他們 51
想起他們老闆的樣子）。即使是田野調查的中後期，Yanellis 夫婦顯然還是嚇了一跳。我也想不出方法自嘲，實在太尷尬了。因此，如果你的穿著對你的研究對象來說很突兀，衣服就會畫出一條界線。這條界線可以跨越，但需要時間和精力。

當研究者所處的社會位置不同於被研究者，衣著的決定也就特別敏感。基本上，研究者需要忠於自己。Christopher Emdin 在《寫給貧民窟教書的白人——也給你們其他人》（*For White Folks Who Teach in the Hood—and the Rest of Y all Too*）中，直接建議城市裡的教育人員調整服裝，以便和教室裡的年輕人拉近距離，像是穿年輕人喜歡的運動鞋。這項原則，亦即藉由相同的穿著與你研究的對象打好關係，是一項好的原則。然而，你不能刻意穿著特定風格，假裝你自己不是那個樣子。穿衣必須真實：最好是與你平時的穿著相似，並做一些調整。

田野裡的安全

你要擔心安全的理由很多。傾聽自己的聲音和對危險的直覺，並採取相應的行動，始終是很重要的原則。圍繞著安全有各種矛盾。一方面，有些人對安全的擔憂過於誇大。比起在研究過程受到攻擊和傷害，最常見的風險其實是日常風險——車禍、摩托車事故、行人事故或家庭事故。比方說，一項對沃爾瑪員工的訪談研究，過程中有 20 名訪員在一個夏天就發生了五起「小」車禍。[11] 因此，研究人員受到傷害的風險不是零。另一方面，危險的確存在。性侵的風險要特別注意，尤其是訪問有權力的熟人或一般人。[12] 考察幫派的社會學家，如 Randol Contreras，也大篇幅寫下他們可能遇到的困難，還有讓研究地點化名對維持信任有多重要。[13]

此時，當地的知識和引導會有幫助。一般而言，受訪者或研究對象會提供幫助，弄清楚團隊中誰容易被騷擾，以及如何應對。當我為《不平等
52 的童年》做家庭觀察，許多人警告我為了安全要遠離低收入社區。我得出的結論是，拒訪者表現出的敵意，與整個社會更普遍的種族不平等以及白人討厭進入黑人社區有關。因此，我沒有聽從旁人的勸告。研究結束時，我認為自己和研究助理承受的安全風險過於誇大。[14] 除了其他因素，研究者的風險還會因個人年齡等特徵而不同。正如 Karyn Lacy 的記錄，「有色人種的學者可能會受到中上層白人家庭冷冷相對。[15] 或者，有色人種的學者在

種族敵意滿滿的白人社區可能受到威脅。對這些研究者來說，公開的環境會帶來其他好處。

每個人理想的狀況就是要做好預防措施。一定要讓別人知道你要去哪。你毋須炫耀錢財或貴重物品（摘下手表、別帶筆電，或去田野前把它們鎖在櫃子）。你可以讓朋友接送，甚至讓他們和你一起去（你可以送禮或是以其他實質方式回報）。更麻煩的是風險來自受訪者或重要受訪者的朋友；討論這個議題的文獻有如繁星浩瀚。[16] 總而言之，有些危險評估過於誇張，有些不會。這個問題的答案不能一刀切，研究者願意承擔多大的風險純屬個人決定。陌生人的攻擊很少，泛泛之交的攻擊更為常見。個人安全最重要。因此，如果你感到不自在或不安全，要隨時離開現場。當然，你也可以說（抓緊你的肚子）：「真的很抱歉，但我身體突然不舒服。我的肚子很漲，可能生病了。」然後馬上離開現場，你可以稍後再道歉。

資料管理

在開始蒐集資料前，你要先想好一套準確、有效率且有系統的資料整理方式。事實上，在你忙東忙西時，很容易就忽略整理計畫。即使你把日常生活打理得有條不紊（很多人都不是），也很容易發現自己無法準確說出你已完成幾次訪談或做了幾次田野，因為你並未寫下一個地方的大小事。 53
你可以試著回想，但這可能耗掉幾個小時。當電腦壞了，情況就會更複雜，有些研究人員（很遺憾）沒有備份（在有電腦之前，有些緊張兮兮的學者還曾把手稿放在冰箱裡以防失火）。

你需要整理的資料五花八門：電子檔（即在電腦上）、備份副本、紙本資料和訪談錄音。此外，計畫還會有同意書、計畫書和其他行政文書。對某些人來說，這實在很複雜，讓人一個頭兩個大。然而，正如 Julie Morgenstern 在《由內而外的整理》（*Organizing from the Inside Out*）這本手冊中充滿說服力地寫到，沒有原則就會造成一團混亂，有人會遺失資料，或花好幾個小時找東西。關鍵是找到一套適合你的整理方式。

有各種文章教導研究人員和整理資料的人要怎麼做。你想出來的整理方式應該相對簡單，先有幾個主要資料夾，還有許多子資料夾。例如，我的電腦裡只有十幾個主資料夾（例如，系事務、教學、學生、論文等等）；此外，每個進行中的研究都有一個主資料夾（例如，財富研究、難民研究、向上流動研究）。每個研究的主資料夾，我會放幾個資料檔（詳見後敘）。如前所述，我有個「論文」的資料夾，然後在裡頭為每篇寫作中的論文創建一個新的資料夾（包括草稿、會議投影片檔、評論意見、期刊投稿等）。我會在每篇論文資料夾創建一個名為「意見」的檔案（file），檔案裡寫著我和其他人討論的記錄、審查意見，以及論文收到的批評意見（此外，我也為每篇論文創建一個「意見」的資料夾）。隨著計畫推進，我創建更多的資料夾，例如，我為每篇研討會發表的論文創建單獨的資料夾。我總是把原始資料留在原始檔案，但隨後會把資料複製到論文檔。當我寫論文時，要多少檔案隨我開心（即「其他」、「好的引文」和「導言」）。幾個月後，我回頭來看，除了最後發表的論文和我收到的論文意見外，其他全部刪除。這個資料夾有無限可能。你可以用關鍵字來分類（例如，社會資本）。你可以按照田野調查的月份或年份來放。這其實不重要，但整理的方式不該太複雜。它應該釐清而不是搞亂你的資料。我也會用 Excel 表來「追蹤」，以便
54 及時掌握我完成的訪談與觀察，以及是否已打好逐字稿、編碼等。我的「原始數據檔」會有真實姓名，代碼名稱則在旁邊；平時寫作我只使用代碼化名。

資料整理

每個研究的主資料夾底下，我會弄一個「行政」（organization）資料夾，裡面有 IRB 審查、電子郵件往來、補助申請書、收據等子資料夾。

每項研究還有一個名稱為「資料」（data）的資料夾，其中包括錄音檔、訪談逐字稿、受訪者的背景資料、田野筆記和文件。我按地點（或家庭）整理田野筆記。然後，在資料夾內用日期加上描述內容的檔名，概括我所觀察到的內容（例如，5月8日晚餐，5月9日畢業晚會）。有些研究「資料」的資料夾，則根據不同的訪問分成子資料夾（例如家長會〔PTA〕、房屋仲介、學校招生官和家長）。

做大規模的訪談研究時，我有一套固定的檔案命名方式。例如，我在檔名就放上受訪者的身分、階級、種族、訪談地點、受訪者的姓名縮寫和日期。以下的資訊來自我和 Elliot Weininger 一起做的研究「選擇家園，選擇學校」：

Fisher MOM WC B City AL April 20。這表示 Fisher 女士，一位母親（mom），是工人階級（working class），黑人（B = African American），住在市裡的學區（City），由我（AL, Annate Laureau）在 4 月 20 日訪問。

McBride DAD WC W Kingsley RH May 3。這就表示 McBride 先生，一位父親，是工人階級，白人，住在 Kingsley 郊區，由 Rita Harvey 在 5 月 3 日訪談。

資料

訪談

中產階級父母

Goodwin MOM MC B City AL May 23

Goodwin DAD MC B City RH May 24

工人階級的父母

Fisher MOM WC B City AL April 20

McBride DAD WC W Kingsley RH May 3

田野筆記

55 School1（學校 1）

Back- to- school night AL Sept 10（返校之夜，AL，9 月 10 日）

PTA executive committee AL Sept 15（家長會執委會，AL，9 月 15 日）

Halloween parade AL Oct 31（萬聖節遊行，AL，10 月 31 日）

這套命名方式可以幫我記得受訪者，也讓我比較容易計算每個類別有多少人。當然，你會不斷創造對你來說有意義的分類。

全部內容都盡量不用真名，並在檔名使用化名。然而，訪談內容並未編修（redacted）（它保存在受密碼保護的大學伺服器上，打開檔案要兩步驟的驗證）。如果檔案命名的方式一致，就非常有幫助。

此外，研究中很常蒐集文件。你想把這些文件「登記」（log）在一份 Excel 表（或一些系統）中，包括對你有幫助的關鍵資訊（收到文件的日期，儲存的地方，與你研究的相關性等）。你可以給這個文件一個關鍵字或標籤。大部分的軟體程式有方法可以把這些文件納入你的資料分析。有些人則是把文件拍照並上傳。

我在後面幾章會說明，你在資料蒐集時必須一絲不苟。此外，你也必須把資料管理的有條不紊，才能方便取用，也能清楚你做了什麼。你也必

記錄資料

研究者應該有系統地記錄自己的資料——訪問對象是誰、訪談多久、何時做的田野調查、做了多久等。此外，手邊也要有一份化名的清單，寫作的時候不容易記得你怎麼叫這些人。

Maia Cucchiara，《行銷學校，行銷城市》

（*Marketing Schools, Marketing Cities*）作者

須記錄好你完成的訪談與田野調查。在質化研究中，有時保持彈性很恰當，但有時你就該吹毛求疵。針對資料的登記，你必須有條不紊，而且不該沒做完（fall behind）。

筆記的價值

由於你的研究過程會逐漸浮現，你要邊做邊思考。因此，你要在規劃過程、資料蒐集、編碼過程和寫作過程中，固定寫分析筆記。這些重要的 56
筆記，能讓你判斷自己感興趣的文獻、對文獻不足之處的抱怨、你的計畫目標，以及你的新發現。當你積極蒐集資料，每天結束，也就是每次訪談或一連串田野記錄之後，就要寫下當天的反思。這些不怎麼正式的筆記，能讓你試著處理你所學的東西。但是，正如我在本書後面所說，每月至少兩到三次，你應該安排寫出一份分析筆記，努力說出一些更連貫的心得（單行間距一到兩頁），然後分享給朋友、同學、寫作小組成員，或其他做相關主題的人。當我們寫東西時，我們會思考。我們獲得新的觀察。藉著寫作，我們就能更清楚了解自己在做什麼。你在這些分析性筆記中會退後一步，反思整體情況。你學到什麼？文獻怎麼說？你的發現與別人的發現有什麼不同？有什麼新發現嗎？有什麼令人振奮的嗎？為什麼令人振奮？你可以把田野筆記和訪談帶進來，連結筆記與闡明的概念，並說明自己的新資料如何修正文獻的不足。當你這麼做，就是開始耙梳自己的研究有何貢獻（此外，寫筆記時，你可以反思自己在田野的角色，以及這一切如何影響研究結果）。每隔一段時間就得到其他人的回饋意見也很重要。因此，你要與他人分享你（混亂）的筆記。當你與他們聊天，他們會跟你說他們的感想，其中有什麼令人興奮，這有助於你把焦點放在研究最重要的部分。

做一個完整的人：研究在你生活中的角色

除了你的研究，你還有個家，你已創造一種生活。你希望研究期間生活能繼續下去，即使要有所調整。騰出時間不只為了研究安排。如果你有段親密關係，你可以提醒自己的另一半，未來幾個月你需要花更多時間做研究，如果你白天做了田野，那天晚上根本就無法出門，你需要花時間寫田野
57 筆記，整理你當天觀察到的情況，以免忘記（有些研究者會安排另一半來場特別的早餐或午餐約會，或配合田野行程的節慶活動）。有孩子要照顧的訪談人員和參與觀察者，可以考慮另外安排小孩的照顧。你可以事先通知自己的親朋好友，研究期間你不會那麼常來拜訪。你可能無法參加重要的家人慶生。也就是說，你也需要時間來睡覺、運動、探望朋友並照顧好自己，而且你確實需要做些社交活動來平衡，為自己「充電」。這裡的訣竅是讓你身邊的人有所準備，不要太期待在（有限的）資料蒐集期間看到你，也幫助他們在你做田野過程中感受到愛和關懷。簡而言之，你不想永遠搞壞關係，所以你需要透過實際的方式培養你的人際關係，感謝親朋好友對你的支持。

焦慮

訪談和參與觀察可能令人興奮、開心且發人深省，但也有一定的壓力，部分原因是它本身就充滿不確定性。我曾在不同大學講授質化研究方法，也對學生出現的高度焦慮感到震驚。我自己在設計與動手做研究時，也有明顯的焦慮。多年後我得出結論，這種焦慮，雖然有些特殊因素，但最好不要理解為個人的古怪使然。反之，它源於社會結構；焦慮是做這種研究的現實產物，源於研究如何開展的不確定性。正如我在後面章節所說，最明顯的是做這種研究會接到各種拒絕，而且聽起來相當刺耳。人們會拒絕你的訪談邀約，或避之唯恐不及。田野裡的人對你視而不見或是無禮相對。

而且你也避免不了他們會生氣，然後不歡而散。當然，有時他們只是今天心情不好，或許餓了、睡眠不足，或正在生另一半的氣。他可能不是針對你，但你很容易感到如履薄冰或手足無措（而且，許多學生還經歷「冒牌者症候群」〔imposter syndrome〕，加大困難度），一切都是新的。新鮮感令人興奮，但也有壓力。事實上，通常在你弄明白時，資料蒐集也告一段落了。
而且，根據我的經驗，每個新研究都有讓人焦慮的地方，經驗會有幫助， 58
但不如你期待的多。

此外，你應該如何做質化研究的實際程序不是那麼清楚。當我還在讀書時，就發現這一切真的相當神祕。我對自己應該知道的具體資訊、應該採取的行動，以及怎麼樣才叫成功的標準，全都懵懵懂懂。換句話說，我什麼時候在田野中才可以更得心應手並避免問題？什麼時候一個問題就只是自己要付出的代價？例如有人拒絕受訪，研究地點不合適，或是快被人趕走了。當然，這本書試著提供另外的指引，但即使相對來說掌握更多知識，你也應該預期會有焦慮。Shamus Khan 要求自己的學生制定一套「心理健康計畫」，思考他們在做田野調查時怎麼照顧好自己。[17] 此外，正如我在第 9 章中的討論，組一個「寫作小組」可以為你提供定期的、穩定的空間，分享自己不斷浮現的想法，給你一些責任感，並幫助你推進。

然而，即使有萬全的準備，恐慌和懷疑的感覺也很難避免，即使是研究非常出色的學者也會有這種情況。這種感覺或多或少有其道理。即使最好的學者，也會犯錯。田野工作難以預測的本質，表示你偶爾會陷入避免不了的困境。假如你想預料過程中的所有問題，自然會感到焦慮與不安，而當問題浮出檯面時，你就會更加焦慮，但犯錯未必有任何意義。反之，錯誤是做研究要付出的代價。自我批評的時刻（只要不讓你停下來）確實非常寶貴。焦慮，或是帶來焦慮的問題，**有助於**你走過研究的摸索期，因為焦慮會提醒你注意研究的隱憂與潛在問題。和人聊天與傾聽，尤其是同為研究者而且懂你在做什麼的人，絕對有必要。

做了再說

計畫要落實需要一段時間。你開始想像，和人聊天，並做了幾個艱難
59 的選擇，開始走了一些歪路。大多數人都會經歷失敗。只需要有一個人相信你的計畫並同意參與，你就起了頭。最常見的問題是人們延後啟動。這很可怕，而且很難開始。但要做一項研究，你一定得從某個地方開頭。即使有人拒絕你，你也可以從講出自己的計畫及實作中學到東西。這樣做的好處是可以做出調整。研究計畫可以也將不斷演進。所以，你不妨從某處著手。你可以列出十個不同的開始方式，在日曆給個期限，深呼吸，然後啟程。

4 學做訪談 60

訪談前後要做的事

我在大學畢業後的第一份工作是在舊金山的司法大廈（Hall of Justice）上班。我的工作是訪談被告並整理檔案，看他們是否可以無保釋放。每天，我和一名同事一起搭上昏暗的電梯，走出電梯是個小牢房，黑色的鐵欄杆從地板頂到天花板。我們先按警鈴。門衛大步走過來，讓我們走出牢房，引導我們穿過一扇巨大的、叮噹響的金屬門。我們進入市監獄（City Prison）。員警的職責是把人關到監獄，而我們的工作是協助他們獲釋，所以警官對我們相當冷淡。在「登記檯」後面，我們抄下前一晚落網者的訊息，並把名單交給「門衛」。然後，我們就轉到探監時間作為家屬等候室的區域，等待最近落網的被告被叫來面談。

市監獄的等候室有螢光燈、冰冷的金屬座椅和大大的樹脂玻璃窗——電話是犯人和我們之間唯一的溝通方式——不是訪談的理想場所。訪談通常很簡短，不到15分鐘。我們每次訪談的工作是得知受訪者的地址，聯絡人的聯絡方式與資訊，瞭解他們的（合法）收入來源，並告知釋放程序。許多監禁者頭腦昏昏沉沉，喝了酒，嗑了藥，或者深感不安，有些人因為受傷招來警察或者是在逮捕的過程中遭到警方所傷。有些人很生氣，斷言：「你們這些人，你們絕不會放我走！」兩年來，我做了數百次訪談。

我從訪談犯人中學到的最重要一課，是訪談要準確且詳盡。釋放的理 61
由，往往是有證據表明被告在當地有很強大的社會關係（即親密的朋友和親戚），因此不太可能棄保。如前所述，我們問了被告的地址，他們在這些地方住了多久、主要經濟來源，以及他們「擔保人」的聯繫資訊。然後，我們給保人打電話（或者他們給我們打電話），詢問被告的地址、住了多久以及經濟來源。很重要的一點是，被告提供的資訊和保人提供的資訊要對得上。有些被告會用他們證件上登記的地址，例如他們母親或祖母的地址。但法庭想知道他們實際上住哪裡（可能和女朋友同居），如果兩邊說的地址不同，可能會讓交保延誤幾個小時。假如兩邊有落差，我們必須等到下一輪重新訪談並確認地址。由於市監獄是個不好待的地方，被告都希望盡快獲得釋放。訪談者可能因為探詢的技巧不足而衍生問題。有時，被告被問到更多資訊會感到沮喪。我必須習慣一件事：不是每個人都喜歡我在做的事。即使事情進展順利，訪談有時候還是讓人感到不舒服。當然，不同因素會影響法官對被告是否要無保釋放的最終決定，但訪談是關鍵的一部分。

第一份工作也讓我明白，訪談開始的第一個問題往往只是開場白，訪談品質的高低取決於後續的問題——探詢——能否釣出重要細節。不論是被告還是保人，我還需要聆聽他們說了什麼（包括他們對逮捕的不滿），並幫助他們專注在手邊的事。也就是說，我學會藉著傾聽、簡短的確認來「轉換焦點」（pivot），然後重新引導。即使人們說了一些蠢話（例如，對我的身材、衣著說三道四，堅持要我未來跟他們有一腿，或指責我過去未能伸出援手），我也需要敷衍一下他們說的話（通常回幾句或用笑話帶過），
62 然後迅速回到手邊的工作，不讓自己回應他們的話而分心。

為了「無保獲釋」而訪問獄中的被告——這符合被告的經濟利益——與為了研究而訪問沒有既得利益的受訪者，兩者之間有許多不同之處。但兩者和所有訪談都有些共同點。訪談者必須客氣且平穩地引導訪談，使訪談滿足訪談者的需要（同時也要注意受訪者的喜好）。[1]但是，受訪者是幫你一個忙，需要給予最高的禮貌與尊重。訪談者背後的目的是蒐集資訊，但他們需要一直關注受訪者是否在意，如果有個問題讓受訪者感到不適，或他們想停止訪談，他們也願意聽從受訪者的意見。

雖然受訪者基本上是幫你一把，但訪談有時對受訪者來說是有趣且有價值的。人喜歡被傾聽，尤其是在毫無評斷或批評的情況下（怎麼可能有人會免費聽你講一個多小時，中間都不打斷或批評你）。當人講述自己的生活，他們可能得到寶貴的意見。有時，這可能是有意義且正面的，幫助他們處理一件事或生活經歷。假如研究者不承認整個社會的社會地位和權力起伏會影響訪談，那就太天真了（許多人已經解釋過）；有些人甚至認為訪談是剝削。[2] 然而，假如受訪者自己同意接受訪談，如果對訪談和隨後的材料做了嚴格的處理，並且保密到家，我不認為訪談是一種剝削。

訪談的品質有好有壞，有些訪談往往不受控制。有些受訪者很健談，卻非常含糊，很難讓他們回到正題（有時**你**真的會覺得很無聊，心想：「我真的要花錢把這打成逐字稿嗎？」）。有些受訪者帶著敵意或懷疑。或者在更普通的情況下，訪談對受訪者來說只是一件不愉快的苦差事，尤其是當受訪者非常忙碌的時候。在這些情況下，訪談占用了睡眠或休息的寶貴時間。
你控制不了訪談的許多面向，但你可以控制一些關鍵因素。你在這的目標 63
是「不傷害人」。有時你的研究結果可以幫其他人以新的方式看世界。

訪談的目的

訪談的主要目標是從受訪者那蒐集資訊，並與受訪者建立關係——Robert Weiss 所謂的「夥伴關係」（partnership）——幫助你盡可能多了解情況。[3] 你們兩人同心協力；你問出有判斷力的問題（而不是「驚人的」或受訪者不知如何回答的問題）。大部分都是開放式問題（它們要的是不只一個字的答案，而且答案沒有對錯）。你的受訪者是這個主題的「專家」，他們在教你。

正如我在第 2 章和第 8 章中的討論，你想要浮現中的研究問題。一般而言，你做訪談都有目的。而且，理想的狀況是你對這個領域的作品有所了解，但過去的作品中有些讓你煩惱的東西。或者你只是想更了解這個主題。

你也要有好奇心。但是，你不能口無遮攔。因此，受到浮現中的研究問題引導，你要把重點放在你認為重要的資訊上，同時也要對浮現中的東西感到驚奇，讓它指出一條全新且有趣的研究方向。從分析的角度尋找資訊，在訪談過程的不同階段都會出現，例如樣本的設計、設定訪談大綱、推進訪談、資料分析和寫作過程。下一章會聚焦在真正的訪談，尤其是問什麼問題來獲得高品質的資料。這章會討論準備訪談的許多後勤細節、訪談大綱，還有訪談的棘手問題（例如問敏感問題），幫助你做好準備。

訪談的價值

訪談的親密與揭露程度令人訝異。事實上，齊美爾（Simmel）老早就指出，陌生人「常常得到最令人訝異的開放信任，有時具有懺悔的特質，
64 對身邊比較親密的人反而會謹慎保留」。[4] 訪談最能顯示個人觀點，他們怎麼看人生大事、希望與夢想，以及影響他們生活的情況。前面已說過，訪談這種資料蒐集的方式，研究過程所花的時間通常比參與觀察還少。一般情況下，假如你仔細做研究設計，你可以蒐集重要資訊，而且不大會影響到你的正常生活。在參與觀察的過程中，訪談和觀察可以「攜手並進」，你觀察到的東西可以讓你不經意的發問（例如，「我注意到」），或者在研究快結束的訪談正式提出。

然而，訪談有局限性。假如受訪者不知道或無法描述一件事，那麼訪談就不怎麼有效果。由於日常生活中的許多面向都被視為理所當然，而且很難說清楚，大大限制訪談能夠有效說明的事（例如，父母很少意識到自己對孩子是否偏心）。訪談也要面對社會的期望偏見（desirability bias）。由於人們通常不願意承認羞恥的事，因此很難揭開受到污名化的社會模式（例如，警察部門一般傾向採取執法過當的方法）。[5] 沒人會主動說他們一直是

很糟糕的朋友，反之，人們經常會把自己說得比較好。但是，技巧高超的訪談者有時能鼓勵人們持平的看待自己，把受訪者不引以為傲的行動納進來。當然，參與觀察也不見得可以觀察遭到污名的行為。簡而言之，所有的研究模式都有限制。但是，儘管有這些先天上的限制，訪談在許多領域卻一直成果豐碩。以敏感的事來說，包括觀察家人，訪談對於取得同意進行參與觀察是很重要的方法。[6] 訪談對於深入了解參與觀察中的事也彌足珍貴。

準備就緒

執行訪談的細節多到驚人。有些研究人員會想列出一份檢查清單，而另一些人只會記住涉及的內容。兩種都沒有對錯，只要訪談開始前完成這些細節就可以了。

決定訪談地點 65

確保一場好的訪談，首先要控制訪談地點。如果你們是面對面訪問，越來越多人會希望在當地的咖啡館或公共場所見面。[7] 儘管有些人說在咖啡館的經驗很好，但我認為這些環境並不理想，缺乏隱私，也就限制了受訪者會透露的內容。咖啡廳特別會減少受訪者告訴你非常私人或讓人落淚的事。你也可能被打斷；有人可能認出你，破壞受訪者的隱私。公共場所的噪音會降低錄音品質，影響逐字稿整理的速度與難度。但是，有些人（尤其是低收入家庭）生活環境複雜，在公共場所見面可能比做不了訪談好。公園可能相當不錯，特別是當你訪問有小孩的母親時，因為孩子可以到處跑。圖書館也是一個選擇，尤其是如果他們有私人空間。

既然環境很重要，你找受訪者時就要考慮自己的選擇。你安排訪問時，你要提到訪談要用多少時間，還有訪談的地點（「一般來說我們會在你家或其他比較私密的地方」）。當我透過電話對受訪者解釋研究內容，我會試著先說：「通常選擇對你最方便的方式，我可以去找你，到你家，這樣你就不用出門。」如果他們建議到咖啡館，我會聽他們的語氣，可能會再試一次，然後說：「沒錯，許多人的確建議到咖啡館。但是，如果你不介意，到你家可能更好，因為那裡更安靜，也比較隱密。你不用刻意打掃。」請注意，我的語氣有點強人所難，我以平靜、實在的聲音建議到他們家。然後我就不說話了。通常，這時話筒會一陣沉寂。到了這，很多人會同意讓我在家裡做訪談。然而，有些人會說他們比較喜歡在咖啡館或工作場所。然後，我會很快且欣然同意他們提出的任何建議；根據聊天的氣氛，我也可能建議到公園做訪談。同樣，如果我安排一場訪談，後來受訪者跟我說他們想取消，我可能會建議用電話或視訊訪談，這對一些受訪者來說，可能壓力較小。
66 在這種情況下，尤其是對低收入的受訪者來說，手機上做視訊訪談可能會很花錢，還會耗掉他們的流量。如果是這樣，打電話就會比較好。

如果你能在校內找到一間辦公室，或在圖書館預約一個閱讀室，只要你能在校門口或外面的街道上迎接對方，帶他們進入大樓，可能也行得通；如果受訪者在大樓裡迷路（或不能進入），你就會失去寶貴的訪談時間。別忘了告訴受訪者可以把車停哪，或最近的大眾運輸在哪。

如果你要出差做訪問，盡量避免在旅館房間面訪。當地的圖書館通常有個人閱覽室可以預約。有些旅館提供會議室。當地大學或許也能借到地方。有一次我的研究沒有其他選擇，只好打電話給市政府。我和幾個人談，每次都解釋自己是外地來的大學教授，需要訪談當地的「公民」，但圖書館已經沒有小會議室。最後，他們慷慨地安排一間會議室讓我用兩小時。

安排足夠的緩衝時間

安排訪談的時候，你必須在下一場訪談前多保留一些緩衝時間。比方說，我最近到波多黎各訪談一名有錢人，受訪者的住處離機場開車要一個多小時。我把訪談安排在早上 10 點開始，由於急著回家，我訂了下午 5：30 的班機，也就是我覺得訪談應該已結束的五小時後，還以為自己時間充裕。但事實證明，由於塞車，來回機場的單程時間差不多要 90 分鐘。他早上要去看醫生，所以我們把訪談時間挪到 10：30，但醫生遲到了。他的女朋友讓我進入他招待客人的大別墅（他目前住那，別墅外正在建造價值 1500 萬的豪宅）。她端了一杯水給我，而我就坐在那等，欣賞許多高大、盛開的白色、紫色和橘色的蘭花，以及其他熱帶花卉布置。我的受訪者直到 11 點才回到家。人一到就大步跨進這間漂亮的豪宅，握著我的手說：「Robert Steinburg 在此聽您吩咐」（化名）。受訪者到來讓我鬆了一口氣，並且對事情回到原先的安排感到樂觀。但是，他先打開電腦，花了 15 分鐘與一家 67
承包商討論事情，再和他女朋友講了 10 分鐘的工作安排，泡了一杯咖啡，接著和他女友十幾歲的女兒聊了一個學校的計畫。現在已經是上午 11：35，而我必須在下午 2：00 前搭車離開去趕飛機，現在已經沒有緩衝時間了。之後又花了 10 分鐘才就位。最後，我們坐在建築工地的椅子上，蚊子到處飛來飛去，背後是電鋸在運轉（影響錄音品質）。[8] 訪談於上午 11 點 45 分開始，比預定時間整整晚了 75 分鐘，最後在下午 2 點 15 分左右結束（當 Steinburg 先生處理其他事情時，我與女友的女兒聊天，自顧自發簡訊說明情況，微笑，並喝了一杯端給我的水）。如果你一天約了兩個訪談，我相信這已是成功訪問的極限，一般來說，兩者之間應該至少有四小時的緩衝。然而，如果你是訪談同一個家庭中的兩個人，連續進行就比較合理。

出發前的確認

我第一次外出做研究是在研究生的時候，我從舊金山飛到洛杉磯，租了一輛車，開了 90 分鐘左右抵達要訪問的學區。我在幾週前就安排好訪談，

（居然笨到）沒有再確認。當我抵達學區辦公室說要找 Hanson 先生時，辦公室祕書的臉色大變。Hanson 先生竟然在兩週前意外**過世**，此時真的非常尷尬。結果我又犯了另一個錯，儘管我問能否安排另一位行政人員在未來接受我的訪談，卻沒堅持重新安排時間。學區的辦事人員認為，他們欠我一次訪談而且應該馬上做。他們臨時找來幾個人和我聊天；訪談很倉促，也不甚完整。由於之前這次難忘的意外，我總會在約好的前一、兩天再次確認。

我通常會在前一天發簡訊或電子郵件確認。「親愛的 xxx。非常感謝您
68 同意接受我的訪談，加入賓州大學的研究。我非常期待與你見面。但是，我想再次確認，星期一下午 3：00 你能否接受訪問。當然，如果你臨時有其他事情，這個時間對你不方便，你可以重新安排不必猶豫。」

如果我要開兩小時的車或專程搭飛機去訪問，改時間對我影響很大，這時候我就不會加最後一句（當然，如果他們要求改時間，我還是很開心，因為大家都很忙，訪談很難安排，如果兩個月內能安排上時間，就可以做訪談）。以一種歡樂的語氣提出重新安排時間，表明你感謝他們幫了你一個大忙。他們控制著訪問的過程。

很不幸，根據我的經驗，至少有 25% 的訪談會延期，而且往往是在最後一刻才延。有些訪談永遠不會做。你別無選擇，只能表現出開朗、包容且完全理解，即使你急著要做訪談。這麼做也比較符合研究倫理；你不希望強迫。儘管你身為一名研究者為自己設定了目標，但如果受訪者明確表示他們不想參與，你必須尊重他們的意願。

當他們取消訪談，你可以說：「假如你不介意，我在事情平息後再和你聯繫。」或者，如果你覺得自在，可以說：「我們要等之後再碰面？或是現在可以安排另一個時間？」你可以見機行事。如果有人「失聯」，不回覆電子郵件或簡訊，我會建議你頂多再拜託兩次。[9] 然後，等待**幾個月**或完全放棄這些人。以簡訊或郵件轟炸對方通常無效，也有可能搞壞氣氛，讓其他研究者也更難安排訪談。有些受訪者就是不想受訪，這當然不表示

你失敗了，每個人都會發生這種事。這也是找比你最終所需樣本還要多的人來受訪之所以重要的原因。

你也可能使用不同的方法，繼續讓失聯的人接受訪談；有時候，你可以安排在公共場合巧遇。有些情況下（但不是其他情況），你可以「順路」送些吃的東西過去，並留下一張手寫的紙條。他們沒有回應可能是因為發生一些事：有人被炒魷魚，孩子生病，或家庭有緊急情況。有時你可以寄一張節日賀卡或帶一些餅乾過去「問好」。12 月的假期是個很好的時間點，
可以帶著點心直接拜訪反覆無常的受訪者。當你送點心過去的時候，你可 69
以這麼說：「我只是來打聲招呼，順便帶了一些小點心。」這裡的關鍵是想辦法「突然出現」，這時不是要找受訪者，只是試著重新建立聯繫和「測試水溫」。根據情況的發展，你也許可以採取下一步行動。有時，人會覺得參加研究很自在，但他們並未回應，因為他們實在是忙到忘了（就像人忘記回覆本來要回的電子郵件）。在這種情況下，如果你和對方熱情打招呼，通常在禮貌性拜訪的幾天或幾周後，可以聯繫重新安排訪談時間。然而，其他時候，失聯是由於他們根本就不想參加。如果對方很冷漠，你不能給壓力。你需要感謝並默默離開。

錄音設備：兩臺錄音機

即使是記憶力很強的人，也無法回想起所有訪談細節。相較於參與觀察時記筆記是件煞風景的事，訪談中的受訪者反而希望你能記下他們的話。最簡單的方法是用錄音機。由於機器常會有問題，你應該同時使用兩臺錄音機。如果你的 IRB 允許，手機調到「飛行模式」或以其他模式確保不會受到干擾是最理想的作法。對於一些被執法部門鎖定的人來說，小臺、單獨的錄音機（員警用的）會讓人很不舒服舒。手機可能更好，你可以買一臺專門用來訪談的舊手機（即不插 SIM 卡），好好錄下訪談內容。麥克風可以

提高錄音的品質。有些人非常喜歡你把麥克風夾在他們的衣服上（他們會開玩笑說這像上電視，受訪時隨時保持微笑）。無論你是面訪，還是透過視訊會議訪問，打開錄音（影）功能之前都要徵求受訪者同意（如果受訪者有要求，你也可以口頭詢問是否同意，或提前發送同意書，讓他們先「過目」）。有些人對影像遭到側錄感到不自在；如果是這樣，你可以用手機錄，同時做備份的錄製。雖然有風險，但如果你要求受訪者用手機錄下訪談內容，然後透過電子郵件發送給你，聲音品質會更好。有些受訪者會這樣做，但有些受訪者永遠不會這麼做。

70 你應該不斷練習操作設備，直到熟練。大多數人在研究中至少發生過一次技術上的問題，誤刪錄音檔、標錯訪談、忘記打開錄音機、電池沒電，或其他（災難性的）事件（儘管我做了最大努力，但我每個研究都會搞丟一次訪談）。這就是為什麼你要有兩臺錄音機和一組備用電池。但是，如果你只有一臺錄音機、沒有準備多的電池、搞丟了一次訪談檔，這也不是世界末日。不過，你可能一輩子都會記得這次教訓。

知情同意書

除非你要求口頭同意，否則通常你會讓受訪者簽署一份經 IRB 批准的同意書（見第 3 章附錄）。[10] 同意書最好有你所屬組織的標誌（logo）（如果你用彩色印表機，在有學校抬頭的信紙上列印同意書，就會給人一種更精鍊、更專業的感覺）。同意書的內容應該開門見山、一看即懂，如果你的 IRB 同意，則表格不該超過一頁。它會清楚解釋這是一項研究，你徵求他們的同意，他們的名字永遠不會出現（或者在什麼情況下出現），他們隨時可以停止訪談，也可以選擇不回答任何讓他們覺得不舒服的問題（正如我在下一章的說明，我每次訪談開始，也會向受訪者口頭說明這幾點）。我會把我的名片裝訂在同意書上。學生也可以取得印有大學標誌的平價名片。

你給他們一張空白的同意書，讓他們留著，你把簽好名字的那張帶走。

同意書的簽名區，最好在頁面上留幾行紀錄受訪者的住址、手機號碼和電子郵件地址（除非在你研究的人群中，這樣太過侵犯）。如果是貫時性研究，你還應該要求受訪者提供三個人的姓名、地址和電話號碼，他們會知道受訪者的下落（如兄弟姐妹、表兄弟或他們的父母）。然而，這些要求都應保留到訪談結束，在你問到有需要是否可以聯絡時。然後，你應該要求提供聯絡資訊，並寫在普通紙上；之後你再把資料添加到同意書。許多大學在給參與者訪談費時也要求簽名；但是，有些機構給禮券時則不要 71
求簽名。因此，某些情況下，他們可能需要另外簽一張收據，但如果有需要，有些機構會提供免責書（waiver）。

訪談袋

我發現在研究開始時準備訪談袋很有幫助。我在電腦上有個名為「訪談包」的資料夾，裡面有我每次訪談必備材料的清單。然後，我弄了一個小包，裡頭有這些文件。

- 釘上我的名片，要給受訪者的知情同意書。
- 要簽的同意書。
- 報帳用的訪談費或禮物卡收據（如果需要）。
- 訪談大綱、收入卡和經驗清單（在下面討論）。
- 做筆記用的空白紙。
- 前往訪談地點的路線說明。
- 受訪者的聯繫資訊，包括手機號碼和地址；如果此人有助理，那就是助理的手機號碼、姓名和地址（你或許可以自動生成文件，就看你怎麼存這些資料）。

受訪者的背景資料，包括我們以前往來聯絡的電子郵件或簡訊，我會在專用的公事包或背包，把訪談包和下面的物品放在一起。

- 兩臺錄音機、備用電池和麥克風，都放在一個防水袋。
- 感謝信、信封和郵票（萬一我想要感謝函）。
- 小禮物。
- 田野路上肚子餓要吃的營養棒、堅果或其他食物。

有些人會帶著有信頭的介紹信，但這幾乎都用不到。但是，假如帶著會讓你比較安心就帶著。如果你要到一個需要許可證的地方，你應該把它
72 們和你的 IRB 同意書（一份護照影本）一起帶上。此外，我通常在訪談結束後會寫感謝卡給受訪者（除非我認為這樣做很突兀）。雖然有點老派，但受訪者很喜歡，而且如果你拜託他們介紹你給其他人，這也可以喚起他們的記憶（如我後面的解釋）。

我喜歡看來喜慶的彩色檔案夾；它們還能保護文件不被折到。如果我執行多項研究，檔案夾的顏色可以讓我一目了然（例如，馬尼拉麻檔案夾〔manilla folder〕是為了行政需要，綠色檔案夾用來放我的富裕家庭研究）。

通常，我會在做訪談前（或在完成訪談後立即）弄好化名。化名應該與受訪者給人的感覺差不多（即 Tamika 代表 Nevaeh、Thomas 代表 Robert，或者 Mimi 代表 Tina）。你通常可以找到姓氏的源頭，然後就能查到另一個名字。因此，搜索「姓 Thompson」，你會發現這是個蘇格蘭名，然後你可以查其他的蘇格蘭姓氏。嬰兒取名的網站也很有幫助，因為它們會讓你知道受訪者出生那年最多人用的名字（你也可以搜尋類似人名的名稱）。有時，特別是在訪談的幾個月或幾年後，訪談對象在你的腦海中可能變得模糊。因此，我會給每個受訪者一個簡短的描述標籤（descriptive tag）（例如，爵士樂或馬拉松）。這個描述代號（descriptor）只有我懂，它是指這個人

喜歡的東西，或讓我想起訪談的關鍵時刻。[11] 在大型研究中，這些描述代號可以有所幫助。

後勤：確保你及時抵達訪談地點

以前還沒有 GPS，訪談時你必須先看地圖。但是，如果你要到鄉下訪談，GPS 可能不管用。或者，你的手機可能沒電。因此，最好把路線印出來；你也應該提前看看自己要去的地方。或許你一百次只有一次需要用到手寫的指引，但這會救你一命。為了避免迷路和遲到，也避免大眾運輸誤點、沒趕上火車、路況或各種意外，你要多抓點前置量。如果你提前到達，找個遠離訪談地點的地方，你可以好好坐下來為訪談而閱讀或思考（此時很適 73
合用來檢視訪談大綱，這樣你就會對它記憶如新）。一旦你到達訪談地點，總是需要花幾分鐘時間，在大門出示身分證明並簽訪客表。但你也不要太早到達，我會設定在會面前八分鐘左右到達大樓的接待處。如果我是到某人家裡訪談，我會盡量準時走到前門。

有禮貌：感謝研究參與者

如果可能，帶著禮物或某種謝禮給受訪者。我抵達現場就會把帶來的東西送給受訪者。在我職業生涯的大部分時間，我是帶著派。我喜歡帶派，因為我喜歡點心，而且派和蛋糕不同，昂貴的西點麵包店做的蛋糕與超市的蛋糕看起來天差地別，而派則比較普通。一般來說，派容易攜帶，價格不會太貴。研究參與者往往很喜歡派，而且當我送給對方時，看得出來他們真的很開心。或者，我可能會烘烤布朗尼蛋糕（用混合的料）。不過，禮物的選擇還很多，包括沒那麼性別化的東西，而你也要隨時注意食物過敏與其他限制。帶一束雛菊、一盒巧克力或一瓶葡萄酒，也是給受訪者很好的「謝禮」。

假如合適，一個便宜並放上照片的相框（例如，父母和孩子受訪時的照片）也很受歡迎。禮品卡也是不錯的選擇；金額就看你有多少預算，但 10 美元到 15 美元對許多人來說很有意義。有時候，提高禮物價值（例如，50 美元）可以提高回覆率。我一定會帶禮物，即使受訪者是億萬富翁（而禮物可能是一束花、盆栽、一瓶酒，或是訪談後，送一本受訪者可能感興趣的書）。所有禮物都必須在你的 IRB 註明，但在一些機構，你可以先列出一些選項，聲明它們全都在某個金額以下，並表明你會從中挑一個。學生通常向學校申請補助（有足夠的準備時間），但即使是預算很緊的學生，也可以做一盤布朗尼蛋糕或買些漂亮的紅蘋果。這些食物看起來應該像一份禮物，放在紙盤上（用保鮮膜包起來），或許綁上絲帶或蝴蝶結，以及一張手寫的感謝卡。
74 你靠著帶禮物，啟動了互惠這個固有的社會規範。每份禮物都要視情況而定，但最理想的是理解受訪者的興趣或價值觀。不過，禮物不該太精緻、價格太高或太私人，因為太貴的禮物會破壞自己與素昧平生者的互惠準則。

寫一份訪談大綱

訪談大綱是開放式問題，幫你揭示你的研究想了解的事。對一場持續 90 分鐘到 120 分鐘的訪談來說，訪談大綱只需放十幾個主要問題，加上好幾個小問題（或試探）來引出更多細節。至於追問的問題，想想研究中重要的主題或議題，還有在每個參與者的訪談中，你想釣出什麼關鍵資訊。有些人會弄一個試算表，列出重要的「整體」（big picture）問題和次要主題（這些通常會成為你在資料分析時編碼的依據）。當然，正如第 2 章和第 8 章的討論，研究問題和訪談大綱的問題，一定和你的研究目標，還有你如何看待你對文獻的貢獻等更大的問題有關。

我的訪談大綱習慣由任何受訪者都能輕鬆回答的一般問題著手。當我研究家庭時，「聊一下你成長的家庭」是我開啟訪談一般會用的方式。針對員工，我會問:「告訴我你白天做什麼？」接著就可以詢問受訪者的職稱、管理多少員工或上頭有多少主管、工作幾小時、週末與晚上加班的情況、工作刺激與無聊的一面等。訪談由泛泛的提問開始，接著在前 15 分鐘越問越具體，這我在第 5 章會討論更多（我一般會把最敏感的話題放到訪談結束前問，例如一個人的年收入）。你必須問許多涉及 5W1H（誰、什麼、何時、何地、如何）的麻煩問題，才能了解受訪者的人生大事與經驗所附帶的意義。你希望訪談能聚焦在你眼中重要的事。此外，開放式問題可以幫助參與者更自在，降低暗示答案的對或錯，並鼓勵他們在受訪時分享更多細節。

我在下一章會詳細解釋，你最好問受訪者他們懂的問題。需要猜答案 75
的問題會帶來各種意想不到的困難。例如，我為《不平等的童年》訪談家長時，我最終明白父親一般對小孩的學校活動背後知之甚少。這項體悟在我訪談一名當牙醫的父親時更明確。我拿出他小孩班上同學的名單，問他認識哪個同學的家長，還有在雜貨店遇到時會不會打招呼，他回答：「我太太可以告訴我認識的人是誰」。[12] 這句讓人印象深刻的回答顯示，他對妻子的依賴有多深。父親對足球班的學費、如何報名參加空手道，都缺乏詳細的認識，訪談因此很難進行。有位爸爸說：「這更適合問我太太。」父親非常會講述他們對孩子的期望，還有父職的強大意義（我應該針對這方面多問一些）。但是，當我問到他們孩子的在校活動管理，卻失望地發現他們所知甚少，因為爸爸做的相當有限。這些資訊本身就是重要的資料，也使我在今後的研究中可以放心地只訪問媽媽。但是，我已浪費大把時間、精力和金錢，做些基本上毫無用處的訪談。因此，你希望訪談的對象是非常熟悉這個問題的人。你可能偶爾會發現，詢問受訪者對其他人的看法或感受，以及其他人為什麼這樣做，還比較有用。有時受訪者聊別人比聊自己更容易。有時候，當受訪者開始說別人的行為還有行為動機，他們就會補充更多自己的經歷。然而，你主要還是想把重點放在受訪者的經驗。

理想的訪談大綱不會引導受訪者；全部都是中性、開放式的問題。因此，我會問：「談一下你成長的家庭。」而不會問：「你成長於藍領家庭嗎？」我會在第 5 章提到，有時我說話會結巴或吞吞吐吐。根據訪談的情況，可能以不同的方式提問。這不理想，但這是現實。你無法非常準確思考受訪者的
76 答案，而是在探索深層含意。訪談大綱在研究過程中不斷演變。有些人覺得做前測，或是與家人或朋友練習訪談（之後會捨棄訪談資料）會有幫助。一旦我開始訪問受訪者，我會在前幾次訪談調整訪談大綱，然後在完成四分之一的訪談後，我就會看一下訪談量，聽訪談內容，進一步調整訪談大綱。然後，如第 2 章和第 8 章所述，研究的重點也會有變化。當我完成大約二分之一到三分之二的訪談後，我會進一步聚焦 。這時，我會再次修改訪談大綱，掌握研究的基本問題。

訪談大綱的實例

我在此分享我和 Heather Curl 及 Tina Wu 做文化知識研究時，最後一版的訪談大綱。具體來說，它研究成年白人和黑人向上流動時，與他們原生家庭在文化品味上經歷的緊張關係。[13] 這項研究在不斷演化，研究做到一半時，大綱做了最後一次修訂。所有三十名參與者都來自工人階級家庭，但受訪者都取得兩個學位（例如，一個學士學位和一個非常著名的高等學位，如醫學博士或法學博士）。

訪談大綱的一開始，為了提醒自己，我們列出研究的重要主題：

五到六個主題

（1）幽默、戲謔和談話

（2）身體和人們如何控制自己（語言、聲音、表現）

（3）你不知道的事情

（4）食物品味、酒和消費

（5）你感到真實或不真實的時刻

（6）服務員、餐飲和外出

背景和經驗

1. 跟我談談你成長的家庭。

   a. 探詢：你的父母做什麼工作？家裡的生活如何？兄弟姊妹的職業？聊聊你讀過的學校？放學後做什麼？你的朋友是誰？你小時候和誰一起玩？你們一起玩什麼？背景：你有上大學的阿姨／叔叔 77
   ／表哥嗎？

2. 你會怎麼描述你目前的情況？

   a. 探詢：你的職業？你的工作環境？你和誰一起工作？上班的地方如何？下班之後做什麼？下班之後你和誰一起玩？你們都做什麼？你不上班的時候在幹嘛？你住哪？談一下你住的這個地方？你住多久了？你從哪裡搬過來？

文化知識和流動性

3. 想一下你目前的情況，你為何覺得自己屬於（不屬於）這裡？你能談一下你覺得工作上有信心的時候嗎？你能談一下你沒有信心的時候嗎？

   a. 探詢：何時？何地？什麼情況？跟誰？覺得如何？身體的感覺如何？

4. 我們想要進一步了解人們成長的方式與現在的情況變化有何不同？

   a. 有人跟我們說，他們注意到自己在家裡談論自己與表現自己的方式，與他們在目前情況下談論與表現自己的方式有所不同。你是否注意到這點？

      i. 人們起身、坐下與表現自己的方式有何不同嗎？有些人注意的事，有些人不會注意。

   b. 人們聊天、罵人或開玩笑的方式有何不同？你這段時間的同事與你家人（工人階級）的情況有差異嗎？還是差不多？

c. 吃喝的東西呢？你成長的工人階級世界與現在的情況有什麼不同？

78 d. 當你從成長的家裡搬到目前的地方，你是否注意到有什麼是他們知道而你不知道的？

自在／不自在

5. 你曾經覺得自己是個外人嗎？請多談點這方面的經驗。
   a. 你能否聊一下，當你第一次來到一個地方，你生活中覺得不自在或格格不入的時候？你覺得自己與身邊其他人有何不同？你如何回應？或是你做了什麼？
6. 你有沒有注意到自己的任何變化？
   a. 哪些方面？你能想起那是什麼情況嗎？
7. （不一定要問）你有發現自己在不同的環境中有不同的表現嗎？你能給我個例子嗎？

（不一定要問）流動的故事。

8. 我想和你一起反思你走過的旅程。
   a. 談談中學。讀哪一所學校？這所學校如何？你有注意到這所學校有什麼特別的嗎？
   b. 聊聊大學。讀哪一所學校？這所學校如何？你注意到這所學校有什麼特別的嗎？
   c. 說說你第一份全職工作？做什麼？你的工作是什麼？你為誰工作？這份工作如何？有注意到什麼特別的嗎？
   d. 〔探詢移動經驗，而不跟受訪者講明〕你這段時間有重要的關係或友誼嗎？你可以談談嗎？你的對象是？你覺得如何？這段關係怎麼結束的？或者，如果這段關係至今對你的生活仍然重要，那麼它現在是什麼樣子？

e. 這段時間你覺得自己怎麼樣？

f. 你和前面訪談提到的家人與他人的關係如何？

g. 你覺得自己向上流動的關鍵是什麼？有貴人嗎？

9. 針對我們剛剛聊到的話題，你還有什麼補充的嗎？

基本資料

10. 參與者的身分：種族、性別、職業／工作經歷、族群、學歷

11. 父母身分：種族、性別、職業／工作經歷、族群、學歷（讀了幾年書「請問你媽媽的學歷：她有上中學嗎？」如果讀過大學，哪所學校？是否畢業？）

12. 住自己的房子還是租房？如果今天要賣房子，可以賣多少錢？

13. 你是否借錢給家人（多少錢？頻率多高）？

14. 你們一家一年的總收入是多少？

a. 10,000 美元以下

b. $10-$30,000

c. $30-$60,000

d. $60-$100,000

e. $100-$150,000

f. $150-$200,000

g. $200-$250,000

h. $250-$300,000

i. $300-$350,000

j. 超過 350,000 美元

實務上，順著訪談大綱，每場訪談需要九十分鐘到二小時三十分鐘。我們的目標從頭到尾都是希望受訪者更自在，聊天更順暢，因此提問的順序根據訪談的展開隨機應變。

問出能解決你研究重點的問題

有時候，做研究需要知道受訪者在找工作、找房子或適應大學生活的過程，是否經歷各種不同的事。你不希望在訪談中浪費時間問受訪者是否經歷過（或沒經歷過）清單上的每件事。可是如果你不問，只等對方主動
80 說出來，你就無法確定受訪者是否經歷過這些事；受訪者可能只是忘記提出這點。其中一個解決辦法是拿張清單給受訪者（用紙板墊著），然後說：「請您看一下這份清單。是否有過這些經驗？」

例如，當 Sherelle Ferguson 在撰寫入學不篩選的私立大學（nonselective private college）學生如何應對制度挑戰的博士論文時，Ferguson 想到用以下的經驗清單訪問學生。[14] 這個想法很棒。當我們兩人對兩所大學 44 名白人、黑人和華裔美國第一代大學生做另一項研究時，我們在訪談開始的十五或二十分鐘內把清單交給受訪者，請他們說出自己經歷過哪些事。[15]

你讀大學期間是否遇過以下課業問題？

☐ 我在課程、作業或學習時間方面遭遇困難

☐ 我在一項重要的作業中表現不理想（如論文、期中考試）。

☐ 我在一個班的成績退步得非常快

☐ 我無法在繳交期限前完成一項重要的作業

☐ 我有一科不及格／獲得低分

☐ 我有一門課未完成

☐ 我不確定何時應該放棄或退掉一門課

- ☐ 我懷疑自己選的科系
- ☐ 我有一學期不確定要選什麼課
- ☐ 我排課有困難（例如，課程修課人數已滿）
- ☐ 我和老師起衝突
- ☐ 我拿不到教授或導師的推薦信
- ☐ 我被抓到作弊或抄襲
- ☐ 我在抵免學分時遇到困難
- ☐ 我無法從身心障礙資源辦公室獲得住宿。
- ☐ 我生病了，必須請三天以上的病假
- ☐ 我需要臨時請假
- ☐ 我失去一項很重要的榮譽（例如，榮譽計畫、獎學金）。
- ☐ 我被留校察看
- ☐ 我考慮過退學 81
- ☐ 我因為學業而被開除和／或必須對開除提出申訴

當受訪者告訴你一個後，你需要問受訪者：「還有嗎？」（整個訪談過程中不斷重複這個問題）以確保你能斷定受訪者沒遇到其他事。當然，看這份清單可能要花時間。正如我在第 5 章所說，你每次訪談都必須艱難的抉擇，要對哪些問題花時間進一步探詢以盡可能了解得更深入。

將受訪者基本資料放進問題中

以社會科學來說，讀者一般會想知道研究參與者的基本資料。受訪者的階級背景、種族與族群身分會影響人生經歷，所以常常要蒐集這些資訊。有時候，這類資訊會在訪談中無意提到，但經常不會說到。因此，標準的做法是在訪談接近尾聲時簡單問些個人基本資料的問題。凡是大型的全國調查都可以查到問卷，由於他們豐富的研究經驗知道「固定回答」的問題要怎麼問，因此使用他們的問法會很有幫助。[16]

以下是一個例子，我與 Elliot Weininger 合作研究白人和非裔美國人的幼兒父母如何決定住哪，還有要把孩子送去哪裡上學，我們會在深度訪談結束時問一些基本資料。

訪談結束前提出基本資料的問題

最後，我們會問每位研究對象一些基本問題。

1. 出生年（上次生日時幾歲）？已婚或未婚？結婚多久？你之前結過婚嗎？
82 2. 請問你的學歷？（上過的大學）
    a. 探詢：最高學歷、幾歲畢業、院校、科系？
    b. 你大學時有申請就學貸款嗎？如果要估算要借多少，你大概會借多少？
3. 你在外面工作嗎？
    a. 如果是的話，你的工作是？雇主？職稱？職責？全職還是兼職？
    b. 你在白天都做些什麼？
    c. 假如沒在工作，你在孩子出生前就沒工作嗎？你認為自己會繼續保持這種狀態，還是會考慮以兼職或全職的方式回到職場呢？
4. 出生地？你父母的出生地？
    a. 你覺得自己是哪個種族與族群？
    b. 你的性別與性取向？
5. 你的配偶／另一半／或小孩父親的教育背景（學歷、科系、學校、貸款）？
    a. 她／他在白天做什麼？
    b. 她／他的職稱？雇主？職責？你的另一半在外頭工作嗎？（如果是，全職還是兼差？）
    c. 你的另一半要出差嗎？
    d. 你的另一半幾歲？出生地是？
    e. 你的另一半是屬於那個種族或族群？

6. 你的母親讀過中學嗎（探詢：中學畢業？讀大學嗎？研究生？）她有在外頭工作嗎？（工作，哪一種工作）。問到受訪者生活中的其他父母或繼父母。確認是否為親生父母。
7. 最後，為了統計方便，我需要知道你們一家稅前的總收入，大約屬於那一種。我不需要知道具體金額，只需要選 A、B、 C、D、E。
8. 你的存款接近哪一個？我只需要知道 A、B、C、D，你有退休金嗎？

詢問敏感的問題：收入和其他痛苦的事 83

訪談會碰觸許多敏感的問題，例如家裡缺不缺食物、不孝、復原失敗、兒童性虐待、失業等等。但是，幾乎每個研究者都會問一個讓人很難啟齒的問題，那就是收入。確實，我念研究所時，我有位老師說問別人性問題要比問收入還簡單。[17]

在設計敏感的問題時，你需要再次思考，為什麼你需要這些資訊，以及你需要哪種資訊。如果研究的焦點是收入或失業等問題，那麼你會用打探的方式問一些開放問題（如上文所討論）。然而，大多數情況下，研究人員需要收入只是要作為「人口特徵」（也就是對人口的描述）或「統計資訊」，以描述你的樣本。如果是這樣，那你就等到訪談快結束再問。收入通常是最後一個問題。當你開放式問題全部問完，最好向受訪者發出「信號」，提醒他們問題要變了：「現在為了統計上的目的，我要問一些基本資料。」

問收入有各種不同的方法。我在一張紙打上高低不同的收入。怎麼設定選項取決於你研究的是誰——有時是以一萬美元為間隔——但對於收入極高的受訪者，則是以五萬美元為間隔。你要問怎麼分類適合你的研究對象，還要弄清楚是按月還是按年，按個人還是按家庭（或從個人開始，然後轉移到家庭）來統計比較好。一旦做出決定，並列印收入的分類，我就把收入表固定在一個更牢靠的檔案夾或厚紙板。然後，我會以溫和、略為沉悶的聲音（彷彿在問例行問題），平靜地把表遞給他們，然後說：

> 現在，為了統計上的需要，請您告訴我，您們一家稅前總收入屬於這張表上的那一種，A、B、C、D 還是 E ？同樣地，我只需要知道您們全戶稅前的總收入是屬於那一種？

雖然你會一邊問一邊感到不安與不確定，但你要表現出平常心。確保
84 自己發問時不會坐立難安，用手撥頭髮，或以其他方式顯露你的焦慮。你也要看著對方（而不是看著地板），清楚而大聲說話（但不要太大聲）。而且，你要保證自己會保密。如果沒有這些有價值的資訊，讀者就會對你的資料有懷疑或感到失望。因此，你應該練習提問。理想情況下，你可以找個朋友反覆練習，直到覺得沒什麼大不了才行。

一般來說，只要問到收入，時間瞬間靜止，陷入一片沉寂。儘管你對這種情況非常不安，但等對方先開口非常重要。大多數人會直接回答，或是問一個澄清的問題。有時候，因為事關敏感，人們會感到不自在。有時候，你要向對方保證他們真名永遠不會出現，我們感興趣的是社會科學裡群體之間的模式，這樣做有助於對方說出答案。但是，按照既有的研究倫理，你絕對不能強迫受訪者。因此，你需要「料想下一步」（read the tea leaves），觀察對方的反應。如果他們不願意說出自己的收入，我會聽得非常仔細。比方說，假如他們說「我不想談這個」，你就必須順他們的意。這個話題就必須立即停止。如果他們沒有明確拒絕，你可以用不同的方法再試一次。根據現場的情況，有些訪員會問：「你是否介意跟我說你的收入是五萬以上？還是以下？」（任何一個有幫助的數字都行）。接著，有時候研究者會再追問：「還是十萬以上或十萬以下呢？」但有些人永遠不會這麼做，完全是個人的決定。但是，如果你只是用聊事實、稀鬆平常，這個問題「沒什麼大不了」，只是一個技術問題的態度，大部分的人都會跟你說出他們

的收入。他們也會跟你說他們有多少股票或債券（大部分的人沒有）。許多人（尤其是菁英）沒辦法馬上告訴你實際是多少錢，也會避重就輕。「喔！十吧！」（他們是指一千萬）。當你問受訪者的收入時，你的行動會視對方的反應而有很大的不同。

至於財富，大多數美國人最重要的資產是他們的房子。你可以隨口問他們：「如果今天要賣掉你這間房子，價格大約是多少？」幾乎每位房主都知道自己的房子值多少錢（在不動產的網站上查一下你就會有概念）。如果你需要知道他們有多少房貸，我會等問完收入之後再問（記下這點很重要，淨值反而不重要）。然後我會順口問：「你買下這間房子時，是否辦了三十 85
年的房貸？」他們回答後我再問：「請問還有多少年才會還清？」一般人聽到這個問題要停下來想一下。最後，你可以問：「你的頭期款是 10%？」（如果他們付了 20%，他們會覺得這樣很好聽，所以你要從低開始問，甚至 5% 也可以）。[18] 你再從以上數字估計利率，就可以估算他們還有多少貸款，房子等於多少資產。或者，如果你覺得自己親和力夠，乾脆直接問。

詢問敏感問題可能會讓你冒冷汗。你應該嘗試，只要練習就會越來越好。但是，有些研究人員也會用筆電或 iPad 讓受訪者勾選答案。這樣做好處不少。針對受高度污名化的健康行為所做的研究顯示，讓受訪者把答案打進電腦裡，會比口頭詢問得到的答案更精確[19]（有個分析估計，精準率大約提高 4% 到 8%）。因此，你可以在筆電、iPad 或任何設備設計一套問卷，同時強調資訊絕對保密。當他們完成後，請他們關上電腦，並且表示感謝。

訪談結束後不要馬上關錄音機

問完問題後，我的訪談理論上已告一段落。因此，我通常會說：「我的問題到此為止，非常感謝！我學到不少。」但是，我不會關上錄音機。反之，我會和對方多聊幾句。當你說訪談結束，受訪者常常會講出一些有趣且和訪談有關的事。因此，開著錄音機會有幫助（這不是欺騙，因為你只是說問題都問完了，而受訪者也可以清楚看到你沒有關掉錄音機）。當然，如果受訪者要你關掉錄音機，你必須馬上做。但受訪者通常不會注意也不會在意。情況因人而異，但大家通常會多聊五分鐘左右。

此外，我經常要訪談受訪者的家人，或是看受訪者可不可以把我介紹
86 給其他受訪者，找到「滾雪球」的樣本。因此，如果你還想要或需要什麼，可以在訪談結束離開前問問看。訪談結束後通常會有一股暖意，你們兩個人已經拉起聯繫。

吸收其他受訪者

如果我想訪談伴侶或另一半，我會在結束訪談後這樣說：

> 我還想向你問一些事。有時候，我還要訪談一個伴侶／配偶，我想問是否有可能與〔這裡可以用名字稱呼這個人〕聊一聊。與此相似，我也想要訪問〔姓名〕。

然後，我等著聽受訪者怎麼回答。我常常會補一句：「當然，你可以把你對我說的事跟他們說，但我不能向任何人透露我知道的事。」點出時間安排會有幫助：「我接下來幾個月會做訪談」。如果我的受訪者說「我可以問問他們」，我就會試著確認我已得到剛完成訪問的受訪者許可，可以進一步跟進（而不是坐等未來可能的受訪者想起來才聯繫我，這往往提高沒有回應的機率）。我不希望未來的訪談由潛在的新受訪者掌握，他顯然非常忙，不那麼想接受訪談。我希望彼此都理解，我有可能再次聯繫剛完成訪談的受訪者。

在其他情況下，訪談結束是挖掘「滾雪球」樣本的好時機，看看自己

是否有機會被介紹給其他可能的受訪者。如此一來，我要講的話就像這樣：

> 順帶一提，我們正在找其他人（我會描述特質，例如「住在這個學區，有三到六歲小孩的媽媽」）。不知道你是否正好認識這樣的人？

然後我就靜靜的等，有時要等上一會兒，讓對方想想。請注意，這時候不能不耐煩，或在椅子上動來動去（這樣會讓對方覺得你在催他）。我就是等。有時受訪者會再問一次，我想訪問的對象是誰，我就會重複要找 87
哪種人，有時還會詳細說明。如果他們正好認識這樣的人，如上述，我會表達感激，然後提出一個方法。例如，我會說：「不知道接下來幾個禮拜，你平常是否會遇到他們，或是你不會碰到他們？」假如他們會遇到那個人，我會說「如果你跟他提一下這件事就太好了」。「大家都很忙，如果你願意，最理想的方式，是問你的朋友能否把他們的聯絡資料給我。然後，我會直接聯繫他們。但是，他們同意與我聯絡，不表示同意參與研究，而只是想多了解一些。」然後我就說，感謝。

訪問後的聊天大約持續五分鐘。此時，我慢慢收拾自己的東西（例如，做筆記的紙、同意書、筆等等），但我會讓錄音機繼續錄。然後，我再慢慢把錄音機移到我這邊，一旦受訪者說完，我就把錄音機關掉，順手收進包包，並且起身說再見。

如果訪談進行超過一小時，我認為離開前借一下廁所應該可以理解（因為我接下來經常要開車）。如果我看到屋裡有什麼可愛或迷人的東西（一定會有），我就會主動稱讚。然後，當我們走向門口，我會一再說自己今天學到很多並感謝受訪者。這時我可能會說：「如果我在幾週內與你聯繫，就是確認一下，方便嗎？」（看看他們是否有推薦人給我）。有時，我會對有人幫助，還有幫助對我有多重要，講幾句話（「有時我會問人們是否介意我一個月內再回來與他聊聊或幫點小忙？」）此時，我們會邊走向門口。

訪談結束時要怎麼做有點模糊。例如，我會考慮是否要與受訪者握手，拍拍他們的手表示感謝，或直接離開。有時候，受訪者會主動給我一個擁抱。你要讓受訪者主動。通常我會伸出手與他們握手，誠懇看著對方的眼睛、微笑並道謝。如果我帶了禮物，受訪者也會謝謝我。接著我就離開。這時，我往往非常興奮和「激動」，但也身心俱疲。

88

訪問結束後

訪談結束的24小時內（記憶最清晰的時候），你要趕緊寫一份備忘錄。備忘錄要描述訪談的對象、環境和重要時刻。最好記住受訪者在訪談中至少四或五次生動的畫面（例如，「皺著眉頭」、「坐在椅子上急著把身體往前靠」、「俏皮地」或「用手背抹掉眼淚）。如果你邊做訪問邊做筆記，就可以為讀者描述在訪問過程的關鍵時刻，受訪者的表情或語氣。重要的是，你可以完全確定這些舉動，還完美地在當時做了筆記（如果你能在不影響訪問的情況下做筆記，或者結束後馬上做）。

你應該把訪談的錄音檔上傳到電腦。以我目前的研究為例，我會為每個受訪者建一個檔案夾，裡面有基本資料、訪談逐字稿、錄音檔和其他資訊（其他人會給受訪者一個代碼）。但我也會直接把所有錄音檔放在一個資料夾中，然後打過逐字稿的訪問放在另一個資料夾。一字一句打出來的逐字稿（包括停頓的原因和哪一種笑聲）對於資料分析非常重要。你最好是自己打每一次訪談的逐字稿。這樣做很慢，也可能不容易聽出自己的聲音，或是你在訪談中犯的錯（我會想「我為什麼沒有繼續追問」）。打逐字稿很花時間，而自動謄錄機也會有各種錯誤。有些人聽完訪談後，會再用自己的聲音複述一遍，因為錄音口述系統可以在謄錄時降低錯誤。另一些人會用「腳踏板」（foot pedal）或其他倒轉軟體仔細聽；還有些人使用網站，按一下按鈕就可以暫停。[20] 有些人（有補助）有能力將錄音轉檔。如果你使用這樣的服務，上傳檔案謄錄之前，要在檔上改名換上代號。但即使是最好的逐字稿服務也會出錯。因此，最好是再聽一遍並修改（或者，如果你有研究經費，可以請打工的學生來做）。逐字稿都要換上化名。再以我最近針對有錢人的研究為例，其中一些人非常有名。我把逐字稿上可以辨識的訊息都拿掉，包括以化名代替所有的關鍵資訊，如大學名稱、地址、企業名稱和其他資訊。 89
如此一來，編碼人員就可以使用這些拿掉辨識訊息的訪談（但是，當我在閱讀逐字稿與撰寫研究成果時，還是會用〔有可識別訊息的〕原始訪談）。儘管費盡心思，還是很難完全蓋掉資料裡可以辨識的訊息，包括實際的錄音。因此，我總是花很長的時間，認真與研究助理討論保密的問題；我要求研究助理簽署一份保密協議。討論時，我跟研究助理說，如果他們換掉姓名、城市、州名、工作領域和其他可以辨識的特徵，也就可以與其他人討論一般的調查結果。但千萬記住，永遠不要透露真實姓名。我們不希望辜負受訪者的信任。

此外，你還要寫一份「分析筆記」（analytical memo），分析你在訪談中學到的東西。許多人也發現在筆記中寫個摘要很有幫助。例如，Judith Levine 與兩名研究生助理合作，訪談即將畢業的大四學生，了解他們求職的情況，並為每個受訪者建了一個訪談檔。訪談檔大約兩至三頁（單行間距），簡單記錄訪談的重點。同時反思自己學到的東西，而且既然做了貫時性的研究設計，也會放入要追問的問題。在摘要裡，你也可以提醒自己，受訪者針對特定主題有一段「妙語」。[21]

大多數人會在試算表中記錄受訪者的情況，訪談結束後應立即填寫這份表格。其中一張表有他們的真名、化名和聯繫資訊。這張表當然要設定密碼保護，再存到另一個單獨檔案，別和其他資料放在一起，才永遠不會搞混，不小心把它附在電子郵件中寄出去。另一張表有他們的化名、年齡、種族、收入，以及有助於描述樣本的重要資訊（你可以想想要用什麼表格來描述樣本；然後可以在匯總表上追蹤相關資訊）。資料的摘要可以儲存在電腦上，放在你其他資料附近，與其他人共享。這份追蹤表可以協助你整理資料集。雖然填寫起來很煩人，卻非常有價值（根據本校的 IRB 政策，我不會把我的樣本資料保存在谷哥文件（Google document），因為谷哥的員工看得到。相反，我把檔案保存在我大學伺服器上，設有密碼保護的「盒子」裡，打開需要兩次認證，也就更加安全）。

90

結論

訪談允許你進入別人的世界。如果訪談做得好（經常是這樣），我就覺得好像有個泡泡，彷彿世界裡沒有其他人，我可以聚焦在這個人對我訴說的人生經驗。有時你可以知道某人的人生起伏，他們的喜悅、悲劇和日常挑戰。而且，你可以清楚看到改變他們經歷的關鍵力量。所以訪談是種榮譽，通常也是種樂趣。

5 如何做一次好的訪談 91

深入挖掘

深度訪談的開展令人難料。正如第 4 章所說，你為了深度訪談所寫的指南，會根據研究不同而做調整。但是，一般情況下，指南可能只包含 10 或 12 道廣泛的、核心的開放式問題（加上許多探詢來釣出更多細節，以及一些用於蒐集人口統計學標準數據的問題）。訪談開始的前十五分鐘，你的最大目標是引導受訪者鉅細靡遺的回答。這個目標很重要。受訪者如何回答你提出的原初與核心問題，還有如何成功勾勒你的試探性問題（也就是鼓勵他們說出更多個人經驗等詳細的追蹤問題），會直接影響你蒐集的資料品質。

細節很重要。訪談時詢問更詳盡的資訊，可以讓你更有機會充分理解受訪者所講述的內容，然後你就可以開始回答自己的研究問題。不像量化研究者是使用數字來說明他們的經驗證據，質化研究者做訪談和參與觀察使用的是**文字**。當我們描述研究發現時，準確引用參與者的話，並對他們的經驗做出具體、詳細的描述，可以讓讀者更有理由接受你的說法。此外，這些豐富的細節也有助於讀者更清楚了解你研究的對象。為讀者提供深度和洞見，能讓讀者覺得他們「站在你的肩膀上」，陪你走過整個研究過程。另外，這些多出來的細節可以讓讀者有機會評估這些證據，從此就不必只 92
相信你。他們可以根據自己所見決定自己的想法。為了向讀者展示細節，你需要透過深入挖掘來蒐集這項資訊。

受訪者有時直爽的出人意表，有時候情緒捉摸不定、詼諧幽默或尖酸刻薄。不過，無論講話的語氣還是長短，大多數回答都包括一些元素，讓你有機會在不同的和未預料到的領域探詢得更深。根據受訪者說的話，迅速決定要追問的內容、時機與方法，可能會有很大的壓力。同時，不確定性與自發性，讓訪談緊張刺激又值得。本章提供的策略，可以增加訪談資料的品質，減少焦慮，並增加訪談內在的樂趣，對你和受訪者都是。

為了引出活力滿滿的細節，使你的調查結果令人難忘並有說服力，你在訪談時要思考得很快。腦袋中記下訪談大綱會很有幫助，這樣你就可以營造一場流暢的對話，同時不遺漏所有關鍵問題。然而，無論如何，你必須立即做出決定，對於受訪者的答案，哪些有必要進一步追問，哪些就讓它得過且過。此外，有些參與者只會講個三言兩語；另一些人則天馬行空。這兩種都會造成訪談的問題，導致資料讓人失望。儘管每個訪員都會犯錯，但知識、實踐、應變能力，甚至運氣，都有助於減少錯誤發生的頻率和嚴重性。本章除了為高品質的訪談提供小技巧和一套準則，我還將帶你一步一步走進兩個真實生活的深入訪談。

我這裡分享的兩個訪談，全都來自於我學術生涯早期，在研究助理幫助下執行的研究計畫。這項研究的重點是不同階級與種族的父母如何撫養孩子；研究發現成為《不平等的童年》一書的基礎。本章摘錄的內容來自我們對兩位工人階級的母親所做的深入訪談，兩人的九歲兒子都在放學後參加少年美式足球聯盟（不同的球隊）。我會先呈現一份由新手所做的訪談，
93 這個研究生剛學會如何做訪談（很可惜，我沒有留下自己還是菜鳥時所做的訪談，但我非常肯定我自己也犯了相同的錯）。我在摘錄中加入方框做評論，提醒大家注意訪談中具體的優點和缺點，也適時提出一些可以問出更多細節的替代探詢方式。然後，我分享了一份我對另一位工人階級母親所做的訪談。我在這裡也做出評論，指出自己在訪談中所犯的錯誤，並解釋受訪者答案的某些面向讓我決定追問的理由。這些例子提供了一個機會，

點出好的探詢何以帶來生動的例子與細節，讓我們更好的理解受訪者的主觀經驗。在我開始談兩個訪談的例子之前，我先列出一些做深入訪談的準則。

好訪談的準則

與受訪者互動沒有一種正確的方式。每次訪談都是獨一無二。有時，受訪者主動說出非常好的資訊，訪員要做的就是意思意思探詢一下。反之，即使有最好的技術，也不是每場訪談都會成功。儘管如此，還是有些做出好訪談的一般「遊戲規則」。

訪問你最感興趣的主題的專家

為了蒐集有力的證據，你需要訪談對的人（如第 2 章和第 3 章所述 ）。如果受訪者是你詢問的主題的專家，則他們可以提供出色的資訊。家長對養育孩子了解很多。教師可以討論他們帶班上學生的經驗。幫派分子是幫派問題的專家。

訪談時要讓受訪者聚焦在他們最了解的領域。先了解他們的想法、感受、經驗、行動等，談的越細越好。盡量避免要他們聊別人的感受、想法或行為。例如，你通常不會問家長他們孩子的經歷。孩子自己是這項資料
更好的來源。然而，有時 IRB 規則可能會限制或完全阻止你接觸每一類受 94
訪者（見第 3 章）。以小孩為例，你可能要靠訪問家長、教練與其他成年人，以間接取得資訊。

仔細傾聽並盡量少說話

當你訪談時要記得的首要規則，或許是盡可能少說話。幸運的是，你

可以發展自己的傾聽技能，就像 Kate Murphy 在《你沒有在聽：你錯過什麼與為什麼重要》（*You're Not Listening: What You're Missing and Why It Matters*）這本精彩的作品所討論的。仔細傾聽在訪談中尤其重要，畢竟訪談是雙方的合作，你主要的貢獻是仔細並準確傾聽受訪者說的話。但是，訪談一開始，你需要多講幾句來建立一種和諧的關係，才能鼓勵你的受訪者信任你，接下來的訪談也就會感到自在而說出更多細節。

訪談該做與不該做的事

一次只問一個問題

只問具體的行動、事件與經驗

以探詢來掌握許多細節

問題要讓受訪者用到他們的專家知識

取得足夠細節來創造當下的心理畫面

要讓對方看到你有仔細傾聽

不要引導受訪者回答

別進行得太快

別要求受訪者談別人怎麼想

別忘了你想知道什麼以及為什麼想知道

訪談絕對會顧此失彼。你的時間有限。你問了一件事，就少了問其他事情的時間。即使是經驗老到的訪員，決定何時探詢更多細節，以及何時要轉往下一個問題，都可能是充滿挑戰的工作。清楚記得自己研究最重要的順序，可以讓你比較容易掌握訪談結束前必須問受訪者什麼問題。

扮演一個積極主動的訪員

即使你本性較為矜持，也必須主動積極。你比受訪者更清楚情況，知道什麼對你有幫助。這表示你可以決定要如何巧妙引導話題，問更多細節，也幫助受訪者不要岔題。同時，你也必須試著讓訪談進展順利。[1]我建議你 95
要觀察、留意，以及如果不影響訪談，就記下簡短的描述：受訪者的肢體語言，包括落淚、興奮或激動的樣子，或者有生動的手勢。如前述，如果我在訪談時寫筆記，我會在訪談過程中加入這些資訊。

向受訪者保證答案沒有對或錯

許多人不曾接受正式訪談。因此，這類受訪者會緊張也就理所當然。他們可能擔心訪談是某種考試，可能過不了關。因此，訪談開始前，你可以跟受訪者「聊天」，幫他們卸下心防。你可以誇獎訪談地點的一件東西，或讚美受訪者身上的珠寶；或是你可以提到自己在他們公司網站上看到的東西；或簡單聊一下他們生活的其他面向。隨著訪談進行，你也可以微笑、說笑話，並且以其他方式暗示這不是審問犯人，只是在聊天。你可以誇獎受訪者的答案對你的研究大有幫助。此外，我覺得像這樣的開場白也不錯：「謝謝你和我聊天。我想強調的是，答案沒有對錯，比較像是一場非正式的聊天。」這種保證非常有助於讓受訪者放鬆。然後，為了確保你遵守 IRB 的規定（見第 3 章的附錄），你應該加上這幾句話：「雖然我不希望這樣，但如果任何問題讓你感到不自在，你可以拒絕回答，也可以在任何時候終止訪談。」我還經常說：「你有問題嗎？」最後，當受訪者在知情同意書上簽字（見第 3 章的附錄），我才說：「我現在要打開錄音機。沒問題吧？」對於 IRB 規則涵蓋的每一步，你都要取得受訪者的明確許可。

用參與者自己的話

當我剛做訪談時，我會不斷探詢，並且為受訪者的話加上自己的註解。
96 比方說，我會歸納：「聽起來你在努力堅持。」我這樣做有部分是因為老是一字一句重複受訪者剛剛說的話會很奇怪。我認為這很明顯。很不幸，我自己的詮釋有時搞錯重點，並引發問題。用受訪者的話可能非常有力量，也遠遠好過你闡釋所聽到的事。這說明除了傾聽之外，你也非常在意受訪者跟你說的話，才想要一字不漏複述一遍。一個常見的方法是記下受訪者答案的最後幾個字，然後一字不漏的複頌，接著就等受訪者繼續講。例如，本章後面出現摘錄的新手訪談，有位媽媽說：「沒什麼，現在運動結束了。」好的試探可以說「運動結束了」然後就打住。好的試探未必是提問。雖然訪員可能覺得說這句話很奇怪，但這些話通常是在呼應受訪者，而且可以成為一個重要的探詢。

重複有效的探詢

你不需要為訪談大綱上的每道問題想一種獨特的探詢方式。當受訪者察覺你在仔細傾聽他們說的話，通常就會全心全意講述自己的故事，不太可能注意你用重複的話在探詢。在某些訪談中，你可能會發現一再重複使用相同的探詢會有幫助：「這部分你能多說一點嗎？」就是很好的探詢。「你能想到最近發生這件事的時間嗎？」是另一個好的探詢。沉默也是很好的探詢。當受訪者停頓時，稍等幾秒。一般來說，受訪者會繼續講，講出更多細節來填補沉默。

聚焦於了解事件或經歷對受訪者的主觀意義

質化研究者更感興趣的是找出一個事件或經歷對一個人的**意義**。換言之，受訪者喜歡與不喜歡這個事件或經驗的哪個部分？有什麼例子是受訪者生命中最有意義的事件？挑戰在哪裡？訪員與受訪者建立聯繫，做出深入的訪談，有時就可能讓訪員問出非常私人的問題（例如，受訪者分享一件極為困難的事後，問「你覺得如何」）。訪談是探索主觀意義的寶貴工具。

別怕問你運用自己知識的問題 97

最近，我訪談了一位有錢、年輕、已婚的墨西哥裔美國母親。她成長於一個藍領、有著傳統性別分工的家庭。儘管家裡資源有限，有時甚至造成食物不足，她的媽媽也從未外出工作。我的受訪者還提到，家裡期待她的兄弟協助解決錢不夠的問題（例如，要他們拿著僅有的現金去雜貨店多買點食物），而她卻受到保護，不用承擔家裡的經濟壓力。當她繼續聊著童年，我感覺到她在成長過程中遇到一些困難。一聽她說自己小時候喜歡看書之後，我決定抓住一點點機會，馬上問：「你要做家事嗎？」這個問題有點風險，因為她從頭到尾沒提到家事，可能會讓她覺得我沒有聽她說話。此外，我的研究計畫是家庭和金錢；家務勞動與主題沒有直接相關。然而，我從其他研究得知，在些工人階級家庭，大家期待女孩子做許許多多家事。當我問到家務，她的臉色一變，語重心長地回答：「沒錯！」然後繼續解釋她多麼討厭煮飯、用手洗碗和熨父親的牛仔褲等各種家務，說自己覺得這實在非常不公平等等。她似乎把我的問題理解為我了解她童年很重要的一部分。我的大膽探詢最後變成訪談的轉折點。提出這個問題後，我的受訪者變得更親切，甚至更坦誠。有時，根據自己的經驗或文獻知識抓住機會提問，不失為一個好主意。假如探詢不成功，大不了繼續聊原本的問題。

整體來說，你通常會希望自己的訪談從頭到尾連貫，但你也希望能深入挖掘一些個人的獨特經歷，照亮某個議題。有時候，不經意的探詢會讓你的研究增加一個新問題來問其餘的受訪者。

邊聽邊寫

訪談時往往是受訪者引導。假如你的受訪者主動談你在訪談大綱上擺
98 在後面的問題，這時候你有兩個選擇。你可以說：「喔！我後面會再問這個。」把受訪者拉回來，或者你可以順著受訪者的引導，不加任何評論，直接跳到後面這個問題。我認為第二個選擇遠勝第一個選擇。拉回來會打斷回答的流暢度，並且打退受訪者進一步主動分享資訊的意願。但是，把問題導向受訪者的回答，也就表示你在訪談中必須顛倒問題的順序。即使你大腦中已經在快速整理選項：「我應該繼續這個問題嗎？」「我應該追問嗎？」「我應該轉向另一個主題嗎？」你也必須一直專心傾聽，看起來相當專注。你必須在瞬間做出決定，也必須在無法完全知道受訪者會說出什麼的情況下這麼做（你可能會發現，邊聽邊速記一些筆記會很有幫助，如此你就會記得你要談的內容）。需要同時處理好幾個問題會使訪談變得很緊張。想好哪幾個問題要優先詢問會很有幫助。最好的情況下，你要清楚知道你想知道什麼，以及為什麼要知道這個。但是，這也會隨著研究進展而不斷變化。理想上，當你的訪談完成一半到三分之二時，你就會找到自己的研究重心，你的優先順序也會比你開始時更清楚。

如果你想知道更多資訊，就回到受訪者提出的話題

一般來說，即使是簡短的答案也會開啟好幾條可能的提問方向。由於你一次只能問一個問題，必然無法觸及某些面向。有些問題可能會在稍後

重新浮現。如果沒有，你也可以拉回來。你可以說：「你之前提到……你對那件事有什麼想法？」或「針對……你能多說一點嗎？」重新討論也很有幫助，這向受訪者證明你一直在仔細聽他說，而且你記得他講的每句話。此外，結束前我總是會問：「針對今天談的，還有什麼重要的事要講？」同樣地，Shamus Khan 的問題是：「對於今天的訪談，我感興趣的是〔研究問題〕。有什麼是你想說還沒說的？有什麼問題是我該問而沒問的？」[2]

小心權力不平等 99

訪談中有細微且複雜的權力變化。訪員和受訪者不僅生活經驗不同，所處的社會位置也有不同的社會地位，包括種族、族群、年齡、性別、學歷等等。這些因素無一例外地影響訪談的過程。參與者同意加入你的研究，並決定他們要說什麼。作為訪員，你有權力（你提出問題並引導訪談），也是無力的（參與者決定要不要和你聊天、分享什麼，還有要講多深）。你必須注意不要給受訪者太多壓力，要求他們做一些他們不願意做的事。你要一字一句的聽並敏銳地回答。同時，如果你不引導訪談，你就得不到自己想要蒐集的資訊，所以你需要在訪問過程中行使某種權力，讓訪談可以聚焦。這裡沒有簡單的答案，但你要對這些問題保有警覺並不斷調整。另外，資訊蒐集要靠雙方。參與者沒什麼理由在事前就要信任你。因此，他們總是在尋找訪談安排的蛛絲馬跡。即使你花了很多時間做訪談，假如參與者看起來不自在，發出不安的訊號，你就要停止訪談，看看他們是否還好。如果參與者想中止訪談，你就必須結束。你需要遵循知情同意書的意義和精神。

控制太健談的受訪者

有些受訪者「很愛聊」，不斷岔題。由於這樣的人很難控制，你需要在剛開始的幾分鐘內就插話。當受訪者的回答偏離正題，首要工作是別在他們喋喋不休或高談闊論時不耐煩。你最好的選擇是重複自己的問題。當你聽完回答，點點頭，露出感激之情，仔細看受訪者是否要換氣，然後把話題轉回到你感興趣的問題。你可以這麼說：「這很有趣。現在，請談一下〔重新說明你的問題〕」。評估自己是否熟悉控制訪談的技巧是檢查逐字稿。一般來說，你想看到的答案大約是一個（單行距）段落。除了極少數的例外，
100 如果針對一個問題的回答要打一整頁的逐字稿（單行間距），那就不對勁了。你需要問更多問題。

預期回答會過於簡潔

毫無疑問，訪談孤僻、膽怯或不愛說話的人會更困難。這些受訪者往往惜字如金。當你要他們進一步闡述，有些人會面無表情看著你，或更糟糕的是他們似乎會很生氣。訪談的前幾分鐘，你可以試試幾種方法，提高你聽到細節的機會。

有些沉默寡言的受訪者只要循循善誘就可以回答的非常好：「非常謝謝你。掌握細節對我來說很重要，這樣我就能更清楚你的經歷，每個人的經歷都大不相同。」有時，講幾句自嘲的話可以讓膽怯的人更有信心：「我不是很了解這是怎麼回事，你可以多說明一下嗎？你是怎麼處理的？」有時候，訪談稍微喘口氣，聊些其他的事也很有幫助，例如房裡有吸引力或少見的東西、受訪者穿著有趣之處，或任何受訪者感興趣的主題。害羞或孤僻的受訪者在聊到他們關心的主題時可能會放鬆（有時看得出來）。這可以讓你了解他們放鬆時的表現。基本上，盡量隱藏你內心不斷湧出的挫折，還要看起來對受訪者所說的內容真的感興趣。

別忘了，你也要相信自己有資格「追根究底」（nosy），有資格問一些額外、試探性的問題。受訪者不會知道你想要哪種資訊。只有當你追問

更多細節，他們才會知道這點。如果他們未能主動說出你要的資訊，你應該直接請他們講，除非你察覺受訪者認為你的試探超出範圍。在這種情況下，你應該立即收回。人不太可能主動說出社會上敏感的事（包括性行為、埋怨父母和事業失敗），但如果問的時候很有禮貌，許多人還是會說。當你提出一個可能很敏感的話題，你就是允許他們多說一點。然而，到頭來有些人只是比其他人更為健談。如果你用盡各種辦法，也發現訪談過了一小時還是沒什麼進展，我建議就讓訪談告一段落，感謝受訪者，然後告辭。 101
每個人都會遇到讓人失望的訪談。

試著平衡深入挖掘和繼續訪談

每次訪談都要面臨深度和廣度兩個目標之間的拉扯。你要確保在幾個問題上「挖深」，特別是訪談剛開始的主題。但是，你也要注意自己要問的題目不只一道。你可以提前想好這場訪談有哪些問題是「一定要問」。然後，根據訪談流程，你可以進入其他主題。正如第 4 章所提，給受訪者一份重大事件清單讓他們瀏覽會很有幫助；這份清單可以讓你更快討論一些主題。

想好怎麼轉換問題

你想要訪談時間都用在對方身上，而不是你。但許多受訪者對你也感到好奇。你可以先想好，在那種情況下，你覺得聊自己哪些事會讓你感到自在，聊的時候要簡短且合適，並且允許你轉回研究焦點。例如，身為一名研究生，我會分享自己讀哪所學校，以及我希望什麼時候畢業，我還會開玩笑說自己很怕找不到工作。然後，我就會把注意力放在訪談上。有時候去訪問家庭，我經常說（為了讓全家放輕鬆）我「成長在充滿尖叫」的家庭，我還會說個故事（第 6 章會再談），就是我和妹妹同住在一個房間時「老是在吵」。這樣做的目的透露一些事，讓你看起來是個值得信賴且實實在在的人。如果有人堅持要繼續，你可以說：「我們訪談結束後，我很願意多分享一點，但是現在我很想聽聽你的經驗。」Judith Levine 提到她會說：「我很在意自己是否占用你太多時間，我也想確定我有足夠的訪談時間。」然後，我也會在訪談最後再閒聊幾分鐘，然後以有約下一場為由說「我需要趕一下」。你可能想知道為什麼對方會想多了解你。有時候，人們只是要確保你值得信任。有時候，他們如果說自己對一個主題感興趣，他們真正要做的
102 是把自己的觀點跟你說。此外，也別忘了（就像個報導人），你不必回答人家問你的問題。你可以回答另一個問題帶過。以我之見，聊到你的發現，你要盡可能「模糊但準確」。或許你可以分享一個普通（不冒犯人）的觀點。或是你可以說，現在談自己的發現「還言之過早」，你會在研究結束後分享一份摘要給對方。

確定全部問題是否都問過

由於訪談的進展難料，所以漏問訪談大綱中的（至少）一道問題相當常見。由於我是「順勢而為」的訪員，也就特別不善於確保每個受訪者都問了同樣問題。不說其他問題，這種不一致就使我很難使用基本表格來概括整個樣本中各種型態出現的次數。為了避免資料不完整，我的策略是在訪談結束前停一下，問對方：「不好意思，讓我暫停一下，我要確定自己沒有漏問任何重要的問題」。這有助於確保你確實涵蓋訪談大綱的核心問題。不過，之後你一定還會察覺自己沒有追問一個重要的問題。這令人沮喪也很正常。

有些研究者覺得在電子郵件中追問沒有關係。我就曾經這麼做，有一次我忘了問受訪者的黨派，以及是否在總統大選投票。她回答了我的問題（說她無黨派，沒有投票）。但是，如此追問很麻煩，它使訪員看起來有點不稱職，並給受訪者增加不必要的麻煩（然而，有些受訪者明確歡迎後

續問題）。以我之見，最好有個系統能幫你記住每個重要問題。但請記得，每個人都會漏掉重要問題。你不需要因此失眠，事情就是會發生。

傾聽精彩的訪談內容但不要期待太高

訪談中會頻繁出現一個時刻，受訪者講了些對研究特別有幫助的話，甚至更好的是，清楚陳述一段重要的說法（訪談時，你可能會發現要迅速 103
識別出精彩的說法很容易）。但是，如果期待要從每個受訪者口中聽到一、兩句不凡的說法，就有點不切實際。當我在研究生時期聽到這個提醒時，著實嚇傻了（我心想：「大費周章只為了一句話？」）別忘了，即使在一個小研究中，你還是要做很多訪談。所有訪談，即使是細節有限的訪談，也是你提出說法的證據。當你寫下研究發現，把各個受訪者精彩的說法放進來，可以讓你的結論更有說服力。

兩個訪談範例

訪談範例 1：不夠詳盡的訪談

我們檢視的第一個訪談來自一名新手——聰明、細心且剛上博士班的白人學生，名叫 Jenna Harvey（化名，本章所有名字都是化名），她正協助我在《不平等的童年》的研究計畫中做訪談[3]。這裡的摘錄約占全部 40 頁訪談稿（隔行打字）的 15%；整場訪談大約花了 90 分鐘。其中有些亮點。但總的來說，這場訪談沒有帶來豐富、詳細的內容。正如我在摘錄後面方框的評論，其他的選擇——特別是探詢——可能更有效。

訪員遇到受訪者遇到 Silverman 女士，一名工人階級已婚的白人母親，是在她 9 歲兒子 Dougie 的美式足球隊秋訓時。Silverman 女士的兒子就在我觀察研究的其中一個班，所以他已經收到一封信，聽過我這項研究。除了在小孩訓練時與 Silverman 女士在旁邊聊過天，訪員也打電話跟她約訪，有一天晚上還聯繫過她，確認十二月的訪談地點是受訪者的家。底下摘錄的內容從 Silverman 女士簽了知情同書並允許她使用錄音機開始。

開始訪談

訪員：首先，我們在看足球訓練時你和我說過，但是，你能再跟我說說家裡的成員嗎？你還有個大女兒，還有個兒子，是嗎？

104 Silverman 女士：對。

訪員：我忘了他們的名字。

> 這樣探詢不見得不合理，但如果可以說聲抱歉可能更好。「很抱歉，我忘了他們的名字」；甚至可以說，「不好意思，你能重新幫我想起他們的名字嗎？」父母通常認為自己的小孩是生命中最寶貴的東西。如果你忘記他們小孩的名字，他們可能會很受傷。

Silverman 女士：21 歲的 Jim，14 歲的 Treishie，還有 9 歲的 Dougie。

訪員：嗯！如果你要跟一位從未見過 Doug 的人描述自己的孩子，你會怎麼說呢？

> 請注意，當 Silverman 女士提到自己的兒子時，她是用 Dougie。訪員開頭時把她的叫法改為 Doug，這麼做就在訪員與受訪者之間不經意帶出一道小裂縫。這兩個女人現在的合作緊密程度，已不如訪員跟著受訪者一樣叫 Dougie。

Silverman 女士：他有時很乖，有時候很壞。他很聰明。對我來說他非常聰明。有時候我覺得他的行為有點問題，但他是好的。

這位媽媽的答案充分說明訪員常會遇到的挑戰：一句簡短的回答，受訪者提出五個截然不同的重點（他有時「很乖」，有時「很壞」。「對我來說他非常聰明」），以及「有時候」我覺得他的行為「有點問題」。一下子有這麼多條線索要挖掘實 105
在壓力很大。你應該選擇哪一條？

我建議做兩件事：挑一個**正面的**重點，藉著探詢去找出具體、明確的細節，開始教導你的受訪者須要什麼資料：

「告訴我最近的例子，過去幾天他什麼時候是好小孩？今天或昨天有發生什麼事嗎？」

或者，你也可以說：「對啊！我在課堂上看到他好聰明。麻煩說一下你在家裡看到什麼。」

第二個例子比第一個例子風險大，因為它突出課業，讓你與學校連結在一起。如果家長和學校的關係緊張，這樣做可能適得其反。我現在暫時放棄這條路。

這五條線索中，我認為優點是兩個最佳選擇。正如我後面所說，「很壞」和「行為有點問題」是缺點。這些把她兒子和她說得沒那麼好。「但他是好的」相當普通，因此不是用來詢問更多細節的好起點。

訪員：你說行為有問題，可以多談一點嗎？

這不是理想的探詢方式，因為他回答的時候，受訪者誇獎他的兒子分別有四次：

「他很乖」

「他很聰明」

「對我來說他非常聰明」

「他是好的」

很遺憾，訪員的追問並未顯示她聽到這些優點。反之，她只看到唯一的缺點

（「你說行為有問題，可以多談一點嗎」）。受訪者可能會認定訪員沒有仔細聽她說話，或更想知道讓這個家看起來很壞的蛛絲馬跡。

106 千萬記住，訪談的合作特質很重要。你和你的受訪者需要並肩合作，才能實現訪談的終極目標：清楚、詳細的資料，增加研究的論點。在這次訪談中，進一步的探詢應該放在優點（「告訴我最近的例子，過去幾天他什麼時候是好小孩。今天或昨天有發生什麼事嗎？」）才能建立更多信任。然後，後面的訪談才有可能回到行為有問題（或教養小孩的艱困時刻）。但要記住，許多家長完全站在小孩這邊，批評小孩等於批評家長。

Silverman 女士：像是，他累了或心情不好，你要他做什麼他就是不做，就是這樣，你知道的。他會想要發脾氣或什麼，你知道的。以前更糟，但現在越來越好，他不常這樣做了。我想他長大了。

訪員：像有哪些事會讓他發脾氣？

這位媽媽要把討論轉到好的方向——「現在越來越好」——順著這樣走會是很好的方向。然而，訪員的問題是不錯的嘗試，想獲得更多細節，但她的問題過於籠統，她問：「像有哪些事會讓他發脾氣？」這讓她的受訪者整理出許多不同的發脾氣方式，而這接下來就會倒向模糊與一般的說法。比較好的方式是集中在最近發脾氣的例子，像是上禮拜發生的事。比方說：「你能想到最近的例子嗎？或許是上禮拜才發生的事，並且多談一點。」

然後，隨著受訪者補充更多資訊，要尋找機會探究更多細節。追問的具體問題

107 要看你想知道什麼，還有為什麼想知道。以這個訪談來說，想進一步了解發脾氣的事，比較有用的探詢方式有：「發脾氣的前一秒發生了什麼事？」「你當時在哪裡？（房子裡或外）？」「你和誰在一起？」」「他朋友叫什麼名字？」「那

> 天什麼時候？」「你能記得他說的每句話嗎？」你的目標應該是不斷詢問具體的時間？而不是大致的情況。細節是關鍵。

Silverman 女士：如果你跟他說不，你不能和朋友出去；或說不，你不能買這個。類似這樣的話，那就要看他當下的心情。以前總是這樣，我就盡量不理他，或者吼他幾聲。大概就這樣。

> 這裡受訪者開始保留（「大概就這樣」）。這個轉變是不好的訊號。我們的目標是隨著訪談進行，讓受訪者回答時給出越來越多細節。
>
> 以目前的情況，訪員可能會問受訪者覺得「不理會」兒子是什麼感覺——「會很難嗎？」他可能會冒險進一步問媽媽的吼叫。這樣做很危險，因為受訪者可能會因為自己的吼叫而感到尷尬。把讓人寬慰的話放進可能敏感的探詢會很有幫助：「很多媽媽都跟我提到吼叫小孩，每個人情況都不同。你的情況是怎樣？」

訪員：嗯！Trishie 與 Jim 也都住在這嗎？

Silverman 女士：Trishie 住這，Jim 沒有。

> 這個問題最好等到訪談快結束的時候問，因為答案不是對就是沒有。訪問剛開始，我們的目標是引導受訪者講出很長、具體且詳細的答案。

訪員：嗯！Doug 最近喜歡什麼？他如何打發自己的時間？ 108

這是個研究中的重要問題。訪員問得很好。

Silverman 女士：現在球季結束了，他——他會找點事打發時間。球季結束，什麼都沒有了。他會坐在這和我們一起看電視、打任天堂。很簡單。如果他的朋友來了，他會一起出去，但如果他的朋友沒來，他也不會去找他們。他只會待在家裡，看電視或玩任天堂。

這個答案很合理，但還是太籠統了。這個回答涵蓋許多內容，使人很難了解 Doug 在「球季」「結束」後，現在究竟在做什麼。這是答案中最有趣的部分，因為對於中產階級的孩子來說，一整年都會參加運動。但在這個藍領家庭中，兒子只打美式足球。訪員在這有很多選擇，她可以使用以下任何一種探詢方式：

「球季結束。」這會是我要探詢的第一個選擇。根據接下來的具體內容，訪員會追問兒子打美式足球要花多少時間？有誰去練習與比賽？他的兒子怎麼去？要投入多少努力？她覺得如何？兒子怎麼跟她聊打球這件事？等等。

「他和你一起看什麼電視節目？」這段探詢引用受訪者的說法卻不精確（Silverman 女士說：「和我們」），但也未強調這個回答。訪員可以問在哪裡看電視？看了多久？還有誰一起看？誰選台？還有他們是否有特別的點心？藉此了解 Dougie 如何打發時間。這些問題都可以投射出家裡的氣氛。

109 「他玩任天堂。」靜靜等受訪者的回答後，訪員會探詢任何遺漏的細節，像是受者訪的兒子在哪和在什麼時間玩任天堂，他輸的時候是什麼反應？他和誰玩？他買電視遊樂器多久了？等類似的問題。

「他朋友會來嗎？」這個問題可以讓訪員對孩子的日常生活掌握更多細節。她可以問朋友多久來一次？朋友的名字？孩子在街區可以離家多遠？受訪者的兒子有腳踏車嗎？腳踏車放哪？他每天在外面待幾小時？他是否有門禁？等等。

「談一談昨天放學後發生了什麼。」這樣探詢沒有重複受訪者所說的任何事，但它讓受訪者有機會描述上述各類日常活動，並讓訪員有機會引導討論，釣出更多細節。

不論採取哪種探詢都可以，任何一個都會使訪員得知更多細節。但是，她選擇完全不追問。這表明她對受訪者所說的內容沒有特別感興趣，並暗示這個答案完全令人滿意，不需要進一步說明。請注意，受訪者在答完這題後，回答開始變得簡短，而不是變長和變廣。

訪談中來到第一個轉折點

這項研究的主要目標是了解孩子如何打發他們的時間，以及父母為了讓小孩度過每一天要付出多少努力。Silverman 女士之前的回答特別重要，因為它直接處理了一個重要的研究問題。但是在「菜鳥」常有的錯誤中，訪員並未探詢而直接繼續快步向前，也就錯過讓受訪者闡釋以及給出更多細節的好機會。此外，訪員在這並未跟進，就無意中訓練受訪者只要簡短回答就好。訪談進行到這，時間已經夠長，對於訪員想要什麼，以及受訪者應該提供什麼的期望已開始定型。其他選項已經消逝。設定期望的機會 110
之窗在訪談的前十五分鐘就已慢慢關上。

訪員：他在這附近有很多朋友嗎？

Silverman 女士：對。

訪員：我是說就在同一條街上，或是有多遠？

如此探詢很合理，因為他想要問出更多細節。

Silverman 女士：馬路對面好像有三、四個男孩。這裡還有另外兩個。還有一個就在隔壁那條馬路。所以，一到夏天，他們都玩在一起。

這段話非常有趣，訪員應該停一下，試著問出這些男孩的名字、年齡、是否有親屬關係或是否都來自不同的家庭，以及受訪者與這些家庭是否密切。

受訪者的最後一句話，「所以，一到夏天，他們都玩在一起」，是句耐人尋味的話。這意味著一種小孩子能一起出去玩的童年自主生活。

合理的探詢可以這樣開始：「哇！太棒了。那麼對街三、四個男孩都來自同一個家庭嗎？他們有多大？」

接下來進一步的探詢似乎自然而然進行。「這些男孩都上同一個年級嗎？」「他們讀同一所學校嗎？」「他們一起走路或一起搭公車嗎？」或者，訪員可以開始集中在夏天。她可以問：「夏天是什麼情況？他們都在一起嗎？」可以詢問受訪者怎麼安排工作，以及她是否需要在夏天調整作息，或是孩子們在白天是否能照顧自己。她可以重複說「所以，一到夏天，他們都玩在一起」，並且靜靜等著聽受訪者如何打破沉默。

111 這些探詢可以用更具體、生動的細節來深化分析。這是質化研究中使用深度訪談的主要目標。反之，訪員問了一個更廣泛的問題（見下文）。到目前為止，訪談已經上軌道，答案卻越來越籠統（低品質的答案），而不是越來越具體和詳細（高品質的答案）。

訪員：那他們做什麼呢？

Silverman女士：嗯，他們會進來玩任天堂，或是他們會到外頭，因為現在〔電視上〕會轉播美式足球，而他們都玩美式足球。夏天時，他們會打棒球。

訪員：他們去哪裡打美式足球？

這裡的探詢大有可為。這有可能開啟話匣子，讓受訪者多說一點她對小孩子踢足球的感覺（不論是隨便玩玩還是參加比賽）。她的兒子參與這項運動對他來說的意義，她要投入多少心力等。但是訪員並未追問。以下你會看到，她轉到了棒球。

Silverman 女士：就在這條街上，街邊。他們就在那裡玩。他們就做這些事。有時他們會把對方惹毛。

訪員：他們在哪打棒球？

Silverman 女士：就在同一條街上。

訪員：他麼一個禮拜打幾個下午？

Silverman 女士：一次或兩次。這禮拜他打了兩次。

訪員：他曾經到朋友家嗎？

Silverman 女士：有時候。或是他會打電話過去問：「你要出來嗎？不，我們就到處轉轉。」不然他就留在家裡。

訪員這時候可以問：「你能舉一個最近的例子，他打電話問朋友要不要出來嗎？」 112
這會讓訪談更加深入。

訪員：所以他打美式足球和棒球，這是在春天？

Silverman 女士：對。

訪員：現在，打美式足球，報名要多少錢？

Silverman 女士：美式足球要付四十美元。

訪員：這包括球衣嗎？

Silverman 女士：是的。

訪員：每週練習幾個晚上？

Silverman 女士：嗯！開學前，每個晚上都打。開學後，一個禮拜減為三次。

訪員：夏季的練習從什麼時候開始？

Silverman 女士：差不多是八月。好像是上個禮拜或兩個禮拜前，大約就是那時候。

訪員：你是否要經常要提醒他準備練習呢？

> 訪員在這裡想要問出更多細節，這很好，但也要注意，按照她提問的方式，適當的答案應該都會是「是」或「不是」。提出更開放的問題會更好：「當孩子們需要準備去練習時，孩子有多麼主動，以及父母扮演什麼角色，每個人的情況都有很大的不同。你跟 Dougie 是怎麼樣呢？」
>
> 113 這邊用「多麼主動」很可能限制了答案，也就有偏頗的可能。但這種限制也有助於受訪者了解訪員想要聽到什麼資訊。

Silverman 女士：有時天氣很熱，當他們開始練習時——他真的不大想去，因為要跑操場，天氣又熱還有各種理由——他就是不想去。有一次他索性不去，他的教練打電話過來找人，他就又去了。

> 雖然探詢沒有帶來想要的深度，但 Silverman 女士談到自己的兒子不想打球這個非常有趣的故事，還有她與她先生對此的反應。

> 此處，受訪者透露「當他們開始練習時」，她兒子「不大想去」。本研究的焦點是家長的努力促進小孩參與課外活動，所以這是訪談說出真相的時刻，可以點出家長如何衡量要花多少力氣推小孩去參加。
>
> 這個答案很有潛力。訪員在這最好停下來探詢看看。同樣地，他還是有好幾條路可以走。他可以探詢「太熱」或「他真的不大想去，因為要跑操場」或「他有一次退出」或「他教練打電話給他」或「他回去了」。

如果我是訪員，我可能會說：「我們回過頭來談談天氣太熱，他不想要去。請再說明一下。」接下來，我就會探詢抱怨開始時她兒子到底說了什麼？天氣有多熱？隊服看起來怎麼樣？她是否記得 Dougie 的爸爸說過的話（儘管訪員不該請受訪者談其他人的想法等等），她的想法呢？這些類似的問題。然後，我就會回到她兒子不去練習的那天，問更多細節，為什麼那天發生這種事？原因為何？她 114
兒子跟誰講話？她與先生的反應？她兒子怎麼跟教練說……。每個探詢都要花時間，也就是說我可能無法問其他重要的問題。這樣會不會顧此失彼要看你研究問題的性質。鑑於我研究的問題，多花點時間在這幾個問題很值得。

訪員：當他不去練習，接下來發生什麼事……？

訪員追問這個故事很好。探詢大部分是要問結果（例如，「發生什麼事」）。所以比較開放的問題會更好。訪員這裡有好幾個選項可以選：「請多說一點。當你剛聽到時，心情如何？你先生針對這件事跟你說了什麼？你怎麼處理？」這是比較理想的探詢方式，因為這可以更了解那件事的意義，還有事情的來龍去脈。

Silverman 女士：他不去是因為太熱，還有他不想跑運動場，繞著 Arrow 體育場跑，實在是太長了。他就是不想去。接著，他的教練打電話給他，要他回去，他才決定要回去。

這時候知道當時到底有多熱會很有幫助，可以讓受訪者估算當時的氣溫。「天啊！聽起來很熱。到底多熱——你可以大約猜一下嗎？」通常，遇到這種問題，受訪者的回答是：我也不清楚。但是，如果你再追問一次，讓他有些選擇，包括大約的數字（你覺得有 85 度，96、105、116 度嗎？），他們就會估計一下。

115 如果可以圍繞這句話獲得更多細節就很好，「他就是不想去。」訪員可以重複這句話，然後等一下：「所以，他就是不想去。」理想情況下， 當你再度追問，受訪者就能想起她兒子不去時究竟說了什麼話。有了原話，就會讓這件事有個更生動的畫面。

訪員；他是跟教練說他不要去了，還是由你打電話給他？

這句話背後的意圖非常好（例如，家長幫小孩處理這件事嗎），但是這裡的措辭——「你打電話給他？」不是非常理想。這位媽媽不「需要」做任何事，但她可能會把通知教練視為一件需要做的事。然而，她的回答顯示她了解受訪者問題的意圖。

Silverman 女士：他必須自己打。

這很有趣。回答很簡短，但非常寶貴：「他必須自己打。」

訪員；他說了？

Silverman 女士：對。

訪員：他是在其中一次練習說的嗎？

Silverman 女士：他爸帶他去，因為那天晚上我必須回去上班，而他爸爸把他帶到那，他交出自己的裝備並說我要退隊。

訪員：然後教練就打電話給他？

Silverman 女士：我記得他隔天晚上就回去了，然後我們又替他報名，同樣是在 Arrow 體育場。

訪員：你們是在訓練時再替他報名嗎？

Silverman 女士：是的。 116

訪員：還得再付錢嗎？

Silverman 女士：我們必須付二十美元，因為我們之前付了四十美元，他們〔在 Dougie 退隊時〕還給我們二十美元，所以我們必須繳回這二十美元。

訪員；那是在夏天的什麼時候？

Silverman 女士：大約在他們開始練習後的兩、三個星期。

訪員；他要退隊之前有沒有和你們討論過他這麼做或關於重新歸隊的決定？怎麼會發生這種事？你們有吵過這件事嗎？

> 訪員在這進步了。他很努力想探詢更多細節。每次探詢都很寶貴，但最好一次問一個問題，問下一個問題前要仔細聆聽答案。第三個問題最好先保留當作探詢。請注意，當／假如受訪者要拿第三個問題來探詢時，她要用受訪者自己的話，而不是用「吵」這個字。

Silverman 女士：沒有，我只是跟他說，如果你想重新報名，我就會替他報名，但是我不想再聽到「我不要去練習，我不要去練習」。你必須去練習。這是很重要的一部分。他覺得沒問題。所以我們就讓他再參加練習。有幾個晚上他不想去，我會說：「Dougie，你要去。」只要他把衣服換好，他就沒問題。

> 這是訪問至今最好的內容，因為這清楚傳達出受訪者如何應對她兒子不去練球的情況（例如，「Dougie，你要去」）。

訪員：所以他有抵抗或發脾氣嗎？

117 訪員在這想問出更多細節是很好。但她的用字遣詞縮小受訪者的選擇。這個問題提出兩個半選擇題：抵抗或發脾氣。儘管受訪者在前面的訪談確實提到「發脾氣」，但訪員在這使用這個詞就有太多引導。最好説「談談那件事」或「你能回想那天具體的情況嗎」或「他會説：『我不要去練習』」。

Silverman 女士：有時候。他會說他不想去，但我們讓他去。

了解更多這條有趣的線索將非常有幫助。了解的最好方法是訪員幾乎一字不差地重複受訪者剛才説的話「你們讓他去」，然後她會等五到十秒。一般來説，短暫的沉寂會暗示受訪者説話。

進一步了解受訪者對兒子參加美式足球的看法也很有幫助，為什麼她認為兒子參加每次練習、比賽都很重要，因為這點出一項很重要的家庭作法，也就是儘管兒子極力反對她還是堅持。訪員可以説：「請再多談一些。」如果沒有更多細節，就很難判斷兒子是悶悶不樂、發牢騷，還是完全不想繼續打美式足球。進一步的探詢可以説：「請多聊一下這件事發生時的情況。他在做什麼？」訪談者還可以試著問：「我不知道這是否合理，但能否説一下他當時的語氣？」此外，釐清受訪者口中兒子反對的時間點也有幫助。看起來，她説的很可能是她兒子退出前發生的事，而不是他重新加入球隊後發生的行為，但這不是很清楚。

118 訪員：你是否曾經幫他穿球衣？

Silverman 女士：不，不，不。如果一定要走到這一步，我會說，算了吧！我們就不去了，你要退隊或怎麼樣都可以。

訪員：當他退隊，他有沒有和你提到他決定要退隊？

「他有沒有和你提到他決定要退隊？」是鼓勵受訪者只要回答是或不是。說法不一樣，會帶來更豐富的答案。「多談談。他怎麼說的？」或者，「你記得你剛聽到時是什麼反應？他是如何開口的？」

儘管訪員這樣問問題，受訪者的答案（以下）卻很好。

Silverman 女士：他一直跟我們說他要退隊、他要退隊，最後我們只能說，好吧！實在沒道理強迫他去打。所以我，我們讓他選擇退隊，而且我們〔再次〕替他報名之前問了他五、六次：「你確定嗎？你每次都要去練習喔！這次你最好可以確定。」我們以前就說過了。

這段訪談不錯。這裡頭有些情緒（受訪者的沮喪很明顯）。訪員可以這樣追問：「所以，讓我們拉回到你們下定決心的那一刻，你們當時怎麼想？」「你先生的意見是？」另外，訪員也可以重複受訪者的答案「沒道理強迫他去打」，然後等對方繼續講。

理想上，訪員會探詢各式各樣的細節，幫他們勾勒自己想要知道的事件或經驗等值得注意的畫面。訪員在這裡或許可以問：「當你們做決定時，有什麼值得一
提的事？你記得你當時人在哪裡？」這裡的探詢是要挖出具體的事：在車裡，坐 119
在電視機前，吃晚餐，還是在其他地方？Doug 只跟媽媽說，還是也跟爸爸說了？父母到底如何反應？多掌握一些細節就更有可能正確理解發生的事。

訪員：之後他們每星期六都有一場比賽？

Silverman 女士：是的。

訪員：幾場是客場？幾場是主場？

Silverman 女士：我不清楚。我甚至不知道他們打了幾場比賽，也許有十場。因此，我覺得可能有五場客場，五場主場，好像每隔一個週末都是客場。

主客場比賽各有幾場是有用的資訊。但是，這是客觀的資料，訪員可以從其他管道蒐集這項資訊（例如聯盟的賽程表），訪談的時候應該把時間多留下來追問主觀的資料，提問要能獲得受訪者的經驗、價值觀與信念等。

整理：一場只觸及表面的訪談

訪員完成訪談並掌握一些寶貴的資訊。她蒐集的資訊也符合研究計畫的目標。受訪者的兒子參加的課外活動相對較少，在家庭之外過著充滿活力的玩耍生活，而且在他改變心意想退隊時，父母對是否該強迫他參加球隊，也非常矛盾。

然而，訪員沒有盡可能了解情況。具體來說，她並未找出受訪者對於兒子參與美式足球的經歷有何意義，打球對於她自己的生活有什麼影響，她的價值觀和優先順序，還有家庭日常生活的細節。[4] 好幾次，訪員在探詢一些具體事情之後，追問時都是問些狹隘的問題而不是普遍的問題。訪員沒
120 有**在一個問題上停留夠久**，進一步藉著深挖、重新措辭或嘗試從不同角度來取得更多細節。訪員有時也會請受訪者一次總結好幾個事件，導致回答越來越籠統。訪談過程中受訪者沒有太多笑聲或誇獎，訪員也沒辦法創造足夠的親切感，來舒緩陌生人之間油然而生的尷尬，尤其是訪談剛開始時。

但訪員也避開了一些常見的陷阱。訪員沒有說太多。有些訪員發現，克制自己說話並增加受訪者回答問題的時間有一定難度。雖然簡單分享個人經驗有助於拉近關係，但訪談不是一個講出個人想法，或是聊自己的經驗或感受的好地方（不過有時分享一些個人經歷，特別是在訪談剛開始，可以幫你建立融洽的關係。有些訪員總是在一開始講些個人觀點）。訪員的目標應該是打好關係，然後從受訪者那裡釣出詳細資訊。儘管這位訪員還是新手，但也不會去評斷受訪者或她兒子。此外，訪員始終很有禮貌，不會粗魯或不耐煩。由於訪員沒什麼經驗，我覺得這場訪談的表現在計畫初期勉強及格。

訪談帶來幾句很精彩的說法（前面提過，一場訪談只獲得一句可以引用的話是常有的事），但它還是可以更豐富與更深入。高品質的資料能為描寫分析結論提供更有力的基礎。

訪談範例 2：細節更多的訪談

這段範例摘錄自我對 Celeste Taylor 女士兩小時的訪談，Taylor 是非裔美國家長，她們家是我在《不平等的童年》中討論的家庭之一，她已經和丈夫分開。[5] 訪談當下，他們的兒子 Tyrec 就讀四年級，是我研究計畫觀察的一個班。Taylor 女士上過中學，正在一所營利型的線上大學上課，而且有一份全職的行政助理工作。理想情況下，訪談應該在一對一的私人空間進行。但這次的情況並非如此，部分原因是我在安排訪談時對 Taylor 女士不 121
夠自信，還有部分是這位媽媽要全職工作，使她很難找出空檔與地方單獨接受訪談（這些情況就是 Kathryn Edin 為何會發展出派兩個訪員去做一場訪談的形式；一個負責照顧孩子，一個負責訪談媽媽）。訪談在 Taylor 女士的租屋處進行。我在經歷一週異常的暴風雨和酷寒之後，在一月份某個週日晚上到訪。訪談的大部分時間，Tyrec（九歲）都在現場，很想要受訪。Taylor 女士十九歲的兒子 Malcolm 和十三歲的女兒 Anisha 也在，不斷進進出出。幸運的是，訪談大綱沒有把重點放在較為私密的問題，而是集中在怎麼看 Tyrec 日常生活的安排。

訪談摘錄是從 Taylor 女士簽署同意書並允許我使用錄音機後開始。讀者在看這份訪談時，有幾件事需要注意。你會看到，許多探詢都要求受訪者提供具體細節，有時同一個問題會以不同方式問好幾次，隨著訪談進行，受訪者的回答也越來越詳細。訪談在兩個人之間溝通（negotiated）。訪談慢慢開始後，我花了大約二十分鐘蒐集 Tyrec 參加課外活動（美式足球）的資訊，盡可能清楚掌握他打球對他媽媽和其他家人的影響。

開始訪談

訪員：好可愛的杯子！

我一開始試著與受訪者打好關係。我是誠心誠意的讚美。一般來說，如果我看到自己喜歡的東西，我就會說出來。這有助於減少剛開始的尷尬，降低緊張。

Taylor 女士：這是我兒子 Tyrec 送我的聖誕節禮物。

訪員：好棒的禮物。

122 Taylor 女士：我也覺得。

訪員：嗯！請想像你要向一個未曾見過 Tyrec 的人描述他，你會怎麼說？他是什麼樣的孩子？

Taylor 女士：他只是個真正的男孩。他就是真正的男孩。我不知道該如何描述。只說他是真正的男孩可以嗎？他精力充沛。他很聰明。

訪員：請想像一下，你要向某個從未見過他的人描述他。

這是一個很大的開放式問題。受訪者知道他的兒子。她對他的深愛一目了然。進一步探詢有助於讓她了解我期待她的回答有很多細節。在訪談剛開始，這種探詢勝過收下受訪者的第一個答案，然後就繼續下去。

Taylor 女士：哦！他很可愛。是個完美的小孩。他不好也不壞。從各方面來看他就只是個孩子，但他是個好孩子，他是個討人喜歡的小傢伙。

訪員；他是個好孩子。我喜歡他。我已經稍微了解過他。

Taylor 女士：他有點過動。

當我說「他是個好孩子」之後，這位媽媽唸了一下兒子。她說：「他有點過動」。我試著化解她的批評（「他才四年級」）回想起來，我認為這有點冒險。受訪者可能覺得我在批評她的教養方式。說些「我很開心可以認識他」之類的話會更好，然後繼續下一個問題。

訪員：他才四年級。他平常喜歡做什麼？

Taylor 女士：嗯！當然，他最喜歡的就是打電動。他打美式足球。這是第一 123
年，從去年開始打。他很喜歡。所以他現在是個美式足球迷，完全投入。

訪員：明天有一場重要的比賽，是嗎？

Taylor 女士：對。（她轉身對其中一個小孩說「誰幫忙到店裡為我們買些擦手的紙巾」）。沒有紙巾實在很尷尬。好吧！（現在直接對 Tyrec 說）她和我要聊天。

Tyrec 就在旁邊。他非常想受訪。他的媽媽給設了限制，所以我就看她的意思。但我有說如果媽媽同意，訪談結束後，我可以和 Tyrec 聊聊。這是個必輸的局面，因為我想同時讓 Tyrec（我在學校認識他，不想讓他失望）和他媽媽（她已騰出時間接受我訪談）開心。但是，我不能同時把注意力都放在兩人身上。我擔心 Tyrec 在場會讓母親無法暢所欲言，但怎麼處理要看媽媽。

如果我再做一次，我會暫停對他媽媽的訪談，先訪談 Tyrec 十五分鐘。然後，我再回去訪談他媽媽。

訪員；（直接對 Tyrec 說）可能等我訪問完你媽媽，我可以跟你聊一會，好嗎？（回來訪談與處理受訪者）你提到美式足球與電玩——他還有其他喜歡的嗎？

Taylor 女士：其他的？

訪員：上禮拜，當他放學後………（聲音越來越小）。

Taylor 女士：她會自己打電玩。打電動基本上是居家活動中最主要的興趣，他整天都在打，而且打得很好。這也是他的事，所以他就打。他還喜歡看幾個電視節目。但他更喜歡打電玩。他一打就是好幾個小時。

124 「他一打就是好幾個小時」這句話很重要。這表示她在家不會管 Tyrec 打電玩的時間。我想進一步了解這個情況。我想問問 Taylor 女士，她對小孩子一打「就是好幾個小時」有什麼看法，但我不想聽起來很凶。所以，暫時把注意力放在挖更多細節。

訪員：他在哪裡打電動？樓下嗎？

Taylor 女士：對……（這裡我跳過八個簡短的追問問題，我問這些是為了確定他在家哪個地方玩，他有多少款電玩遊戲，還有他在耶誕節收到了兩款大約 50 美元的遊戲。這些問題和答案在這都省略了）。

訪員：好的。那麼，一般來說，例如今天〔週日〕，你認為他會打多久的電玩？像是他今天早上幾點鐘起床？

我試著了解家長是否限制小孩打電玩的時間。我正想辦法挖出更多細節。

Taylor 女士：今天早上大約九點半起床。他今天睡得比較晚。他通常會早起，但他今天確實睡得比較晚。

訪員：他通常幾點起床？

Taylor 女士：他在七點半或八點左右起床，即使週末也一樣。因此，我會說整天有六小時〔在打電玩〕。

訪員：那麼這個反常、整週壞天氣的一週呢？

Taylor 女士：這就很糟了。他們從起床就一直打，直到（停頓）但是，你知道的，他們一會兒就會精疲力盡。我覺得他們會玩幾個小時，然後就必須休息，開始做點別的事。但這個禮拜，你知道的，由於每個人都在家，我們有個十九歲的哥哥，他把所有朋友都找來，他們也把他〔Tyrec〕當 125
大人。所以他一直和他們玩，你知道的。他和哥哥一起到他們家。他是團隊成員之一。因此，當他們都在這附近，比如這星期，因為 Malcolm 不能去工作，因此全部的人，嗯！對，他們簡直打瘋了。

這段話有兩條有趣的線索：「他們一會兒就會精疲力盡」還有〔Tyrec〕「一直和他們玩〔Malcolm 與 Malcolm 的朋友〕」。

我可以逗留久一點，但我察覺根本沒有任何規定，而且 Tyrec 一天最少打六個小時（請注意，他媽媽說他整天都在打，但後來又說大約「一天六小時」。不過我從訪談的其他地方得知，他也會到教會做其他事）。

訪員：這禮拜下雪後，他有出去過嗎？

Taylor 女士：沒有。

訪員：所以他也沒出去玩雪板或什麼嗎？

Taylor 女士：沒有。他們會玩那個，但我不想他出去，因為實在太冷了，我不想他們到外面去。

我這裡犯了個小錯誤，我聽到 Tyrec 不許到外面去時，居然表現驚訝。驚訝等於在批評（或是在說受訪者不正常）。在這個例子中，Taylor 女士清楚為自己辯駁「實在太冷了」。訪談那天氣溫是華氏 31 度〔約攝氏 0 度〕，學校也停課了。我可以深入探詢，但我擔心讓她有心防，而我有很多問題要問。我就繼續下去了。

訪員：好的。聊一下美式足球。他是怎麼開始打美式足球的？

126 Taylor 女士：喔！他想要打。我想他就去練習了。他去年就想打了，但我們沒讓他去。我們覺得他年紀太小，去年不能去打他就很生氣。因此，我想他是和附近的小孩，也就是他一個朋友，一起去練習，然後就想報名。所以他告訴我，他想打美式足球，我說不可以，我覺得不行。他說自己非常想打，作夢都會夢到，看見自己手裡抱著美式足球跑過球場，於是他就跟我說了這件事。那天他跟我說這件事的時候表現得很好。所以我說好。他的父親不希望他去打，但我說：「好吧！反正你要打。我就讓你去。」而且我說到做到。他很喜歡。玩得很開心。

這段話很豐富，講起來很激動，尤其是聊到打美式足球那個夢。這句話也很好，因為它顯示父母和孩子之間的互動，顯示社會過程的細節。

但這句話也讓下一個問題變得很難選：Tyrec 去年就想打美式足球；他的父母不讓他打；他給媽媽壓力；他（不住在一起）的父親反對；以及他的媽媽不管他爸爸的意見，同意讓他去打。這五條不同線索中的任何一條都值得追問。

我決定選擇他父母在去年反對 Tyrec 打球這個問題。我問他媽媽擔心什麼。但是，我犯了一個錯誤，問了兩個不同的問題（見下文）。我應該問一個問題就好。

現在回想起來，我應該要問：「去年你不讓他打，你當時擔心什麼？」

訪員：你可以跟我談談，是什麼讓你改變心意這件事嗎？還有去年，你當時擔心什麼？

127 **來到最初的轉折點**

幸運的是，訪談一路順暢，即使沒有仔細的用言語探詢引導，受訪者的回答也越來越長、越來越詳細。

Taylor 女士：嗯！他只是太小了。他只是個小孩。你也知道，美式足球是粗暴的運動，而我不是體育迷，我也不喜歡粗暴的比賽——但他就真的是個男孩，所以假如他想打，我攔不住，就是這樣。我無法阻止他自我發展。而且我認為他在其中有點經驗後，明年他可能就不想打了，而且或許他真的會不打。但是，你知道，這傷不了他。他沒受傷，這很好。他玩得很開心。所以……〔她暫停〕但去年他實在太小了。我想都不敢想。

我非常喜歡這段話，充滿了畫面。「他實在太小了」、「他只是個小孩」、「美式足球是粗暴的運動」。她解釋了自己的態度。

如果這對我的研究很重要（但它不是），我會進一步追問她是哪天改變主意，她是否和 Tyrec 的父親提過等。但是，這個資訊對我的研究不是那麼重要，我對剛剛聽到的回答很滿意。我接著問打球要花多少錢，還有 Tyrec 加入球隊需要用掉 Taylor 女士多少時間。

訪員：你還記得報名打美式足球要多少錢嗎？

Taylor 女士：五十元。所以你只要交五十元，然後必須買幾樣東西，但都花不了多少錢。

這讓我驚訝，Taylor 女士是帶著三個小孩的單親媽媽，講到 50 元（現在的 86 元）卻好像不是很多錢。這顯示他的手頭比許多工人階級家長更寬裕。

訪員：你還記得買了什麼嗎？你必須買護具嗎？ 128

Taylor 女士：不，我們必須買護檔（cup）和固定護檔的帶子，還有釘鞋、鞋子，大概就這樣。全部就這些了。

每樣東西具體多少錢要問好幾個問題。如果價格差異不大，你可以在網路上查，而不是花時間問受訪者。我在這多問是因為我想更了解家長的責任是什麼。此外，我知道不同的青少年體育活動，花費差異也很大。

訪員：你還記得另外買這些東西大約花了多少錢嗎？

Taylor 女士：嗯！付了五十元，再加上買釘鞋與護檔大約十元，我覺得應該沒超過一百元……所以沒有……沒有花太多，你知道的。比起其他事，花最多的是時間。

訪員：那跟我談一下時間。練習什麼時候開始？

這是個不常見、具體的問題。下一個題組的目的是要幫助我了解美式足球對受訪者生活的影響，也是對其他家人生活的影響。但是，我並未問籠統的問題，「美式足球對你的影響是什麼？」我問了一連串具體的問題，這樣我就可以更了解她的經驗和她的生活。

Taylor 女士：嗯，剛開始是六點。我想一開始……嗯！大約五點到六點之間，應該是。

訪員：他怎麼去練習？

Taylor 女士：我帶他去。

訪員；你怎麼帶他去的？

129 Taylor 女士：開車。

訪員：好的。那麼你回到家通常是幾點？

Taylor 女士：五點半。

在這些問題中，我正在努力了解美式足球的情況，所以我問了好幾個問題，但都很簡短。Taylor 女士的回覆顯示時間很緊繃，即使她沒有明說。底下，我說：「聽起來——這樣肯定很緊張」，但我應該要說：「有的媽媽覺得這樣很緊張，有些媽媽不會。你覺得呢？」

訪員：聽起來——這樣肯定很緊張。

Taylor 女士：簡直瘋了。

這是很棒的線索。讓人印象深刻。但也太簡潔了。我問了更多細節，（終於）帶來更長且成豐富的回答。或者，我可以説「真瘋狂。請跟我多説一些」，或者簡單説「請跟我多説一些」。

訪員：你們全家覺得這怎麼樣？

「你們全家覺得這怎麼樣」是個簡短，但有效的問題，之後可以挖得更深（「談談那天的情況」）。

Taylor 女士：由於學校還沒開學，他剛開始一週要練習四個晚上。我猜大約從八月開始。所以，一個禮拜要四個晚上。所以，我回到家並載上他，趕快衝過去，然後找東西吃，接著去練球。或是，應該是在夏天——我們可能都沒辦法先吃。我們可能吃了，但也可能沒吃，但他們都不在學校，所以我們可以之後再吃，或想辦法解決。所以，這樣會比較好。如果我有 130
事情要做，我就會帶工作過去，拿椅子〔坐在場邊〕，就這樣。那時很好，因為外面天氣還好，我不介意坐在外頭的公園。外面天氣很好。但是，當天氣開始變冷，我們遇到另一個問題。我不想坐在外面吹風受凍。我不願意這麼做。因此，我曾經很有罪惡感，因為我不再去練習，但我也不想去。這就夠了——那時候真的很累。我的意思是，這樣負擔實在太大。接著學校就開學了，也就從四個晚上變成兩個晚上，所以能喘口氣。但是，就像我說的，那時候天氣開始變冷，我是說他們給我們半小時，因為從六點半開始，所以你只要——你回到家，吃點東西，我們之後再寫作業，你知道的，就是練習後我們再寫作業。然後你跑了出來。你要他準備出發，但他根本沒準備好。你知道的，我可能從四點開始打電話，那時還在上班。「準備好你所有東西」，但他老是在外頭玩、玩得很開心。所以，這也是一開始的問題。他想要打美式足球而且他想去練習，但他也不想犧牲跟朋友玩的時間。那麼，我們就必須去找他回家，然後我們才有辦法出發。

訪員：跟我說說他不想犧牲跟朋友玩的時間這件事。你能想到你記得的某一天嗎？

我在此想問更多細節（「你能想到某一天嗎」）。我得到一段很精彩的內容——非常詳細且生動。

Taylor 女士：嗯！當然，有好幾天。他會跑回來，要嘛他想起自己有練習，或者〔他的姊姊〕或我們其中一個人去找他，或是傳話要他回家。他們（朋友）都會和他一起跑進來，然後要停下來不一起玩實在很難，很難要他說：「嗯！我現在必須去練球了。」但最終他還是要習慣。他會說：「我現在要去練球了。」然後就走進去收東西。但剛開始非常困難，我不得不說：
131 「快，Tyrec，我們會遲到。」他會說：「好啦！我來了。」但他還是一邊聊天。情況就是這樣。

這個答案很精彩，我邊聽邊感覺訪談已到了轉折點。受訪者的回答比較長。內容豐富、印象深刻且詳細。它直接觸及我核心的研究問題，就是父母要費多少功夫才能讓孩子度過一天（包括課外活動）。我對此感到非常滿意。事實上，這句話稍微修改後，就成為在《不平等的童年》中，討論 Taylor 家那一章的開頭：

「他跑回來，要嘛他想起自己有〔美式足球〕練習……或我們其中一個人去找他，或是傳話要他回家。他們（朋友）都會和他一起跑進來，然後要停下來不一起玩或說出：嗯！我現在必須去練球了……實在很困難。我必須要說：『快，Tyrec，我們會遲到。』他會說，『好啦！我來了』，但是他還是一邊聊天。」

這是標準情況，我用下一個問題來探詢的線索有好幾條（例如，對吃飯時間的影響、對家庭作業的影響、Taylor 女士感到非常「內疚」，因為不想坐在那看練習〔儘管很多父母都不看練習〕，她的兒子從來沒有準備好，而且他不想離開他的朋友）。 有一部分是因為這是她說的最後一句話，有一部分是因為同儕的壓力很有趣，我探詢了這部分。我說出我感興趣的問題，重複受訪者的話，然後要問一些具體的例子。

此外，Taylor 女士的回答也顯示，課外活動與平日下午附近一群小朋友一起玩的活動有著緊張關係。所以，我問了更多細節。這不是個好的探詢。我請 Taylor 女士（她是自己還有兒子各種雜事的專家）談談附近其他小孩平常的安排，這件事他不是專家。但是，由於他是我最佳的資訊來源，我還是問了這個問題。

訪員：附近的小男孩沒有人打美式足球嗎？ 132

Taylor 女士：不是沒人。其他兩個也參加了，但他們體重不同，所以不在同一隊，去練習的日子不同，就沒機會看到對方，沒機會像這樣玩在一起。

訪員：我明白了。有些家庭受訪時會說，有很多——有些家長會生氣，打孩子屁股。為了讓他們準備好，可能會出現這樣的情況。你們家有嗎？

這個問題問得不大好。我應該說：「有些家長說讓小孩自己準備好東西出門很難，家長也很難做。你們家的情況呢？」

儘管我不幸在這裡提到「打屁股」，Tyrec 的媽媽根本就不想要做這件不對的事，她的回答（底下）跑出一條難忘的線索：「他竟然威脅我。」

Taylor 女士：不，我絕不會為了打美式足球這件事揍他。我會打他更多是因為——嗯！事實上，我們從來沒有那麼誇張，如果要做，我可能威脅他，比如「Tyrec，你馬上收好東西」，這是因為，讓我想一下，我猜可能是因為他不聽我的話，而不是因為，你知道的，我們要遲到了。但是開始練習後，可能是第三次之後，他想退隊，因為，像我說的，這會影響到他跟朋友一起玩，因為他必須離開大家去練球。然後，我就是不讓他繼續玩。因為他威脅我要我讓他報名，我現在就拒絕讓他放棄。你也清楚，過程中充滿挫折，然後，是你開的頭，所以我們要繼續，克服困難，然後祈禱我們不用再來一遍。但我們現在還是再來一遍（笑聲）。

「祈禱我們不用再來一遍」這句話，透露出兒子打美式足球對她來說是個考驗。
133 這很有趣。這句話也顯示，如同她自己下一句說的「你必須堅持，你就是不能退縮」。

我很開心訪談這麼順暢，但我也有點擔心我們在美式足球這件事要花多少時間。受訪者不斷移動椅子，顯示她有點急。這是星期天的晚上，而她星期一還要上班。但是，由於這個主題就是研究的核心，我再次探詢。

訪員：你可以跟我多談一下，當你跟他說不能在三次之後放棄時，你的想法是什麼？為這麼這樣做對他不好？

Taylor 女士：嗯！因為我只是想到，他必須知道，假如你決定了，也覺得非常想做一件事，而且決定這就是你要做的事，而你要去做，你就必須堅持。你不能退縮只因跟你想的不一樣，你知道的，尤其是不能因為他必須——放下他的朋友幾個小時這種理由。假如他去打，突然很怕會受傷，你知道的！或是類似的事，那就是另一回事。但是，事情根本不是這樣。一切只是因為他不要離開朋友。所以，就像我說的，後來情況比較好，他就繼續打了。

這又是很好且詳盡的回答，顯示受訪者的主觀經驗。得到我需要的具體訊息，也就是她兒子為什麼不能退隊，我又回到了她的角色以及她的內疚感這條線索。我想問這個問題，但不想讓她感到內疚。我擔心她會把我的問題理解為 我在說她應該留下來。我的不安造成我說錯話。我最後清楚指出她覺得「內疚」。比較好的問法或許是：「請談一下，對於要不要留下來看練習，你是怎麼想的呢？」

另一方面，我用的話與受訪者很像（「由於我不去練習，我曾經感到非常內疚， 134
但我不打算這樣做」）。雖然我沒有完全引用她的話，但也沒有曲解她的意思或硬把話塞到她的嘴巴。我的提法說明我有認真聽，而且了解她稍早說的話。她振振有詞地回答。

訪員：你剛剛說，當你沒去練習時，有時會感到內疚是嗎？

Taylor 女士：哦！是的，我感覺很糟，因為，你知道，有些父母每晚都去，你也想這樣。但是，我不知道，也許我有點自私。我做了該做的事，我是這樣覺得。我們幫忙籌款〔賣抽獎券〕。我們做了所有事，他覺得我不坐在那陪他沒關係。我受不了那天氣，實在太冷了。我會坐在外面的低溫下看比賽，只因為那是場比賽，但我不明白我為什麼必須坐在那看練習。

有時候當受訪者自責的時候，問題就比較小。我嘗試想出一個比較嚴重的情況，然後講那件事。Taylor 女士責怪自己不能去看練習，我也發現有些家長連比賽也沒去。我試著了解出席對她的意義。我不想批評她，所以用一個更嚴重的行為來代替，然後問她的想法。

訪員：嗯！有些家長不來看比賽。

Taylor 女士：沒錯，有些不來。

訪員：你怎麼看？

Taylor 女士：嗯！很可惜，但我沒有什麼想法，真的，對於這種事，你不知道背後的原因。你就是不知道人家不來的原因。讓你去不了的原因很多。我自己也錯過幾場比賽。我不會覺得自己很糟，或許是因為我到場比錯過
135 的還多。我通常都會到場。但是，啊！你就是不知道有些人為什麼做不到一些事，所以我不會用此去說三道四。

訪員：但如果你從來沒去看過比賽呢？我是說，你為什麼認為去看比賽很重要？

Taylor 女士：因為我必須去支持他，我要在他背後，這就是我去的原因。我也不希望他覺得我不在意。起初，他不想要我去。他說，不用，我不想要你來看比賽。他不要我去讓我感到受傷。

訪員：那你知道他為什麼不想要你去嗎？

這就是錯失良機的例子。Taylor 太太說：「他不要我去讓我感到受傷。」我應該繼續探詢，挖掘她怎麼看 Tyrec 的偏好。但我覺得有點尷尬，因為 Tyrec 就在附近，好像也一直在聽。我犯了個錯，請 Taylor 太太說她兒子的看法。提出這個問題通常不是好主意。Tyrec 的母親非常清楚自己的感覺，但她不是 Tyrec 怎麼想的專家（當然，也有研究者發現詢問受訪者他人的感受也深受啟發的情況）。

Taylor 女士：我認為他不想讓我們去，因為他想給我們留下深刻的印象，所以，也許他害怕他做不到或怎樣。我真的覺得原因就是如此。因為他會變得很緊張。他只要一看到我們，就變得非常緊張。但是他越來越好了。

訪員：那你覺得他為什麼喜歡美式足球呢？

Taylor 女士：嗯！就像我說的，Tyrec 是個男孩，他的運動技巧，協調性等，他非常協調，所以什麼運動都可以，我想，非常好。而且，呃！他知道自己能做到，我想他想證明自己能做到，我想他就是喜歡這樣。他讓這附近的所有孩子每天都打美式足球（笑聲）。

訪員：他們在哪裡玩？

Taylor 女士：就在附近的馬路和公園，因為他們在那裡有一塊小的場地。

訪員：還有，在你同意讓他加入之前。請你算一下你們兩個談過多少次？ 136
你就簡單估個數字。

我這邊回來探詢訪談中提到的一點，Taylor 太太提到：Tyrec「威脅我」，讓我同意他去打美式足球。我問了一連串問題，就是要多了解 Tyrec 怎麼做。起初，她的答案很籠統。

Taylor 女士：你是說去年嗎？

訪員：對，我們談一下去年的情況，他問了你多少次他能不能參加？

Taylor 女士：喔！去年有幾次，而且你知道的，都在那時候。

這個答案很模糊。我又問了一次，其他幾個可能的數字。這樣做並不理想，既然我要縮小受訪者的選項，但總好過接受「有幾次」這種答案。我也提醒受訪者，我想要越詳細越好。

訪員：所以，如果要你猜，一或五，十或五十？

Taylor 女士：喔！十次吧！我猜。

訪員：今年呢？在你同意之前？請你估一下有將近幾次？

137 我再次探詢了（儘管覺得自己做得太過分了）。這麼做終於有了回報，我得到一個清楚、具體的例子。

Taylor 女士。哦！都是在晚上，大家忙完了，我們就會談，說他有多麼想去打美式足球。

訪員：他什麼時候跟你說到那個夢，早上？還是晚上？

由於我被前面的故事吸引，Tyrec 跟媽媽說他自己夢到打美式足球的精彩描述，我回到這個點，追問更多細節。

Taylor 女士：晚上，我們在房間裡，他跟我說到他的夢，他看見自己在場上奔跑，所以我必須同意（笑聲）。

我很愛這個例子。非常詳細，有時間，有地點，非常具體。這樣做有點冒險（我可能惹惱受訪者），還有針對一個主題花時間問好多問題。但是，從這個例子，我學到許多。然後，我就轉到另一個與美式足球有關的主題。

整理：一場深入挖掘的訪談

本研究的目的是了解父母要費多少功夫，才能讓小孩度過那段時光，最終，社會階級在扶養小孩成長上的文化邏輯差異，表現在家庭生活中。[6] 我對 Tyrec 媽媽做了兩個小時的訪談，用了大約 20% 的時間只聊一個主題：

美式足球。這個投資不小卻並非不合理。除了上教會，Tyrec 只參加一項課外活動（美式足球），母親對他要打球也是百感交集。調查校外活動在小孩還有家人生活中的角色，是本研究計畫的核心。此外，訪談的前十五分鐘， 138
Taylor 女士就逐漸了解我想知道的大量細節。我們一起合作：我請他提供更多細節；她掌握到我的意圖；而且她也願意且能夠配合。這一切都自然而然發生，毋須言明。Taylor 女士是很棒的受訪者，訪談也帶來豐富的細節。

結論：訪談是一種即興創作

正如 Howard Becker 指出，一場爵士樂演奏，樂師把作品和絃前進（chord progressions）的結構當成起點，譜寫到新的樂曲中，有時促進，有時自動，與其他團員產生對話。[7] 深入訪談也是如此。人們互相交談。雖然有一套基本問題，但研究者經常會根據受訪者當下的回答即興發揮。訪員創造特定的探詢方式並掌控訪談的節奏和流程，但必須和受訪者保持合作才辦得到。每次訪談都是獨一無二。這種體驗往往很強烈，而且可能會讓你覺得你對與你分享私人資訊的受訪者一見如故。

實用的探詢

請你多談一些？

重複受訪者的話，然後等待。（沉默）

你能舉一個最近的例子嗎？

你覺得聽起來怎麼樣？

我訪問過的人有些跟我說 X，而有些人跟我說 Y，你覺得呢？

麻煩你跟我多聊一下事情的進展。

這聽起來很難。

想變成一名傑出訪員的關鍵是訓練自己仔細傾聽，然後訪談從頭到尾都要設法問出更多細節。開始探詢不久，你不會想要受訪者老是說出簡短、籠統的答案，然後才開始探詢。反之，你要迅速讓受訪者明白什麼樣的資訊對你來說最有用。隨著訪談進行，我還發現感謝、讚美和安慰受訪者他們做得很好以及回答很有幫助，都對你有很多好處。有時，你可以看到他們因為你的鼓勵而明顯放鬆。

訪談很困難，不可能做到盡善盡美。你需要不斷練習才能上手，而你
139 的自我批評往往能幫助你變得更好。但是，訪談也有可能非常值得。請記得，身為一名研究者，你參與的是一個浮現的過程。理想情況下，隨著你一步步從構思研究、尋找樣本到開始蒐集資料（包括透過深入訪談），你的研究重心會越來越清楚。你開始看到主題。這些主題以及你的研究對既有研究的貢獻，會在資料分析中進一步發展與提煉。我會在第 8 章討論這個部分。但是首先，由於深入訪談鑲嵌在特定脈絡中（你一直在其中有計畫的「閒晃」以認識當地人）特別有成果，我在下一章將轉向進行參與觀察的過程。

6 學做參與觀察 140

實用指南

不同於訪談僅限於一兩個人，民族誌研究沉浸在一個社會環境中。[1]一般來說，民族誌被描述為有計畫且固定跟人一起「打發時間」。你與他們越混越熟，他們也就慢慢認識你。你回家後寫下田野筆記，幫自己記住每天發生的事；這些筆記就是你的資料。正如本書前面所說，民族誌的作品對解開日常生活、正式規則和實際行為之間的巨大差距，以及人在過日子時面臨的困難等方面非常有價值——這些過程在其他研究方法中往往得不到彰顯。當你展開一項計畫，你選擇一個地點，看看自己能否獲准進入，然後你遵循不斷浮現的優先工作，開始蒐集資料。田野調查結束後，你留下了存檔與詳盡的田野筆記（這比你的記憶要準確得多）。田野筆記是計畫的生命之水，你的寫作都來自田野筆記，所以我會在下一章集中討論如何寫出高品質的田野筆記。然而，我在這一章會討論其他問題，包括處理如何進入田野，以及如何應對你做田野時，日常生活及實務上的各種挑戰（例如，記筆記、聊什麼、吃什麼和穿什麼）。我還討論田野讓人百感交集的本質，以及處理進出田野的儀式。本章的最後一節，我會提到訪問的頻率和固定寫田野筆記有多麼重要。我會分享自己在第一個計畫中，田野筆記進度落後這項嚴重且痛苦的錯誤，以及只有當你馬上有時間寫筆記時才安排田野訪查的 141
重要性。當然，還有其他一些相關、迫切的主題，包括選擇田野考察地點、取得知情同意和注意自己的人身安全；這些都在第 2 章和第 3 章討論過。

你最初的研究問題非常重要；請參閱第 2 章和第 8 章，你需要「邊走邊想」，針對完成的資料做編碼（即系統性檢視資料）。[2] 此外，觀察研究還有許多重點，我這邊無法一網打盡；但用參考書目列出了一些重要的作品。

進入田野考察：模糊但準確

一旦你可以進入田野，或多或少都要向每個人自我介紹，你可以準備一段簡短的「電梯演講」（見第 3 章）。比如，你可以說：「嗨！我是 XXX，我想了解家長每天陪小孩成長要花多少時間？」這段話必須讓人一聽就懂。

研究者很少在第一天就被介紹給田野裡的每個人。反之，你進入田野的時間越長，遇到的人就越多。如果你來到一個組織，和素未謀面的人在一間房裡，我會走到他面前，微笑、或許主動伸出手和對方握手，然後自我介紹（「你好，我是拉蘿，目前是加州大學柏克萊分校的學生，這幾天來看

最好先問

當我開始研究時，因為我要觀察「正常的課堂活動」，對方同意我可以去取得家長的被動同意書（passive consent form）。被動同意絕對讓事情變得更加簡單，因為要讓百忙之中的家長寫下書面同意書是一大挑戰。在我研究的第一年，這一點也不難。但是，在我研究的第二年，當我試著要尋找家長做正式的訪談，兩位家長聯絡學校，表達對於研究的疑惑。我並未親自與這兩位家長說明，很遺憾，他們的小孩最終都退出了研究。下一次，我會針對家長辦一場非正式的「資訊說明會」，讓我們有機會面對面交談，我可以跟他們說明研究內容，回答任何困擾他們的問題。我在這邊學到，事先詢問總是比較好。

Calvin Zimmerman

〈尋找麻煩〉（Looking for Trouble）

Walters 老師上課的情況」）。比起藏在一個環境裡，自我介紹比較不尷尬。如果對方看起來有疑慮，你應該提到自己已有申請：「我覺得自己很幸運， 142
學區督導核准我的研究，她把我介紹給校長。但是，所有內容都會保密，學校真名不會有其他人知道。」假如可以，你應該問你的接待方你能否參加組織內部一場有很多人參加的會議。

團體會議可以讓大家認識你。你可以事先問能否在會議上借五分鐘，簡單介紹計畫的內容（或是請你的接待方或其他人把你正式介紹給大家）。你可以跟接待方說，有時由接待者介紹研究者，有時候由研究者簡短演說。你可以問他們怎樣做比較好。如果合適，你也可以說要帶餅乾或其他點心到會議室讓大家嚐嚐。

但許多田野地點不是組織；它們是非正式團體（如，同儕團體、幫派、朋友等）。此時，你需要有人引導你怎麼做，你應該遵循接待者的提醒。你正努力使自己看起來無害。因此，一開始人出現、「打成一片」，不要問太多問題，可能會有幫助。

不過，當你被介紹進來，有時人們會誤傳你的身分、你的研究。然後，你就會陷入困境，因為你不想讓得到錯誤訊息的人看起來很壞。請看看《不平等的童年》中的例子，我和一個天主教白人工人階級（司機）家庭出去玩。他們的女兒 Wendy 參加教會每週的教學。Wendy 本來應該在前一週帶一張解釋研究內容的紙回家，但負責教育計畫的天主教學校校長卻沒有說明我的研究。我看到校長、父親和 Wendy 在簡單討論這件事。

請接受邀請

即使要取消其他計畫，也盡量別拒絕參與者的邀請（除非你覺得受到威脅）。要做認真的民族誌就表示要配合對方的時間。

Colin Jerolmack

《上到天堂，下到地獄》（*Up to Heaven and Down to Hell*）

這位父親已多次被告知，我是帶著研究計畫打算「寫一本書」的大學
教授，但當老師到達時，他卻說我是為了得到課程計畫學分而來的學生，
143 隨便扭曲我的目的。我對這位老師受到他誤導感到非常不舒服，但無論我
已經如何客氣地糾正這位父親，我還是要一直糾正，這也會讓他難堪。如
果我要和他維持好的關係，我最重要的工作，就是不要為了準確解釋自己
研究內容的職責而傷害他。

> 老師進來了，校長也來了。爸爸看著校長說：「我們想知道她今晚能不能待在這裡。她是為學校的事來的，他們是為了學校的學分，來自 Temple 大學。」老師和校長看起來有點困惑〔我覺得自己陷在荒唐的情節中，卻有責任維持平常的樣子〕。現場一陣寂靜。老師們好奇地看著我。我說：「我來自 Temple 大學，我一直在拜訪〔她學校的〕學生，最近我一直在訪問 Wendy 的家人，我試著了解學生的生活。」老師說：「我沒問題。」校長又說了一次：「她沒有收到便條。」我說：「非常感謝。」

知情同意的本質是讓受訪者得知有個研究計畫，還有蒐集資料時會有什麼狀況，並且給予同意。我認為自己達到了知情同意的基本條件，並且在不糾正司機先生的情況下，順便解釋研究的目的。

你在田野的角色

你是誰以及你去那做什麼

你已經進入你計畫要研究的地方，所以你必須要有一個留在那的好理由（關於這個問題，請看第 2 章和第 3 章）。你把這個理由記下來，換句

話說，「你是誰以及你為什麼來這」。你通常要做參與者做的事。你得融入其中。[3]

你需要在田野做各種決定，包括你想追蹤什麼活動、認識哪些人，以及你的筆記要集中記什麼。你要盡可能順著一開始的研究好奇心，並且理解自己的研究問題會隨著你在田野停留的時間而轉移。即使如此，你有時候必須決定如何安排時間。此時，思考一下整體圖像會很有幫助。唯有選項衝突時，你才會知道自己最優先的選項。對你而言聚焦在什麼最重要？
研究時有許多路可走。例如，如果你在研究父母如何處理小孩的食物過敏， 144
你感興趣的是醫病互動（醫療社會學）、孩童的自主性（兒童社會學）、母親對孩子生活的管理（家庭／母職社會學）、危險的評估（風險文獻）或在非臨床的脈絡對醫療建議的堅持（健康和疾病社會學）？[4] 你可能會考慮到你要讀的書，還有你覺得無聊的議題。你正試著找一些原則來指引你做決定，你感到興奮和有興趣的會是你做決定的重要準則。

你在田野的角色：把你自己放在這個空間

田野調查時總覺得實際上的空間太小或太大。因此，當你觀察大家的互動時，老是找不到可以站或坐的地方。某些情境下，你的選擇不多，而且你可能會受到很大的限制。在其他情境中，則有更多選擇。一般情況下，你要聽受訪者的安排，但如果他們把你奉為上賓，而你不想坐上位，順著自己的直覺也無傷大雅。我的原則是坐在地位最低的座位上——最好是能縱覽全局之處。以工人階級的家庭為例，他們的客廳很小，只留下足夠的空間放一張雙人沙發、一部電視和一張咖啡桌。我去拜訪時，他們會安排我坐在沙發上，但是，由於孩子通常坐在地板上，我就會迅速移到地板上。同樣，我和一家人一起搭車時，通常父母會請我或告訴我坐在前座。但是，小孩喜歡坐前面，尤其是只有一個家長帶一個小孩時。所以，我就直接往後座去。

當家長對我說：「你應該坐前座」，我會說：「不，沒關係。」這時大家往往會愣住（好像他們很為難），然後有時父母會聳聳肩。第二次乘車時，上面的情況會再次上演，但到了第三次，也就見怪不怪了。大家只是坐到自己的位置上。有時，你有直覺該怎麼做，而我一般會順著這種直覺。其他時
145 候，最好等到有人告訴你該怎麼坐。例如，有一次我去拜訪加入《不平等的童年》研究的 Katie Brindle，兩個叔叔正在奶奶家，其中一個叔叔靜靜坐在兩個沙發的一頭看電視。我不確定自己要坐哪，所以我尷尬地站了一會兒，看著：

> 我們走進客廳。奶奶站在茶几前一張沙發附近（和叔叔一起）。小女孩坐在前面電視前，所以根本沒空間走過去另一張沙發（我不確定是否要三個人坐同一張沙發，或我是否該繞過房間走到另一張沙發）。祖母揮揮手要我「坐下」。她坐在中間，我坐在另一頭。

有時候，孩子想要你一起玩，但這樣你就無法觀察到自己感興趣的情境。如果可能，你可以說服孩子們把遊戲或玩具拿走，這樣你就能更靠近你想去的地方。[5]到了大房子，有好多地方可以站，而人也會往不同方向走。你會搞不清楚要去哪，但應該試試順著你的研究優先順序。

而且，有時我沒有加入的技巧。比方說，我對一個非洲裔美國人低收入家庭的前幾次訪問，我注意到孩子們喜歡打籃球，但他們未必每次都有籃球。因此，我在下次訪問前，帶了一顆籃球過去（在媽媽的建議下，我也帶來自己的球鞋）。當我帶著球出現，孩子們顯然非常開心。[6]但這又出現另一個新問題，因為我從中學起就沒打過球（儘管我大學打過比賽，也了解規則）。但是我的投籃一塌糊塗。所以，我從來不投籃（孩子們認為這非常奇怪），而是選擇努力防守：

> 我張開手臂，不斷來回跑動，努力防守小朋友（當著他們的面）；他們一邊微笑，繞著我運球然後投籃。Jazz 說：「哇！她實在很拚命防守。」我又再防守。事實上，每次我拿到球，我很用力快速把球傳到他們胸前。這樣做總是讓他們嚇一跳，但他們還是接住球，然後運球投籃。那場比賽我只看到其他人傳過幾次球，即使如此，也不多。[7]

你要視情況決定把自己放在田野的哪個位置，而且也脫離不了你在田 146
野的角色。但是，讓自己在這個空間發揮一點作用也不錯。例如，我也會抱嬰兒（我喜歡這樣做，而且還是有些難搞的小孩），幫忙摺洗好的衣服、洗碗。Chuck Bosk 在他的著作《寬恕與銘記》（*Forgive and Remember*）中說到，他在醫院會幫忙拿繃帶並找其他方法幫點忙。Rachel Ellis 對一座女子監獄的民族誌，是透過牧師獲得進入田野的機會，由於牧師實在太忙，她請 Ellis 幫忙打開並閱讀郵件，接聽電話，影印等打雜工作。[8] 雖然每週需要整整七小時，有時甚至更長，但完成牧師的雜事非常有助於她能留在這個地方。因此，你會提供「協助」，但不要幫太多，導致你研究做不完。

田野中的角色：閒聊時好用的話題

儘管 Hochschild 描述自己在《第二輪班》（*The Second Shift*）的觀察研究角色類似「家犬」（family dog），但我發現參與觀察者的位置更有互動。當你到一個地方，你需要和人打招呼。一般來說，你要閒聊、談天氣如何、你怎麼到這，還有上次碰面以來你過得好不好。以我的家庭研究為例，我發現（協助我研究的助理也這麼說）抵達幾分鐘後，事情就確定了。你可以找個座位坐下，到處走走，或和別人一起看電視、打籃球，或坐在一塊聊天。融入多少因你研究的內容而異。人在不同情境中會講多少話並不一樣。有些人比其他人沉默。我比較喜歡不講話（也就是說，比較想當個觀察者，而非參與者），即使如此，許多情況下，如果一句話也不說會很尷尬。偶爾說幾句會更好。此外，有人會問你問題。你可以簡單回答，然後把話題轉到其他人身上（例如問個可能引起長篇大論的問題）。但是，你有時候還是要跟人聊天。[9]

什麼是好的話題？這要看你的情境而定。如果你做的是音樂家的研究，你可以聊其他音樂家；如果你在研究戲劇中的人物，你希望能了解那場戲。
147 由於小孩子很喜歡電玩，掌握最新的遊戲會派得上用場。受歡迎的電視節目或電影也很棒。無腦、搞笑以及迷人的影片也很適合分享。一般來說，掌握運動賽事是很棒的想法，因為運動是個精彩、大家默認的主題。即使你從不喜歡運動賽事，也可以簡單了解，和人聊上幾句。此外，內心放幾個故事的腹案也很管用，這些故事根據你研究的情境而有所不同。當我在研究家庭，我經常會提到妹妹的事，她只比我小 11 個月，我和她小時候常像貓和狗一樣打成一團。我說過，上中學前我們住一個房間，因此常常發生口角。我們會在房間畫一條中線，一人一邊。然後，我們就坐在那裡，用手指越過那條隱形的線，自鳴得意的說：「嘿！嘿！我過來囉！」我會跟他們說「我們快把媽媽逼瘋了」。這個故事在某些涉及家庭生活的研究中有些好用的元素。這個故事很普通，帶有自嘲的意味，而且這說明我理解家庭離理想很遠。

你講這些事的目標是自嘲或閒聊。例如，你不能用審問的方式問人家做什麼工作。此外，我盡量不碰任何政治話題，除非你在那裡待了一段時間，也清楚自己是否與研究對象的觀點一致。如果你的研究計畫接觸的是低收入人群，我一般也避免話題突出社會分層中的優勢地位，例如熟悉高檔餐館、異國美食或度假旅遊；但這些話題可能非常適合訪問有錢人的時候聊。我會努力尋找共同話題。這就是為什麼運動比賽特別管用，如果你支持當地球隊那就更好用。食物、交通、園藝、四季、天氣、除雪或不除雪、季後賽等等，全部都是好的話題。講點簡單的笑話也很實用。人都會不小心就把腳放進嘴巴裡（講錯話），如果你真的說錯話就道歉（「對不起！我常常把腳放進嘴巴（說錯話），我媽媽老是問我是否已養成「換腳」的習慣」）。之後，我就會若無其事繼續問。人難免失足。

田野中的角色：如何回應參與者的求助 148

尤其是當你研究的是低收入人群時，他們可能正陷入困境。因此，研究對象向你求助是常有的現象，例如搭便車、借點錢、送禮物等。雖然這是研究者在田野時的共業，但對於如何回應卻沒有共識。有些人會拉一把（就像他們會幫朋友一樣）；Matt Desmond 在《下一個家在何方？驅離，臥底社會學家的報告》（*Evicted*）一書中就採取這個立場，其他人則是拒絕。以我自己為例，我正在研究家庭怎麼度過這段（孩子成長的）時間，而許多家庭沒有車。我先開車到他們家，把車停好，然後和他們一起搭公車，處境很尷尬。由於我是研究家庭的社會地位如何影響小孩和家長的日常生活，我就必須了解這家人搭大眾運輸去看病與參加其他活動時遇到的挑戰。他們（難免）會要求我載一程，我就會說大學的保險規定不允許。[10] 另一種方法是仔細聆聽、「舉起鏡子」複頌他們在意的事，然後委婉拒絕。這就是年輕、白人、社會學女博士生 Blair Sackett，經過與我和其他人多次長談，最後在肯亞的難民營完成民族誌時採取的策略。對於參與研究的人，她提供了（適當的）補償，有的受訪者給了小點心，而參加密集觀察研究的人則給了 40 美元。但 Sackett 拒絕其他的各種請求：

> 經常有人要我幫助，金錢、食物、鞋子，到保證落腳美國等大小事……我選擇不介入的策略……面對各種請求，我從頭到尾都秉持一套準則。首先，我會看著對方的眼睛，並主動聆聽對方的請求。當請求結束，我會「照念」一次請求，問對方「我想我聽到你說」，接著簡短整理他們的請求。再接著問：「這樣正確嗎？」一旦了解請求的內容，我會

> 看著對方的眼睛，告訴他：「我很抱歉，我幫不上忙。我只是個住在
> 難民營做研究的學生。我不是援助工作者。我聽到你有這樣的問題也
> 很難過。我希望你可以找到一些方法，得到你所需要的協助。」………
> 149 然而，在開始研究前，我就已決定如果遇到一些事關生命的問題，例
> 如重病，我會竭盡所能介入。幸運的是，還沒出現這種情況。[11]

傾聽別人的話很重要（而不是馬上打發掉），藉著傾聽並複頌對方說的話，證明你「聽到」他們說的，而且你會認真看待。無論你做什麼，你應該對參加研究的人一視同仁，因為消息傳得很快。有時，研究者有些規則——如果事關性命，或如果這家人會永遠受到傷害，他們會提供幫助；他們只提供對方可以回報的一點點幫助；或是他們會幫助關係最親近的人，而其他人就沒辦法幫忙。有些研究者養成從不帶現金的習慣。如何最好地回應參與者的請求完全是個人決定。此外，有些研究者在資料蒐集期間不幫忙，但資料蒐集結束後，他們會提供幫助。以我自己為例，我不會在蒐集資料期間另外幫忙這家人（除了支付參與費），但我每年都會送禮物，另外還有個情況，有個男孩差點被中學退學，我在他媽媽拜託下寫了一封信（他當時留下來了，但幾年後還是被退學）。最終，當你掙扎要採取什麼策略，我能給你的最好建議就是，考慮你能接受的上限與底限。然後對讀者說出你的決定和這麼做的理由。

田野中的角色：田野成功的準則

先吃飽再進田野

做參與觀察會有個問題，你永遠無法確定事情的進展。你無法自己控制。由於闖入另一個團體或情境，你就必須遵守他們的規則和時間表。因此，本來兩小時的訪談有時會演變成四小時。吃飯的問題也因此出現。由

於你是不速之客，你不想因為肚子餓而要求吃飯。另一方面，如果他們提供食物或飲料，你應該**都要**（always）接受，除非你有非常、非常強烈的理由要回絕，然後你應該盡量只拒絕其中一個，然後開開心心接受其他食物或飲料（說「不」可能讓對方受傷）。你很難確定對方是否會提供你吃的， 150
如果參與者沒打算要吃，你也不會想要參與者費盡心思為你張羅。因此，我有條規則，去田野之前一定先吃點東西。假如你一半肚子餓，就很難專心，而且我覺得田野工作壓力真的很大，所以最好別空著肚子去跑。[12] 假如你餓了，需要吃點東西，你可以偷偷吃個營養棒（如果有必要，甚至可以到廁所吃），這會很有幫助。但是，不論什麼情況，如果受訪者沒吃，你都不應該當著他們的面吃。

此外，吃什麼東西也經常讓人掙扎。例如，有些飲食上的習慣（吃素）換到某些情況下，可能被認為奇怪甚至不尊重，但如果這對你很重要，就需要馬上讓大家知道，最好是講點玩笑和自嘲的話帶過。食物的偏好也有影響。例如，我不喜歡喝汽水，但這在某些圈子是種常喝的飲料。當我做工人階級家庭的研究，如果我喝汽水會很方便，但我深深感到自己真的不想喝汽水（當然 ，我沒有直接說我不喜歡汽水）。我就是婉謝，並立即要了杯水。當時，所有的工人階級與貧困家庭都認為我喝水是件很奇怪的事（我喝無糖的茶）。我很難說自己這樣是否傷害我與對方的關係，但由於我不願意妥協，我們就都做了調整。

這件事的底線在於必須接受對方的一些食物，帶著謝意和喜悅吃下去或喝下去。如果你打算拒絕別人的好意，最好是馬上且堅持拒絕，表示歉意，並換一個合理的東西，不給主人帶來任何麻煩。一旦他們知道你的喜好，也就見怪不怪。

田野中的角色：及早拜訪與經常拜訪

隨著你和參與者都已相互習慣，進入田野情境就會出現各種正常、可以預料的壓力。你在那的時間越多也越容易，所以如果你有時間寫田野筆記，剛開始盡可能多去幾次會比較好。多久造訪一次在每個田野地點都不一樣。但有種可能，如果合適，你可以跟他們說，我每天都會來，然後慢
151 慢變成每週來幾次。如果你一開始常去，你就會遇到每個人，也就可以越來越熟悉（例如，找廁所、找咖啡機、遇到人，以及掌握那天的節奏）。我發現只要有時間寫田野筆記，「只」去幾個小時也有幫助（剛開始，筆記需要花比較長的時間，因為你正在描述情境和角色）。你應該在你有空檔寫訪問的田野筆記時才去訪問。沒寫田野筆記的訪問不僅毫無用處，而且你記得但田野筆記未記載的東西會蒙蔽你的想法。因此，田野考察後寫筆記是參與觀察的關鍵。

只要你有時間寫筆記，就該經常走訪。

田野的角色：你的身分影響你的所見

訪談和參與觀察時，蒐集資料的人絕對是過程中無法切割的一環。這種角色（有些人稱為「偏見」）無法避免。反之，它和「主觀性」（subjectivity）有關，「就像一件脫不掉的衣服」。[13] 這裡頭有諸多元素。比方說，你自己的背景框限你「眼中」何謂有趣與何謂重要。你的訓練會影響你的行為。而且，你在社會中的位置——年齡、種族、性別，以及其他社會地位的訊號——決定別人如何看待及對待你。他們對待你的方式，也決定你的行為方式。不斷以此類推。

既然主觀無法避免，意識到這點並固定（在筆記中）反思這個議題，就會有幫助。例如，當我與研究助理們密切合作後，驚訝的發現田野筆記中最重要的差異來源，竟然是個別田野訪談者的童年經歷。來自中產階級的研究助理，習慣小孩在叫大人時直呼其名，就會評論住房研究中的孩子是如何使用敬語，比如「嗨！LaRonda 小姐！」「Sally 小姐好嗎？」相比之下，當小孩跟他們的父母說「我恨你」，或大聲發牢騷時，來自工人階級家庭的

助理，則被這些中產階級小孩對他們的父母與其他大人的粗魯及不敬嚇一跳。來自中產階級家庭的助理則是對家長跟小孩講話的方式，還有直接威脅小孩，感到非常不高興。另一方面，工人階級的黑人研究助理 John Pearson（化名）的田野筆記也顯示，自己從未因家長威脅要「揍」孩子而感到不安。另一方面，長時間的牢騷與他眼中的疏於管教，也在考驗他耐心的極限。他和白人中產階級 Tallinger 一家在二十分鐘車程中所做的田野筆記，反映出他心中的反感： 152

> 我當時頭很疼〔聽了 15 分鐘的牢騷〕。我想踹他媽媽一腳，因為她讓他〔家裡最小的孩子，一個四歲的男孩〕一直發牢騷還不用受到懲罰。我也想踹這個小屁孩一腳……我很驚訝這個媽媽幾乎一句話都沒說。當她說「好吧！山姆。我們必須走這條路」，語氣好像是在懇求他。到底誰是媽媽？

做田野調查常常會被研究對象惹火。有時候，研究者會覺得受到污辱（最著名的例子請見馬林諾夫斯基〔Malinowski〕的田野日誌）。[14] 田野工作者也肯定會惹怒研究對象。

這個問題沒有簡單的答案，但認識自己並自我反省將非常有用。如果你知道社會位置與你相同的人，很可能會以特定的方式詮釋行為，你就要「換位思考」，並嘗試以不同的方式來看待這個背景。此外，如果你決定要看什麼，你記錄的行為就比較不容易受到你的背景所影響，而是受到你如何詮釋行為的意義所影響。例如，田野中對體罰有激烈的爭論。兩位不同的田野工作者都可能記錄體罰的例子，但他們對這種教養方式可能有不同的詮釋。[15] 總而言之，了解你自己，你的預設，亦即你的偏好，可能都有幫助，讓你可以「與他們對抗」。

最後，值得注意的是，你的性情和一般的社交能力也會形塑你在田野中的角色。許多時候，如果研究者懂得社交，並且自然而然表現出有點外向（但仍然可以仔細傾聽，互動時不強勢），參與觀察就會比較容易。內向和羞於見人的研究者，會發現參與觀察極具挑戰性。不想貿然闖入的人也
153 會覺得這充滿挑戰，而且有時候，由於他們害怕讓人覺得彆扭，他們的行動就會比較慢。這種挑戰沒有簡單的解決方式，但了解自己的長處和限制，和朋友討論這個問題聽取建議，以及擬定策略，都會很有價值。你可以做出高品質的研究，但你可能需要逼自己離開舒適圈，或者給自己更多的時間學習怎麼做。

田野中的角色：放開心胸

你蒐集資料時需要心胸開放。正如 Shirley Brice Heath 經常告訴學教育的學生：「你不能靠著資料蒐集和分析，證明你在課堂上對不贊成的觀點所做的先驗批評（priori critiques）合理。」同樣，Mitch Duneier 堅持民族誌學者要有「嚇一跳的心理準備」（humble commitment to being surprised）。[16] 心理保持彈性是參與觀察（與訪談）很重要的一環。這具體來說是什麼意思？你對你研究的情境有強烈的好奇心，也想試著了解情境中人們的經驗。你不該假定自己了解事情是怎麼運作的。事實上，你不是專家，只不過是個新手（這就是謙虛）。你來這是要學習，但你通常不會知道自己研究的到底是什麼。你必須與不確定性共存。你不能太早聚焦，你需要「跟它共存」一段時間，直到你逐漸進入情況。你如果與抱持懷疑態度並提出尖銳問題的朋友和同事見面會有幫助。此外，關鍵在於你要非常尊敬研究對象，放下你知道人們最好應該怎麼做的想法（例如，養小孩、找工作）。我也會戰戰兢兢尋找機會證明自己的直覺錯誤。比方說，要是我的結論是女性的經驗與男性不同（例如圍繞財富的金融專業知識），我要試著想像我可能有錯，而這種差異未必與性別如此相關。我也很努力尋

找其他有可能進一步澄清這種差異的因素（例如，工作經驗、教育背景或兒時經驗）。我的懷疑態度讓我試著拆解它，看是否有證據能「摧毀它」，並因此顯示我的結論過於草率。[17] 有時，除了證據的多寡，證據的品質也很重要，尤其是證據呈現的模式對參與者意義重大。有時候，罕見事件有助於闡明更廣泛的模式。我一邊蒐集資料也會一邊思考。

藉著日常儀式進出田野 154

參與觀察者感受會很強烈。[18]

> 田野調查很累人；你須要安排時間讓自己從田野中得到喘息。
>
> Vanessa Lopes Muñoz
>
> 〈每個人都必須思考〉（Everybody Has to Think）

當你逐漸被研究地點所接納，就會感到越來越自在，這很好，但之後你會發現自己回到日常生活時感到格格不入。你會開始以新的眼光看自己的生活。由於從田野回來已精疲力盡，而家裡應該是讓你可以放鬆的地方，這種田野舒適感可能使人身心俱疲，即便它讓人煥然一新（illuminating）。因此，我會穿上田野時主要穿的衣服，特別要吃的食物，啟動進出田野的儀式（例如回到家就喝杯茶）。有些人可以馬上全心全意寫田野筆記，但是我沒有這種技能。我需要先看電視、讀小說或睡午覺紓壓。做些運動。然後，幾個小時後，我才能坐在電腦前，開始打出筆記上的過程。我要說的是，即使我強迫我自己，也無法馬上轉換到寫筆記的心情。正如人們有寫作的儀式，許多人做田野時也有儀式。你不用抗拒，盡量釐清問題所在，然後面對它。這個習慣讓你可以循序漸進。

田野工作本質上令人精疲力竭，表示你在完成田野後需要時間休息。這可能很困難，因為你還想盡可能多去田野，獲得的知識也得到人家的接受，而且每次訪問後你都需要寫筆記。另外，你可能要做其他事賺錢，如教學。你也可能要維持家庭或其他關係。不過，如果可能，盡量安排短暫、可預期的休息時間。

不願去田野考察：這很正常！

田野工作者有時害怕進田野。他們覺得尷尬與格格不入。他們不知道該說什麼。他們會引人注目。有時人們會覺得，一旦自己不再擔心研究問題而只是到處走走，趣味油然而生。當他們必須寫田野筆記，就會筋疲力竭。

155 你可能會發現自己不斷拖延或延後進入田野的時間。我總是要耗費很大的精力，才能讓自己出門做田野考察。儘管我要去，也經常拖拖拉拉。我甚至必須用回家後的犒賞來賄賂自己（對我來說就是甜食，如小蛋糕；其他人則是美食，如洋芋片）。有時候，你可能要把自己拖去研究地點。

這一點也不奇怪，有這種感覺是人之常情。如果你不想去，除了說明這件工作很有挑戰也很困難外，通常不能代表什麼，而且後面還有寫田野筆記等更艱鉅的任務。有些人甚至說這是整個學術生涯最困難的工作。

有時候，這些憂慮與你需要在田野中解決的問題有關，比如有人對你很冷淡，或你進入某個重要議題的機會受到限制。也有可能是你沒有真正清楚自己為什麼要去，不知道這能否看到對你的研究很有價值的東西。試著想想是什麼困擾你，接著重新思考各種選項也會有幫助。找朋友聊聊或寫日記也是解決之道。

然而，我去世的母親過去常對我說，很多學校功課要等你在椅子上坐好才會出現。同樣，很多田野工作也是進到田野才會出現。這是難如登天的工作，你應該經常為自己要做的事加油打氣。

田野中做決定難以避免：立即的決定

因為這裡討論的研究過程屬於突發狀況，你必須立即做出決定，而且有些決定會讓你不舒服。一方面，你要努力適應，但另一方面，你有自己的舒適圈。有時，這些因素彼此衝突，就像我在拜訪一個低收入白人家庭Brindles 家舉過的例子。母親允許她的女兒 Katie 和她最喜歡的表妹 Amy在她的祖母家玩耍。我人也在那：

> 現在是週五晚上，Katie 與我就在她奶奶家玩。她離婚、白人工人階級、四十多歲的叔叔 Ryan，也帶著他女兒 Amy 來這。Amy 和 Katie 兩人年 156
> 紀相同，正在那邊玩。突然，Ryan 大聲說自己要去買一棵聖誕樹，女孩們聽到都很興奮，也想和他一起去。我們一起擠到車裡，我坐在前座。當我們上車後，他說車子好像壞了：「我的方向盤有點問題，不然就是我的剎車。我不想去大的購物中心或太遠的地方。」一般來說，只要我開車或坐車都會繫上安全帶，但沒人打算綁安全帶。後來我在筆記中寫下：「沒有綁安全帶。我拚命想繫上，但沒有人綁。我感到不安全。」

我那天晚上是第一次見到 Ryan，我不知道他是否喝了酒，也不知道他開車安不安全，更不知道車的狀況，尤其是他對我們抱怨車子的煞車可能壞了。但是，由於擔心自己看起來像道德魔人（pious），或在暗中評斷，我在買樹來回短短的十分鐘路程中，並未繫上安全帶。我相信自己外表看起來很平靜，但我為自己和車上所有人的安全感到害怕。

如果是現在，我會綁上安全帶，並且開大家一個小玩笑（「請別介意我戴上這個，我媽教我當個謹慎的人〔nervous Nellie〕」）。在研究者數不清的決定中，這只是很小的例子，許多決定都有過廣泛的討論。[19] 除了安全以及避免做出違反道德的事情之外，這沒有一套明確的經驗法則（正如 William F. Whyte 在他的附錄中所寫的——描述他如何一天內投四次票之後——除了各種道德分歧，非法活動可能會危及你個人和你的研究[20]）。這有一個現實的意義，你應該有一個值得信賴的朋友，可以固定聊田野的進展，你應該至少每兩個月與指導教授或值得信賴的導師聊聊。你需要有人幫你釐清這些事，否則你會很容易迷失。

蒐集和記錄資料

從聯繫開始就寫筆記

第一次做一件事，你會有新鮮感，也會有想法，當你再次拜訪，這些通常會快速消失。因此，即使對方尚未正式同意你進入田野，你也要寫下你
157 與對方接觸的田野筆記。講電話的內容、電子郵件，還有拜訪的記錄，都應該留下來。你注意到什麼？盡早寫下筆記，即使筆記還不像後來那麼成熟，因為你適應新環境的速度快過你的想像。如果你已融入那個環境，就採新的觀點、問新的問題，「把熟悉的變陌生」，同時也要更有自覺。[21]

寫或不寫筆記

有些人喜歡邊做田野、邊寫筆記，觀察時會拿出一張小紙條，然後在上面寫字。他們喜歡這樣，因為可以提醒所有人，有人正在研究你。然而，另一些人拒絕這種做筆記的方式，也正是因為它經常提醒研究對象他們正在被研究。這件事沒有正確答案。但是，你田野工作的首要任務是聆聽別人的想法。特別是剛開始，寫太多筆記的人很難兼顧，很難真正聽懂人家在說什麼。有些人在自己的手機上寫筆記，或給自己發簡訊。這通常可以接受。你也可以去洗手間大略記一下，或打電話口述筆記（別人聽不到）。

在某些場合，打開筆記型電腦是可以接受的，這樣你就可以即時寫筆記。

但在其他場合，例如家庭聚餐，寫筆記會讓人覺得唐突也不自在，就像 Aliya Rao 在一篇合著的文章中描述她觀察失業的專業人士：

> 這些三到四人的小家庭中，還有個不速之客——Rao——在家人之間相當顯眼。例如大家吃晚飯聊天時，無論她多麼小心速記，每個參與者還是看得到，完全不可行。[22]

不過，Rao 還是對田野的參與者表示，自己的確寫了筆記。

> 在她觀察的每個家庭裡，至少有一個成年人會問她為何不做筆記，他們期待她會做筆記。她解釋自己在搭車回家路上會根據觀察速記；然後在接下來的 24 小時內將這些速記擴充成一份完整的田野筆記。[23]

一般而言，你的筆記隨著時間會變得更好。一旦你訓練自己仔細傾聽，就 158
可以記得更多。如果你逐字逐句提醒自己，你往往能一字一句記住一些片段（為了測試自己，你可以記錄另一個空間的互動，寫下筆記，然後比對）。記住情緒或概念有助於你回想。就像前面說的，休息也能改善你的記憶。

有時候，研究者做田野會帶錄音機。錄音（或錄影）越來越常見。研究人員需要問參與者是否願意接受錄音；錄音不該偷偷做。以《不平等的童年》為例，我擔心田野筆記的品質，所以每個人做觀察時都會錄音。有些研究參與者會忽略錄音機，有些人則從頭尾都很在意。然而，一般而言，正如一位經驗老道的民族誌學者曾對我說：「如果他們接受你，那他們也會接受錄音，包括錄影。」我發現情況的確如此。此外，你也可以向研究對象保證，如果他們不想錄音，你可以把錄音帶過來，當著他們的面刪除。他們都有主動權。你也可以把錄影當成很好的紀念品送給參與者，特別是你最後做出的是一份精美、編輯過的作品。有些人還會拿錄音播給參與者聽，請他們說明互動中發生什麼事；這種策略可以帶來額外且豐富的資料。

寫田野筆記相當費時——基本上是做田野的兩倍時間，有時甚至高達十二小時。我通常會進入田野兩到三小時，然後預留五到六小時寫筆記。但是，當我為後來出版的《不平等的童年》找來研究計畫的助理後，一次兩到三小時的訪談，他們通常要花五到十二小時寫田野筆記。我在下一章會聚焦與比較寫筆記的「閃光燈」與「泛光燈」（floodlight）兩種不同策略。但是，這裡的重點是做筆記要即時，趁著你對田野發生的事還記憶猶新時。

我的經驗法則認為，筆記應在訪問後 24 小時內完成。田野筆記是研究計畫的命脈，在許多情況下，你會在逐漸遺忘關鍵細節的很長一段時間後再查看。正如我在下面的解釋，在你上一次的田野筆記寫完之前，你不應該再去做田野。因此，正如第 2 章和第 3 章的詳細討論，你可能想把田野
159 考察安排成做一天休一天，並且做出一個計畫表，平衡你的研究責任、寫田野筆記，還有個人的生活。

我發現寫六小時的田野筆記是我的極限。如果我做了一場很長的田野（例如下一章會說的過夜），我就需要仔細安排好**兩**天的時間，並且確定我在第一場田野筆記寫完之前，不會再做另一場訪問。雖然整理筆記是一件很痛苦的事，但投資下去的時間肯定值得——即使這代表要放棄其他生活大事。你可能要與這些筆記共事多年；你的記憶不值得信任——你只能依靠筆記。因此，寫得越詳細越好，而不是只要夠了就好。我知道田野考察不會每天都很精采，而且田野調查者也是人，你肯定會犯錯。但是，你的田野必須盡可能針對所選擇的問題，多帶來一些強而有力且豐富的筆記。如果有一天你的筆記不夠了，別過度使用，你應該繼續下去，並在下一次訪談後做出更好的筆記。

當你在做筆記，你要仔細聽你想知道的並且思考。所以，你應該在每次田野調查結束時寫一份「分析備忘錄」（analytical memo），突出你掌握

的重點，並把重點與文獻聯繫起來（這點第 8 章有更多說明）。你每訪問三次之後應該與朋友或導師討論。你可以和他們談談各個要點：你正在學什麼？有什麼令人興奮？又有什麼讓人驚訝？有看到固定模式嗎？為什麼這件事很重要？個案可以說明什麼？它如何深化或增加既有文獻的細微差別？藉著傾聽自己的想法，以及聽取他們的意見，你就可以逐漸確定自己的優先工作。

針對你的初步發現擬定第二套「電梯演講」

當你開始到處逛，當地人會問你知道了什麼（有時他們真的很感興趣，有時這麼說只是基於禮貌）。有些時候，你在那已經待了一段時間，你需要對你了解的事，寫下第二版的「電梯演講」。這件事相當不容易。因為你希望他們盡量自然，不想要他們過於關注自己研究的關鍵目的，但你也不想偽裝。這份演講應該跟你稍早的演講一樣模糊，可是要精確。我會聚焦在一個讓你驚訝但沒有傷害的發現（「我很驚訝這所學校家長的參與度；
他們募到的金額高到讓我嚇一跳」或是「這些小孩太棒了，在這裡實在很有 160
趣，我很驚訝這些小孩歷練十足」或者「我很驚訝你們要填這麼多表格」）。你要講一些事讓你自己看起來很敏銳，讓大家知道你隨時在注意，但不能是有爭議的事。你應該提一個你想多了解的話題。

安排個人生活的成功策略

做參與觀察表示要把自己放進不同的社會世界中。如果你把時間耗在這，就表示你沒辦法把時間用在你平常出沒的地方。所有研究都會引發工作與家庭的衝突，但是由這項研究製造的衝突，有顯著的特色。正如民族誌專家侵入他人的生活，參與觀察也是侵入你自己的日常生活。遊走在這些相互競逐的責任極具挑戰。這些議題鮮少在方法論的作品中討論，卻是你個人經驗很重要的一環，所以我在此分享一些個人想法。

在你開始前，比較明智的作法是先思考研究期間可能發生的意外，還有研究在這種情況下是否還能執行。比方說，兄弟姊妹或年邁的家長生了一場危及生命的重病、家人有慢性心理疾病、家裡的整理、另一半換工作或其他人生大事，都會影響你的研究。這些經驗基本上難以預料，也無法控制，卻會產生影響。當你正照顧病危的雙親、正在辦離婚，又或是正處於人生另一場大挑戰，你將難以做好民族誌的研究，雖然一切還要看你有多少社
161 會支持而定。諸如搬家、車禍或是膝蓋手術復原，都可能破壞研究的進行。民族誌肯定可以繼續，卻也必然受到耽擱。此外，重大的生活挑戰會消耗精力和注意力。當研究者進行參與觀察，如果同時面臨其他的生活挑戰，通常需要得到支持，才能找到方法處理這些相互衝突的責任。有能力分清楚這些責任也會有幫助。

此外，正如出發到尼泊爾自助旅行六個月要有家人的祝福，開始進入

開始前

是否清楚如何自我介紹，還有如何對你遇到的人解釋自己的研究計畫？

是否申請了研究倫理審查（IRB）？

是否有個人可以跟你聊聊你的研究發現？

是否有時間寫田野筆記？

是否減少對家人的承諾、其他工作責任，還有旅遊？

是否想過自己在田野中的角色？你希望做什麼？不希望做什麼？是否想過如果你需要拒絕做某些事時要怎麼做？

是否聆聽人家給你的忠告呢？

如何表達謝意？是否有小禮物或做出什麼有用的表示，讓人覺得你很實在，而且在這個情境中很合適？

參與觀察前得到家人的支持會非常有幫助。當然，多數家人對我們的大學生活一無所知，更別說知道以參與觀察執行研究計畫是什麼意思（為何他們應該知道？這是截然不同的世界）。試著對他們解釋你希望做什麼，以及你採取什麼研究方法可能會有幫助。你的解釋想傳達你對這項計畫的熱情（同時強調這項研究對你未來求職的實質幫助）。你可以強調自己對計畫有多興奮（和緊張），你也可以分享這對你來說意義非凡。

有些家人可能為你感到興奮。但是，其他家人永遠無法理解你在幹嘛，看起來顯得事不關己，或是排斥任何讓你不在家的工作。你可以忽略他們的反對，如果有必要也可以試著打消他們的反對，一切取決於你和他們的關係。如果另一半氣你需要離家一段時間，你可以支持她（他）去做很想做的事（或是夢想要做的事）。即使這要花一大筆錢，也相當值得。或者，你可以在田野開始前或結束後，安排一項具體的計畫，一起去做點特別事。如果你有另一半，表達對她（他）的感激相當重要。但這裡的重點是，你要讓對方體諒你需要做一項研究。

總結：開始旅程

參與觀察啟動一項研究有好幾個步驟。第 2 章與第 3 章提到，你要思考自己為什麼要做這項研究，還有想要了解什麼。你也要想好自己要到哪 162
研究，並確定自己可以固定走訪。在「開始前」這個框框裡，有些工作要等到研究過程中才會出現，但最好先想過這些問題。

從事參與觀察的研究相當特別，因為其中有許多悖論：你要融入其中，但你從頭到尾都是個外人；你一邊參與，但也一邊觀察；你不斷了解情況，但常常毫無頭緒，也經常不知道自己在做什麼。但是，過了一段時間，情況就會好轉。而且，這麼做也擴大我們理解這個世界的廣度與深度。你也可以與他們分享你的收穫。一神普救派教會（Unitarian-Universalist church）

堅信的原則是「每個人與生俱來的價值與尊嚴」。這也是民族誌研究的核心原則，而且假設你遵守 IRB 的守則，參與觀察就是一項光榮的工作。你可以帶我們進入一個我們不知道的世界，你可以幫我們理解得更深。但是，你需要一絲不苟地紀錄自己所見才能做到這點。下一章就會談到如何寫出高品質的田野筆記。

7 撰寫高品質的田野筆記

細節很重要

你做參與觀察是要蒐集資料，用於你的社會科學研究計畫——這些資料通常不容易透過其他方式取得。當你寫下自己的觀察結果，田野筆記也就凍結並保存你的觀察。最終，它們藉著向讀者展示你論點的基礎而幫你說服讀者（而不是要求讀者信任你）。但是，田野筆記總是要在廣度與深度之間做出取捨。有時候，你要打開「泛光燈」鳥瞰整個社會情境。有時候，你要用「閃光燈」準確刻化每個互動的時刻。因此，你必須決定要寫下哪些細節。高品質田野筆記的特色，是對社會過程做出生動與精準的描述。Emerson 等人在他們精彩的著作《寫民族誌田野筆記》（*Writing Ethnographic Fieldnotes*）中說，這樣就是寫得「很細緻」（lushly）。

我在這一章將探討如何在日常生活的各種約束下，努力寫出高品質、詳盡的田野筆記。我還會提供一些實用的小技巧，包括筆記第一頁要包含的資訊，筆記中涵蓋的關鍵問題——我用英文縮寫 WRITE 來概括——以及常見的挑戰。我還會透過兩個田野筆記的實例，清楚指導大家怎麼寫高品質的田野筆記。整體而言，寫田野筆記的重點在於隨著時間發展逐漸創造出一幅畫像。因此，你的田野筆記會有差異。具體來說，你的田野筆記品質會有起伏，因為你今天的時間與精力就是會比昨天多（此外，有些日期發生的事也比其他日子有趣）。這很正常。此外，筆記的重點也會不同。你在某些訪問

164 中只集中用「泛光燈」，提供一個概覽。你在這些筆記不會捕捉情緒與密切的互動。有時候，你的筆記可能有個閃光燈，集中在一場十五分鐘的拜訪。我在這會列出高品質田野筆記的理想目標。但是，如我所說，有時候我會有些很可惜的筆記，也很可能有幾天你的筆記與目標相去甚遠。這是理想嗎？不！這是現實嗎？沒錯。而且，你在下次拜訪之後，筆記通常會改善很多。

田野筆記的第一頁

研究結束前，你會有很多套田野筆記。由於每次訪問可能會有十頁筆記（單行間距），而且會迅速增加，因此你可以在田野筆記的第一頁整理出訪問的重點，這會很有幫助。你需要簡短摘要重要的事（發生什麼事），還有在這些例子中引發的分析主題。大家會用不同的方式處理這件事。我比較喜歡的方式，是把一大欄分成三個部分。以下是我在《不平等的童年》這項研究中的例子：

Taylor family

放學後（事件）

Taylor.AL.15.April 2.afterschool（檔名：家庭，我名字第一個字母，訪談編號，日期，主題）

Laureau（訪員姓名，假如有個研究團隊）

年月日

2 小時 13 分：3:47-6:00（訪問時長）

5 小時（做田野筆記的時間）

陽光普照，美好的春天，華氏 50 度（天氣）

分析主題

小孩玩的遊戲

鄰居的遊戲

日常生活的節奏

破壞規則

這些資訊放在田野筆記開始前的第一頁，整理基本資訊：誰？什麼？何時？哪裡？如何？（who, what, when, where, and how）請注意，田野筆記按照時間編碼。我從計畫一開始就選擇將所有檔案上出現的家庭都用化名（也就是我說的「代號」），久而久之就會習慣這些化名（因此當書出版時， 165

表 7.1　事情摘要

3:57 到達，喝點水

4:05-5:00 坐在客廳的地板上，和朋友聊天

5:00 Tyrec 建議到外面去，拿外套

5:00-5:30 在室外玩球

（Tyrec 擔心媽媽回家）

5:30 媽媽回家了

5:40-6:00 去商店買冰

下午 6:00 說再見，約好明天，離開

這些家庭依然看起來像「我的家庭」）。我也要求田野調查人員從頭到尾都使用代號；「Yanelli 家」、「Williams 家」，提高保密性。我在田野筆記的本文會用參與者的名字。

我通常無法馬上清楚分析主題。當我做完筆記並寫下田野的反思（如下所述）之後，我再去填寫第一頁主題那一格。

其他人在第一頁也有不同的整理方式。下一個例子來自 Peter Harvey 寫的筆記，這位來自英格蘭的白人博士生，研究一所菁英私立學校，觀察一個四年級與五年級的混齡班級。他對孩子如何學習階級的文化技能特別感興趣。[1] 他在筆記的第一頁，結合了事件與時間表。

Peter Harvey

10 月 18 日星期三；上午 10:55 至下午 1:16

事件概述

10:55-11:05 吃點心

- 學生洗劫我的包包，偷我的東西

11:05-11:15 上課

- 教師 1 責備了 Shawn，他反抗；她提到讓他有自主性
- 教師 2 試著給其他同學上課

11:15-12:22 民主／希臘的課程

- 孩子比教師 2 更強調男性公民
- Rachel 期待自己叫教師 2 時，他能來到她身邊
- 166 幾個孩子打斷教師 2 的講話；Aaron 輕拍教師 2 的肩膀，Gabe 拒絕告訴其他人。

12:22-1:16 女孩科學社

- 科學老師鼓勵其他人發問
- 女孩們完美回應聖歌，並為講話蓋過科學老師的聲音道歉
- 偷偷爬行前進
- 團體中不同的權力結構，但不是主導者
- 女孩互相稱呼對方為「夥伴」（guys）

第一頁的整理，記錄你做了幾小時的參與觀察，因為現在很流行記錄

民族誌研究者在田野中花了幾小時。因此，你需要好好的記錄（你要把你做參與觀察的時間，與交通或做田野筆記的時間分開來）。你可以順手記下你田野訪談的日期、事件、田野裡的時間，還有檔案名稱及位置。筆記一定要備份，最好放在硬碟裡。

細節

當你寫得很「細緻」，你就可以幫讀者身歷其境。如此一來，讀者就比較可以理解你的立論基礎。

寫出高品質田野筆記的準則

儘管田野筆記是民族誌研究的血脈，但每個人一天都只有固定的時間。正如第 2 章和第 3 章所說，你需要清楚自己能為這個計畫投入多少時間。我會預留兩倍到三倍的田野時間寫田野筆記。如果你去了兩小時，你就要寫五小時左右。你能在田野花多少時間，取決於你有多少時間寫筆記。正如前一章所說，你需要在訪問後的 24 小時內寫好筆記；以我之見，寫好前一次訪問的筆記之前，你絕不應該蒐集更多資料。

然而，不論是參與觀察或寫田野筆記，都沒有唯一正確的方法。走訪同一地點、訪談同一個人，得到的結果也不見得相同。有時發生很多事，有時卻沒什麼事。有時你覺得自己很融入，有時你覺得自己好像很礙事。167
當你寫田野筆記時，你希望每次都能寫到一些重要問題。我把這稱為你需要 WRITE（請見方框）。

WRITE

W：何人、何事、何時、何地、如何

R：反應（reaction）——回應討論中的行動，回應再回應

I：不行動（inaction）——沉默或是對於行動不發一語
T：計時（timing）——一個人發言或開玩笑是慢或快
E：情緒（emitions）——表情、手臂或身體其他部分，不顯露任何言語的情緒（或堅毅）

W：何人、何事、何時、何地、如何

寫新聞時，菜鳥記者的準則是在第一段就要寫出 5W：「何人、何事、何時、何地、如何」。而在田野筆記中，你要用不同程度的細節來描述你在田野時發生的事。

這些資訊會在事件摘要中描述並寫進你的筆記內容。不過，你還是需要確定優先次序。其中一些行動，你可以用閃光燈的方法來描述，也就是放慢行動的速度，以提供大量的細節。你在這可能需要用三頁的篇幅談 15 分鐘的行動。訪談的其他部分則可以用比較簡略的方式帶過（泛光燈）。在描述時，必須特別注意環境中的味道、多亮或多黑、噪音大小、質地、顏色和其他元素。你為觀眾創造一幅畫面，但不像文學的手法（儘管這樣讀起來比較有意思），這麼做可以讓讀者想像你看到的，並且了解你立論的基礎。不過，你還是應該謹慎寫出你看到或別人明確告訴你的事；避免推斷參與者的感受。

既然有這麼多東西要寫，就要想想自己重要的知識目標（特別是理論上的優先事項），而且某些情況下，閃光燈必須轉向打在一些看似重要的事情上。當然，由於這些目標會隨時間而演變，在訪問前半段（當你還在尋找重點時）盡可能全面做好筆記會很有幫助。漸漸地，你會越來越清楚，但因為你尋找的是不確定的證據，你就要有寬廣的視野和開放的心態。

R：反應 168

記錄誰在做什麼（行動）有許多事要做，很容易就漏掉人們如何回應一項行動。但是，就像打乒乓球，民族誌的筆記要來回記錄行動、反應，以及再反應。你也想要追蹤主要的行動者，這與 Elijah Anderson 在他的經典作品《角落》（*A Place on the Corner*）所看到的一致：

> 星期五晚上六點左右，大約二十五個人聚集在 Jelly 的酒鋪，和朋友慶祝發薪日……大家開玩笑地說著家庭生活、工作、妻子，以及他們的小孩；他們聊著好日子與不好的日子……T. J. 與 Herman 一直笑，兩個人打打鬧鬧 — 兩個人情緒都有點嗨………突然間，一聲響亮的耳光打破所有噪音。在大家的談笑之間，T. J. 戲謔地打了 Herman 一巴掌，但他的手不小心重重地落在 Herman 臉上發出巨響。

接下來，Anderson 很有技巧地描述 Herman（被打的人）、T. J.（默默聽著 Herman 的憤怒），還有最重要的，其他目睹這一切的人有何反應（「大家開玩笑地說著家庭生活」和「房間頓時鴉雀無聲」之間有個明顯的反差）。當他繼續描述這個行動，Anderson 只說出了 Herman 的憤怒，還顯示 T. J. 如何反應（非言語），以及房間裡其他男性的反應：

> 雖然 T. J. 不是有意要打 Herman 耳光，但看熱鬧的人未必能理解。房間頓時鴉雀無聲，其他人都在等著看 Herman 怎麼做………Herman 摀著臉，嚴肅地看著 T. J.。他說：「T. J. 如果你再打我一次，我一定會殺了你。如果你敢再打我一次。」T. J. 只是站著，眼睛盯著地板，Herman 繼續威脅和罵他……不久，所有的男性都回去做他們手頭在做的事，現場又吵雜起來，但是不像 T. J. 打耳光之前那麼吵了。不久之

> 後，Herman 也消氣回家了。[2]

Anderson 的描寫，點出紀錄你目光周圍的各個行動者有多重要。反應很重要。

169 I：不行動

寫田野筆記時，你總是想把有人說話後，現場一片沉默或**缺少**回應的情況寫進來。當然，沉默各有不同。有些讓人感到自在，有些則讓人緊繃。在我的《不平等的童年》一書中，我的田野筆記紀錄了一個生活在貧困線以下的白人家庭，十歲的 Katie 午後與她的母親 CiCi、18 個月大的弟弟 Melmel、她的姑姑 Mary（母親前夫的妹妹）以及訪員（名叫 Mimi 的年輕白人女性）在一塊。他們在客廳，而且大部分時間都在看肥皂劇和歐普拉（Oprah）的節目。

> 她的母親和姑姑離她不遠，Katie 開始自己打自己。他們肯定聽到並看到她這麼做，卻毫無反應。
>
> Katie 開始用拳頭敲打自己的額頭。她坐在床上，邊打自己的額頭，邊往後倒。她是用右手打，打了大概三分鐘，但我感覺相當久。
>
> 除此之外，Melmel 開始學她：Memel 爬上她和我之間那張床，學著 Katie。他大約做了一分鐘，Cici 和 Mary 看著不發一語。Katie 跟我說：「這就是我到醫院的原因。」我問，「為什麼」？她說：「打傷自己」。我問，「他們對你做了什麼？」她說，「把我關住」。我說：「然後呢？」Katie 說：「他們教導我什麼是尊嚴，要我不要傷害自己。」我往周圍看了一下，Cici 與 Mary 還是在看歐普拉。[3]

家裡的人都知道 Katie 很會演，這可能也是她媽媽和姑姑毫無反應的原因。無論如何，田野筆記的重點是揭示媽媽和姑姑聽到了，卻無動於衷。

其他時候，對行動者不作為的檢視會在分析中展開。Timothy Black 在《心若頑石》（*When a Heart Turns Rock Solid*）這本扣人心弦的作品中，分析造成 Julio 離開幫派的那場火拼，他開槍「報復」殺了他兩名手下的兇手，打傷「三個人，一個中屁股，一個中腹部，另一個中手臂」，沒有一個人喪命，Julio 逃到波多黎各躲了幾個月避風頭。當他回來時，他脫離了幫派。Timothy Black 解釋了沒選的那條路：

> Julio 離開 La Familia（地名）不到一年，幫派十個兄弟因毒品和槍支 170
> 遭到起訴……十八個月來，Julio 有兩件幸運的事：他開了槍但沒有殺死大街（Main Street）那三個被他射傷的人，然後在聯邦調查之前脫離了幫派……如果他還是 Warlords（幫派名）的老大……Julio 餘生可能都要在牢裡度過。[4]

因此，根據你的田野筆記和分析，有助於報告與你關注的焦點相關的沉默及沒有發酵的事件。

T：計時

有些人講話有如連珠砲，有些人講起話來有氣無力。有時候同在一個情境底下，許多人鬧烘烘，七嘴八舌，給人一種緊迫感，而有時候，如炎熱的夏日，一群人幾乎不大動。因此，你要傳達時間的流逝：事情從說話到行動進展有多快或多慢。Ashley Mears 討論模特兒的作品《美麗的標價》（*Pricing Beauty*），展現了標誌時間流逝的其中一個方式，書中揭示模特兒的訓練圍繞在「變成一個樣子」（becoming a look）。一家經紀公司與她簽約，還鼓勵她在時尚周（Fashion Week）之前先去上「臺步課」：

> 某個週三的傍晚6:30，經過一天八次選拔〔試鏡〕之後，我來到地鐵站，見到另一位22歲的模特兒Beth，還有我們今晚的走向指導（runway coach）Felix。
>
> Felix是個四十多歲的嬌小男人……是名男同志，他說，這是一張「同性戀美元鈔票」（gay dollar bill）。他引導我們到經紀公司後面，那裡有一道長長的走廊……我們換上高跟鞋，開始上課。
>
> 首先，我們排隊到飲水機前做「臀部運動」………做了幾分鐘之後……要開始走路了……接下來一個小時，Felix讓Beth和我向他走過去，然後再走回來，兩個人輪流。有一次，他在我走向他的時候對我說：「不要衝向男人。要走向他。挑逗撩人。」

Mears一直在紀錄時間，實際上，還有她自己的經驗：

> Felix拉了把椅子過來，坐在我們小小的展示臺盡頭，看著我。點了一片比薩。Felix教導我們怎麼樣走得更好，吃著他的起司披薩。現在是
> 171 晚上8點，我又餓又累，而且每走一步，我腳上新的細高跟鞋的皮革，就會摩擦我的腳跟……我們圍成一個圈走，步伐相當整齊，這看起來就像是模特兒在踢正步很奇怪，而且我的腳真的很痛……Felix就坐在那邊，點著頭，「對了，女孩們。這樣就對了，很好！」[5]

米爾斯在這說了開始的時間（晚上6:30），花了多少時間做臀部運動（幾分鐘），訂了比薩餅，以及到了晚上8點，她已經餓了，腳也痛死了。她用生動、準確的文字（「我腳上新的細高跟鞋就會摩擦我的腳跟」），使我們能直接看到她經歷的事，進一步加深你的理解。

計時是勾勒整體環境的一部分，不僅包括速度，也要寫到氣氛：光線、空間、距離、噪音、氣味、顏色和質地。

E：情緒

在參與觀察中，你希望自己的敘述，能顯示日常生活中肢體之間複雜的互動——包括臉上的表情，如鬼臉、皺眉、揚眉或犀利的眼神，還有緊繃的肩膀、僵硬的姿勢或輕快的走路。你不想簡單說「他笑了」，因為有許多不同類型的微笑：不安的笑、淺淺一笑、滿面春風的笑和開懷大笑。你會盡可能把情緒和身體動作貫穿在你的敘述中。

常有人對質化研究者說：「讓我看，不要只有說。」以下這個例子中，Robin Leidner 提到第一天到麥當勞上早班，當時組長 Diana「沒有仔細跟我說明流程」，當時內心有多麼挫折。Leidner 解釋：「我必須不斷要 Diana 或另一名員工跟我說怎麼做。」當生意變好，Diana 的「幫助」反而更讓我一頭霧水。

> 我繼續接單。實際上，只要我去拿餐點，Diana 都會說：「我來拿，你收錢。」更糟糕的是，當人越來越多，當我還沒收好上一個人的錢，她就開始接新的點餐。經常在我忙著找錢或做其他事的時候，她就大喊：「要我幫你嗎？」並且記下新的訂單。然後她希望我去聽第二個點餐，記下來，並在我忙完第一份訂單後打進去（至少我猜這是她的 172
> 期望）。我經常要問她拿了什麼，或請客人把他們跟 Diana 點的東西再跟我重複一遍。此外，Diana 有時會伸手過來，直接在我的收銀機打一份訂單。如果我就在站在那，那還可以忍受，但有時當我去拿餐點，回來就會發現自己收銀機上有新的點餐，而 Diana 還邊喊：「收錢。」當櫃檯前有好幾個客人時，我甚至不知道誰點了什麼或該跟誰收錢。[6]

當Leidner最後說「我忍住自己的怒氣做完早班」，你就知道為什麼了。她接著說這次經驗幫她理解「如果我們不遵守麥當勞的訓練流程會有什麼結果」，以及為什麼會「不斷努力」來執行訓練。

總而言之，田野筆記中有不同的元素，但 WRITE 捕捉到的是最關鍵的內容。

田野筆記的記與不記

確實記錄社會互動中的每個步驟

互動很複雜，由許多不同的步驟組成，涉及許多人做的各種事情。在這種情況下，理想上你會想了解田野筆記中每位關鍵人物做了什麼。以下摘錄自 Sherelle Ferguson 一篇出色的田野筆記，這是他博士論文的一部分，研究的是種族與階級對大學生與大學教授之間互動的影響。她在一所高學費普通中學（nonselective school）裡的觀察，指出一名來自工人階級家庭的黑人女學生 Maya，有多不敢向她的解剖學教授發問。在介紹骨骼的課堂上，Ferguson 說 Maya「大聲問」她的朋友 Alicia（拉丁裔中產階級學生），杏仁奶是否有利於骨骼的強度。近 30 歲的黑人社會學博士生 Ferguson 和他們一起聽課，仔細記錄 Maya 不敢向教授提問並逼她同學發問的所有過程，還有 Alicia 提問後的情況：

> 下課後，我們是教室最後離開的學生之一。Alicia 走到講臺前，和教授
> 173 聊了一下期末考試，並問了牛奶中維生素 D 含量的問題。Maya 和我繼續收包包和筆記本。當 Alicia 回來時，Maya 滿懷希望小聲問：「你也問了她杏仁奶的問題嗎？」Alicia 靦腆笑了笑，說：「沒有！」Maya 提高音調急著問：「你要問她嗎？」Alicia 調皮地說：「你去問她。」

> Alicia 帶我們進入走道，朝門口走去，但我們似乎走得很慢。Maya 拖著腳。Maya 一直說：「問她啦！拜託啦！」我們都在 Alicia 的哼聲之下又走了幾步，猶豫不決。他們說話的聲音不小，可能是聲音傳到教授那。我看到教授抬頭往我們看了看。Maya 又哀求：「拜……託？」Alicia 大吸一口氣，轉過身，然後走向教室另一頭的教授：「那杏仁奶呢？」Maya 沒有轉身與教授接觸。教授簡單明瞭地回答：「杏仁奶有強化的維生素 D 和鈣。………有時比普通牛奶好」。Maya 輕聲說：「讚！」並比了一個小手勢，很高興自己常喝杏仁奶。當我們走出教室，我問 Maya：「你為什麼不自己問？」她毫不在意，也沒正眼瞧我，喃喃自語地說：「我不知啦！我就是不知道。」我又問了一次：「她很可怕嗎？」她嘰嘰喳喳地說：「不會。」顯然是為了努力轉移話題，Maya 幾乎沒換氣就開始和 Alicia 討論晚上要做什麼。[7]

Ferguson 寫下「Maya 顯然不想接觸教授，寧願讓她的朋友當傳聲筒」。Ferguson 的筆記以方法論的習慣作法呈現這些步驟：收包包、Alicia 問了一個問題、Maya 逼 Alicia 去問、Alicia 問教授、Alicia 提問時 Maya 沒轉身、教授「簡單明瞭」的回答，以及 Maya 的興高彩烈，這些都是很好的例子。Ferguson 把 Alicia、教授和 Maya 對每個步驟的反應都寫進來，預想讀者可能會有的問題，然後回答這些問題。

使用對話，但一些就夠了

對話會使描述更生動。但事實證明，在某些情況下，憑你的記憶，你只需要三言兩語就能生動地營造一個時刻（還有訪問後立即寫筆記）。 174

回到 Peter Harvey 的校園觀察，他通常進入四年級和五年級學生的教室，但在這個比較特別的早晨，他在學校吃點心的時候抵達，然後來到操場。他發表過一篇文章探討研究兒童在方法論上的挑戰，描述自己的邊緣（liminal）狀態，也就是努力「融入」年輕人，避免過於高高在上，而是要被看成一位大哥哥，一個可以佩服和開玩笑的人，不受同一套成年人的規則約束。[8] 他的耐心在此時受到考驗：

> 我來到 Truman 小學，看到他們〔我的班級〕正在操場上吃點心。當我走近灰色大門，大多數女孩都像平常一樣在門附近玩。Paris 看到我穿過大門，綳綳跳地大聲尖叫：「Peter！ Peter！」其他女孩看到這一幕，也變得一樣興奮⋯⋯。我在大家的叫聲下穿過大門。當我走到一半，她們就把手放在我身上，拖著我走完剩下的路。⋯⋯其中一個人從我的肩上取下我的背包，大家七嘴八舌地問：「Peter，你背包裡有什麼？」⋯⋯我沒有阻止他們拿背包，因為我想裡面沒什麼貴重物品。然而，包包的拉鏈立即被拉開，這幫女孩開始從裡面掏出東西，拿起來展示，目不轉睛地盯著，說那是她們的東西，彷彿從剛發現的寶箱取出的珍貴戰利品。

Harvey 看著孩子開心地翻他東西時，內心有些不安：

> Paris 找到我的自行車安全帽，順勢拿了出來，塞到自己頭上。Clare 掏出我公寓的門卡，卻故意大聲講錯：「我們拿到你的信用卡了！」Ava 有點害怕，但還是相當興奮，打算要從我三支筆裡挑一支走；Francesca 拿走另一支。Paris 和 Annabelle 接著看到我從來沒用過的黑色腳踏車座墊塑膠套。Paris 笑著問：「你為什麼帶浴帽？」我說這是一個腳踏車座墊套，她聳聳肩，繼續在我的包裡找其他寶物。Clare 接著掏出我的錢包，拿起來睜大眼睛，臉上顯然非常開心，叫道：「我拿到你的錢包了！」這時，我換了一種比較嚴肅的語氣說：「啊！還

> 給我。」Clare 讓錢包在眼前晃來晃去，真的把它拿給我了。假如是 Paris 發現錢包，我要拿回來就更難了……Paris 接著找到我高音質的耳塞式耳機，想要把它從袋子裡拉出來，卻被什麼東西卡住了，我可以看到耳機線拉得很緊。因為擔心耳機會扯壞，我握住背包，實際上是幫 Paris 拿出耳機，因為我不想要耳機被弄壞。Paris 抓著那把電線交給她。 175

女孩們帶著 Harvey 的東西逃走了：

> 這段時間，Ryan 先生不在女孩玩的操場附近，所以都沒有阻止……他可能在看其他小孩踢球。接著他對大家喊：「集合！集合！」這也讓大夥一陣慌亂。Paris……快跑過來，自行車安全帽從她頭上掉下來，落在地上，（顯然很易碎的）面罩也脫離了。Paris 甚至連看都沒看一眼，更不用說想要或真的去撿起來。但是，她仍然拿著我的耳機，匆匆走到隊伍中。Eva 果敢地跟我說：「我要占用這支〔筆〕一整天。」Clare 這個比較拘謹、守規矩的女孩，已經把我的錢包和卡還給我，她看起來已把頑皮的那一面拋到九霄雲外，讓自己自在些。

儘管篇幅很長，而且寫得很詳盡，投射出活動熱鬧的畫面，但實際上引用的話很少。事實上，在這段節錄的筆記中，Peter Harvey 只需記住女孩們說過的短短六句話（也就是「Peter ！ Peter ！」、「Peter，你的背包裡有什麼？」、「我們拿到你的信用卡了！」、「你為什麼帶浴帽？」「我拿到你的錢包了！」「我要占用這支（筆）一整天」）。此外，他還記錄老師（「集合！集合！」）和他自己的說法：「啊！還給我。」其餘長長的紀錄都是靠他對整件事的描述，沒有對話。然而，他有效喚起整個場景。因此，挑幾個對話就能讓民族誌生動起來。

當然，這只是那天的其中一件事。那天，他在那待了 2 小時 21 分鐘（上午 10:55 至下午 1:16），大約寫了 5,000 字的筆記（還有幾張照片），單行距總共寫了 10 頁。他如果做了三小時的訪問，筆記往往有 13 頁到 15 頁，
176 而且，一般來說，有些筆記寫得比其他筆記還精彩。Harvey 說自己在學校會公然使用小筆記本做筆記（因為在學校裡做這些事不會讓人覺得奇怪，也提醒對方他是一名研究者，並且讓筆記更準確）。但是不用幾句話，你就可以把許多精彩時刻傳達給讀者。

務必描述情境中的氣味、光線、噪音、顏色

喚起一個場景

記得要記錄味道、光線、噪音、顏色以及田野的觸感。

五種感官在田野工作中都很重要，但耳朵、鼻子和眼睛在喚起聲音、氣味和光線方面很重要。你還要注意顏色——那是深邃的寶石還是灰色與白色；黑白相間的格子地板，是乾淨到閃閃發光，還是黯淡無光的破損瓷磚？你不希望只描述人們做什麼，而是要傳達身歷其境的感受。社會科學研究的任務與小說家的任務截然不同，因為社會科學研究使用資料，以證據支持立論。然而，兩者之間有個重疊之處，就是使用文字來描述情境。因此，讀小說可以提升你的寫作技巧。你可以在閱讀過程中注意到，作者如何以鉅細靡遺且感性的方式，簡潔地喚起情境。

描述一個情境相當複雜，但用幾個生動的詞彙可以幫讀者想像這塊空間。Rachel Ellis 在《這個叫監獄的地方》中，描述一座女子監獄中的公共空間（大廳）根本就不像牢房，女囚犯在裡頭讀經、上普通文憑課程（GED classes）還有其他活動：

> 囚犯和工作人員從監獄的院子穿過兩道門進入大廳。隨著人們進進出出，這些門一直開開關關。大廳的走廊通常很吵雜，女囚犯在聊天、爭吵或唱歌，而監獄官員則是在接聽響亮的電話和嘟嘟響的對講機，偶爾還會大聲下命令。這棟建築物給人的感覺彷彿無菌室：牆壁是用水泥磚砌成，上面塗著亮白的油漆，棕褐色斑點瓷磚地板由囚犯每天擦拭。頭頂吊著明亮的螢光燈。這個空間明亮而一塵不染，經常有肥皂水（Lysol）的味道。用餐時間，食堂裡熱騰騰的肉菜香味撲鼻而來，偶而有刺鼻的味道引起抱怨，例如吃熱狗那天的德國酸菜味。有幾個 177
> 下午，沿著走廊走，會有微波爐爆米花的香味飄過，因為最近的值班人員或在大廳忙的囚犯會弄爆米花。

Ellis 在這點出一些味道：「肥皂水」、「德國酸菜」、「微波爐爆米花的香味」，以及讓人感覺「無菌」的視覺因素，包括塗著亮白油漆的水泥磚牆、螢光燈和瓷磚地板。她還描述了一些噪音。「嘟嘟響的對講機」、「大聲下命令」、「女人聊天、爭吵或唱歌」。短短一段話， 她用感官幫助我們想像監獄的情況。此外，她還用上許多令人回味的文字：「刺鼻」、「撲鼻而來」和「飄過」。

不用記錄每個細節：優先考慮解決你主要問題的觀察

有時做田野筆記會很順利。你回到家，徹底放鬆，開始寫田野筆記，然後就寫完了。其他時候田野筆記會難產。有時我發現自己彷彿活在煉獄中，在那一直寫筆記，卻沒有令人滿意的結果。例如，我是白人中產階級 Tallinger 一家（這家有三個男孩， 四年級的 Garrett 是老大）的主要談訪者。我通常一週去三到四次；其他日子則由另外兩名田野調查的助理幫忙。除了三週每天探訪外，我們還有一次過夜觀察（過夜觀察的效果不好，因為很罕見。當你一直去，對方也習慣了你，田野工作就會變得更好）。我在五月下旬的一個晚上去過夜。我在下午 4：30 抵達；我們吃了晚飯，Garrett 為春季音樂劇的演出做好準備，然後我們就開車過去看。我們從 7:45 到 9:35 都在那，結束後開車回家。孩子們準備睡覺，媽媽和兩個大孩子坐在沒開燈的屋裡（我也坐在那），從晚上 10:36 到 10:46，接著我就和家長們閒聊，直到我上床睡覺（晚上 11:00 以後）。我在早上 7:20 醒來（媽媽在 4:30 出門去搭飛機）。爸爸準備讓孩子上學，做了早餐；孩子們餵了家裡的動物。在戰戰兢兢的父親帶領下，我們在早上 8:20 出門。但我實在累壞了，我在
178 Tallinger 家沒有睡好。我空出一大段時間來寫早就安排好的過夜觀察，但時間還是不夠。寫筆記時，我煩惱著是不是就簡單整理訪問初期發生的事。我對第二天早上觀察到的情況記錄得很差：

> 爸爸問 Spencer（8 歲）圖書館的書
>
> Spencer 去找圖書館的書
>
> 爸爸翻閱 Spencer 的活頁夾，把紙丟掉
>
> 爸爸拿出 Sam（5 歲）的午餐，從他的
>
> Sam 想知道午餐有什麼；Sam 說他不想吃布丁；爸爸
> 說留著，也許他之後就會想要吃
>
> 爸爸歎了一口氣，然後給回覆照顧小孩廣告的人打電話並且
>
> 電話留言
>
> 再確定一下狗糧／水
>
> Sam 從午餐中取出布丁拿給父親
>
> 父親大嘆一口氣，把它放進冰箱
>
> 告訴孩子說可以出門了

筆記漏掉很多事，包括父親檢查兒子的書包，把紙揉成一團，然後扔

掉（父親很少這樣做），以及 Sam 從午餐中拿出巧克力布丁的反抗舉動。但是，我從前一天下午就不斷在各個場合觀察五口之家的情況，到了早餐時，我已筋疲力盡。針對晚上的筆記要好得多。事實上，那天晚上一個短暫不講話的時刻非常重要：當父親在晚上 10:00 左右回到家，母親正幫小男孩們蓋被子，Garrett 吃了點宵夜，而我則坐在廚房的餐桌：

> 爸爸走到電話旁，站在日曆前，看上面寫什麼。看到這天晚上除了田野調查者的名字之外什麼都沒有，父親模仿舉重的姿勢，慶祝勝利，他假裝手裡抓著東西，然後兩隻手舉過自己的胸膛（有淺淺的微笑；彷彿內心發出一聲聽不到的「耶！」）。

然而，真實情況是，有時我會陷入困境，對長時間訪問結束後發生的事漠不關心。這樣並不可取。我應該少花一點時間做田野調查，或是在做 179
下一次田野前留更長的時間來寫筆記。

在設定寫作的先後時，我發現反省自己研究概念的優先順序很管用。我先列出自己在訪問中想描述的時刻與說法；優先處理分析上最重要的事。緊接著，當我完成一項，我就把它劃掉。劃掉會有種滿足感。事實上，對於工作滿意度的研究發現，如果工人能在一天中看到進展，他們會更喜歡自己的工作。在這個例子中，我只是按時間順序從訪談開始寫到結束。我應該做的是坐下來，看看自己需要寫哪些東西，然後試著思考我的分析順序（當時我還很難知道優先順序）。此外，這是我第一次（也是唯一一次）過夜觀察，所以有許多新東西（就像訪問的頭幾天）。但是，你應該盡可能針對你關鍵的分析議題，先寫出最詳盡的田野筆記。

使用同義詞

寫出高品質的田野筆記，往往需要使用大量的形容詞和副詞。常用同義詞辭典是珍貴的資源。舉例來說，我寫一份田野筆記會快速查看 15 到 20 次同義詞。有了練習，幾秒鐘之內就可以從同義詞中找出更多生動的辭彙。你不一定要寫「說」，可以換成「喃喃自語、大聲嚷嚷、碎碎念、發牢騷、抱怨、呻吟、抗議或哀哀叫（whine）」（如果是否定語氣）或「興奮地、嘰嘰喳喳地、熱烈地、急切地、迫不亟待地、生動地、溫暖地、興奮地或懇切地」。假設這個字準確捕捉到你觀察的情況，生動的文字就會增加精確性，有助於傳達你的意思。

有許多用詞的清單，包括喚起愉悅感的詞（例如，愉快的、狂喜的、歡騰的），表達興致的詞（例如，好奇、投入、全神貫注、關心），表達恐懼的詞（如害怕的、懷疑的、焦慮的、戰戰兢兢、嚇到、擔心的、膽怯的、顫抖的、或威脅的），表達漠不關心（例如，冷淡的、中立的、保留或沒興趣），還有感覺很好的詞（例如，平靜、寧靜、自在、舒適、高興、受到鼓舞、驚訝、滿足、安靜、確定、放鬆、安詳、自在輕鬆、明亮、受
180 到眷顧和放心）。[9] 這些同義詞會讓你的筆記更精確。文書處理軟體，例如 Word，有內建的同義詞功能，而真正的詞庫就更好了。你應該拿出來用。

每次訪問後寫一份田野工作反思

我會一邊寫田野筆記，同時寫一份反思。寫下反思的目的是為了處理訪問，並且往後退一步。田野訪問很緊湊，可能會讓你隨時想著眼睛看到與耳朵聽到的事。有時，正如我下面所說，它可以是一個空間，讓你宣洩自己在訪談所見而產生的情緒。此外，這也是反思整體圖像的機會。田野工作如此引人入勝，以至於在此時，你甚至很難想起吸引你參與研究的問

題是什麼。我會在反思的筆記中問自己：「我今天學到什麼？」「這如何推進我的想法？」「這些資訊與我讀過的研究有什麼關係？」當然，有時我一開始會完全空白。然而，我強迫自己給這件事十五分鐘左右。漸漸地，我可以開始思考分析的主題。由於我列出了未來要尋找的事情清單，反思筆記就能幫助我關注未來的資料蒐集。寫反思筆記的時候，我可能會記起自己讀過的一篇文章，這可能有助於我推進作品在概念上的貢獻。寫反思的過程也讓我進一步看出我在田野中扮演的角色。反思筆記是個機會，可以檢視你在田野與誰在一起；你可以思考與其他人一起閒晃是否會有新的洞察。正如我在下一章的資料分析說明的，我每個月會寫兩到三次更詳細的分析性筆記，它與反思筆記有關，但仍然有所不同。分析筆記涵蓋一套田野筆記中的議題，認真和文獻對話，並發展出一種可能的論點。我也會把分析筆記拿給其他人看，並且獲得反饋；反思筆記通常只有研究者看得到，或是在某些情況下，研究團隊也看得到。

兩組田野筆記的示範

我在此處分享的田野筆記，來自研究助理和我執行研究時所做的家庭觀察，最終出版為《不平等的童年》。如前一章所述，這本書研究家中有十歲小孩的白人及黑人家庭，了解他們如何扶養小孩；我們發現中產階級家庭
扶養小孩的方式與工人階級與窮人不同。[10]這份研究使用「密集的家庭觀察」 181
（intensive family observation），這和經典民族誌派一個人進入田野，到處走走看看的作法不同。做了訪談後，研究團隊的每位研究人員都以半陌生人（quasi-stranger）的身分走進家庭，安排一段時間天天拜訪（這個案例是三週）。[11]我們三人一組，訪問通常持續兩小時左右，有時會更長。關鍵是，我在每次訪問後都會與田野調查者通電話，指導他們怎麼寫田野筆記。[12]

本章節錄的是研究初期訪問的一個家庭，包括一次跟全家的晚餐，當

時我們都還在相互熟悉的階段。我會在摘錄下面加上方框寫上我的看法，提醒讀者注意田野筆記中具體的優點和缺點，並且在適當的地方提出其他問法，帶出更為豐富的描述。

參差不齊的田野筆記

這裡檢視的第一份田野筆記來自一名研究新手，這位博士班二年級的學生相當勤奮、聰穎也相當體貼（她叫 Megan Williams，這和本章田野筆記中的名字一樣是化名）。筆記節錄自 Megan 初期對一個低收入、信仰虔誠的非洲裔美國家庭的訪問，這戶人家有 Tara（10 歲）、她的哥哥 Dwayne（12 歲）、奶奶 Carroll 女士和叔叔。Tara 的母親 Tabitha 全職上班，經常過來看小孩，但 Carroll 女士有孫子的監護權（Tara 的母親已走過生命中一段困難歲月 —— 這段時期也有吸毒）。那個星期天，Megan 在教堂前遇到祖母 Carroll 女士（其他人都已提前搭車去了教堂）。Megan 和 Carroll 女士一起在站牌前等車，一起搭車去做禮拜，並在禮拜結束後與他們一家人共進晚餐。她和這家人在一起超過七個小時，好幾個家人都是初次見面。Megan 是名黑白混血的女孩，家人無宗教信仰，她相當健談，社交能力也異乎常人，給人一種很舒服的感覺。她和這家人相處融洽的出色技巧是研究的珍寶，但她的筆記品質參差不齊。有些很精彩，有些則需要更多細節。

Megan 和 Carroll 女士搭車去參觀非裔美國人的教會，對於這段路程的描述生動詳盡：

182 大約 11:00，我們聽到馬路對面有喇叭聲，我看了一下，有輛大大的藍色老爺車從住宅區開出來，現在停在紅綠燈前，Carroll 女士說：「上車吧！Megan！我們有車搭了！」我問那是誰，她說：「那是我的鄰居，Wanda 修女。」我們快速穿越馬路，試著避開水坑，跑向汽車；我跑在她前面。Carroll 女士叫我繼續走，並且上車。我停下來，有點猶豫，問她我真的可以上車嗎？因為她朋友不認識我。她笑了笑說就上車吧！我打開門，怯生生地跟開車的女士打招呼，等她說請進。那位女士頓了一下，但臉上掛著微笑，當 Carroll 女士追上來時，她說上車。

這裡的筆記相當詳細（例如，避開水坑、有車可搭很興奮）。她帶著我們走過每一步（例如，聽到喇叭聲、快速穿越馬路、抵達車子、進入車子）。這些筆記強而有力。

然而，一小時又四十五分鐘的五旬節教會禮拜（Pentecostal）記錄起來比較籠統，使互動難以具像：

從我們進入教堂開始，大約 11:15，直到 1:00 初頭，教堂的活動包括唱詩歌、讚美詩和禱告，以及宣布事項。……唱詩歌絕對是重點中的重點。唱到一個點，詩班裡的一名姊妹會來到佈道臺中央，對著麥克風獨唱一段，這首讚美詩最終（可能經過五分鐘）轉化，先是加入整個詩班，然後是整個會眾，最後她在臺上旋轉了幾分鐘，顯然在情感上受到這首歌的「精神」感召。

理想上，我們會想多知道這位女教友、她的影響、詩歌的內容、音樂的來源、信眾的反應，以及她的歌唱如何表現出這種「精神」。這段筆記實在太大而化之。

兩週後，她又和整家人（包括 Tara 的姑姑和幾個表妹）一起去了教堂。 183
田野調查員 Megan 體貼地評論孩子經歷的苦難。

在做禮拜的過程中（包括詩歌及佈道），大多數孩子看起來都無聊到底：女孩的眼神盯著其他地方，看起來很累，講話，以及寫聖誕卡。隨著時間過去，Tara 和〔她的表妹〕Tia 開始在教堂的主日流程單上畫畫，看起來好像在玩遊戲。………做禮拜時，Judy 阿姨數度提醒 Tara 保持安靜。Tabitha〔Tara 的母親〕從不會這樣做。……佈道過程中，Tara 對著〔旁邊〕一個幼兒做出鬼臉並揮手。

這段筆記很寶貴，但如果可以多了解他們臉上的情緒還有肢體動作，可能會更有幫助。他們眼神盯著其他地方時表情是什麼？到底是面無表情，還是看起來很不耐煩？他們有擺動身體或是張大口打哈欠嗎？對九歲的小孩來說，一小時四十五分的禮拜實在是太折磨人了。

當禮拜接近尾聲，田野調查人員對成年人的情緒做出有趣的對比：

現場的讚美詩來到高潮，持續了幾分鐘，越來越瘋狂，整個詩班動了起來，載歌載舞，打鼓的孩子們也徹底放開（Tabitha 整個人在座位上跳舞，雖然她穿上了外套）……許多人邊跳舞邊離開教會。

我們在這裡可以看到許多精彩的細節，Tara 的母親穿著外套在座位上跳舞，以及信眾邊跳舞邊離開教堂。但關鍵的細節卻讓我們摸不著頭緒。Tara 的母親臉上有什麼表情？她的笑容燦爛嗎？還是人很陰沉？

184 在田野調查員的反思筆記中，她對這種反差的分析很有價值：

我真的被孩子們在教堂裡的無動於衷所震撼。即使是在詩歌聲中，他們也毫無反應。然而，環顧四周，在我看來，信眾裡大多數孩子臉上都一臉茫然，彷彿就在等待一切趕快結束。大人神魂顛倒的模樣與小孩子簡直就是天差地別。

這份田野筆記支持了一個有趣的說法，小孩與大人活在不同的世界，但是證據的支持未臻理想。田野筆記只是記錄事情的表象。

訪員以近乎陌生的身分進入一個家庭充滿了挑戰，而訪員也善於讓人感到自在，並使自己融入其中。有時她不確定該怎麼做，比如在離開教會後的週日晚餐，有人要她坐下（但其他成年人都尚未就坐）：

> 我坐在牆邊桌子旁的椅子上。Carolyn（Tara 的姑姑）要我自己動手，即使她還在幫每個小孩拿東西吃（她自己一個人逐個問每位孩子想要什麼）。我猶豫著要不要自己拿東西到盤子裡，讓人不自在的是，他們家似乎是規定客人優先。Carolyn 看到這一幕就說：「你想吃什麼就拿。」於是我把每樣食物都放一點到盤子上，還有一小塊雞肉（加了肉汁的米飯、餡料、花椰菜、烤紅糖地瓜 、烤通心粉和起司、玉米、烤牛肉、雞肉和切好的烤小雞、肉捲）。

這些細節對理解家庭文化很管用。看起來孩子們繼續處於一個平行時空，但是田 185
野調查者卻受困了，因為人們邀請她與大人坐在一起。她必須與成年人聊天，而她不能清楚看到小孩子的情況。然而，對此她卻一籌莫展。

> 我稍微聽到孩子們之間講的話，也聽到他們和 Carolyng 說話，但根本聽不清楚在講什麼，因為 Carroll 女士坐在我的右邊，Jody（另一個姑姑）坐在我的左邊，一直找我講話。Jody 先是問我的宗教信仰，我們聊了各種教會與不同程度的表達方式，還有「讚美主！」

訪員在這困住了；她是成年人，因此受邀和大人一起坐，但是，正如她自己所說，「我稍微聽到孩子們之間講的話」，但是，「根本聽不清楚在講什麼」，因為不斷有人問她問題。不過，她還是對吃晚餐的速度（「速度太快」），還有孩子「消失」的速度感到震驚。

> 幾分鐘後，隨著其他人都已就坐，開始請別人把東西傳到他們拿得到的地方，氣氛就比較輕鬆。Carroll 女士和 Dawn（第三位姑姑）輕鬆就吃到第二盤，而我也開始吃通心粉（桌上很多）。然而，我對吃晚餐的速度感到驚訝。沒有一個孩子想吃第二份，大約十分鐘後他們都吃完了，又像進來時一樣迅速消失在餐廳。

筆記中有些非常有趣的發現，她確實受到很大限制，但最好有更多細節關於她從房間另一頭所看見的東西。小孩們都有低頭禱告嗎？小孩有沒有問大人問題？大
186 人是否看了他們一眼或告訴他們注意禮節？祈禱講了什麼？他們一起咯咯笑嗎？電視開著嗎？他們有大聲爭吵嗎？叉子碰到盤子有發出聲響嗎？他們消失後去哪？事實上，孩子自己坐一桌、大人不和他們說話、父母不培養他們的興趣等問題，對於研究計畫來說都非常有趣，但很難有這部分的畫面。

小結：一篇引發更多問題的田野筆記

以初期的訪談來說，這位訪員表現出色，跟著這家人跑了許多地方，也可以和未曾謀面的人在星期天一起吃晚餐，受到全家人的喜愛。這實在是很了不起的成就。她還對家庭提出寶貴的見解，特別是這個家的大人與小孩就是處於平行時空 —— 這個問題是本研究的焦點。她觀察到小孩在冗長的教會禮拜中根本心不在焉，而大人卻相當激動，她還注意到大人在晚

餐時很少與小孩聊天，他們來，吃完飯，迅速消失。由於中產階級家庭（此處不討論）會用問題詢問小孩，並不斷與小孩互動，這項發現令人震驚。

然而，這些筆記未如理想般盡量捕捉到社會動態。特別是，這份筆記未能獲得 Tara 在教堂或家庭晚餐中讓人印象深刻的畫面，也很難知道孩子們究竟在做什麼。我們也無法得知，很多人用力從椅子上站起來，是表情扭曲、開口大笑或嘆大氣，母親與女兒交談時聲音中的憤怒，以及社會行動中情緒和肢體（尤其是臉部）的一般表現。具體來說，儘管祖母和母親之間的關係顯然相當緊張（訪員在每週的工作會議上會提），但這種緊張關係並未出現在筆記中。筆記往往過於關注行動——按照時間順序描寫發生的事——而不看反應——其他人對某人發言的反應，或不行動——當某人講話之後現場一片沉默。事件的時間、情境和餐桌上的實際場景都很難想像。 187
家庭的互動不是從頭到尾的焦點。

豐富的田野筆記

以下這份研究助理寫的田野筆記內容更豐富、更詳細。研究助理 Ashleigh Tyler 是一名白人，當時就讀博士班三年級，雖然她也喜歡開玩笑，但態度略顯拘謹。她掌握一種訣竅，能寫出與眾不同的筆記，內容生動且簡潔。Ashleigh 訪問的是白人中產階級 Handlon 家庭；觀察的主角 Melanie 就讀四年級，還有哥哥 Tommy 讀六年級，Harry 讀八年級，爸爸是會計師。她的母親（學歷是社區大學）在教會當祕書。一家人住在郊區一棟有四間臥室的房子，家裡給人溫馨、放鬆的感覺，而雜物一堆堆散落在家裡，比如洗好未摺的衣服就堆在餐桌上。我們是在十二月造訪，而家裡的聖誕樹裝飾計畫已經停了好幾天，正如 Ashleigh 的筆記所說：

聖誕樹就放在屋子的一角，上頭有燈光和裝飾品。房裡很亂。地板上和椅子上都堆放著一箱箱的裝飾品。聖誕樹周圍放著松樹葉。大多數箱子都被打開，有一半是空的。

Ashleigh 開車去那間房子，而 Ashleigh 和 Handlon 女士 3:15 出門去學校接 Melanie。開車的路上，Handlon 女士抱怨，她今天想和 Melanie 多做點餅乾，但這要看她功課有多少：

「希望 Melanie 今天可以早點寫完功課，我們就可以多做一些。」她補充：「她昨天和她父親一起寫了 4 小時的功課。從三點到七點。我不敢相信老師在週末會出這麼多作業。難道他們沒有生活嗎？」

Melanie 最近寫功課寫得很辛苦，每天都像在打仗。我們在這看到 Handlon 女士試著幫她的女兒做乘法。Melanie 和 Ashleigh 坐在餐桌旁，Melanie 正埋頭寫數學作業：

188 Melanie 手裡緊握鉛筆，邊看書邊看她要寫答案的作業本。Melanie 從桌子前跳起來，拿著作業本走到廚房。我聽到 H 女士說：「加油 Melanie，八乘四是多少？」Melanie 說出錯的答案，H 女士說：「不對，這樣不對。你需要先想想，然後看你是否需要帶更大的數字進來。你最多只能算到七嗎？」我聽到 Melanie 說：「吼！我就是不會。這太難了」H 女士要求她再試一次。Melanie 回到餐廳。

這些筆記的品質很好。有對話。拉長的「吼」表達情感。說 Melanie「跳起來」顯示動作。如果可以知道 H 女士說「不對，這樣不對」的語氣就更理想了。另外，我懷疑 Melanie 在說「我就是不會」時，聲調是在發牢騷。還有一個步驟漏掉了；Melanie 走進廚房後，她肯定把作業簿給媽媽看了；不清楚 Melanie 有沒有說話。

大約 5 分鐘後，H 女士拿著一個馬克杯回到餐廳（加了蜂蜜的溫牛奶），拿給了 Melanie。Melanie 請媽媽幫她，而 H 女士要她自己再試試看。Melanie 說：「我自己試了啊！但我做不出來。」Harry（Melanie 的哥哥）回來了，一路走到餐廳。他直接往 Melaine 頭後面的餅乾罐走過去，拿了一塊餅乾。他接著不耐煩地問：「我們在聽什麼？」然後走到家庭娛樂室（family room），把音樂轉到 FM 廣播。

好消息是，她還是繼續追蹤好幾個人的情況。Harry 討厭那個音樂讓人感興趣。Melanie 繼續拜託人幫忙（雖然我們不知道她的語氣），也不清楚 Handlon 女士有多不耐煩。但田野筆記捕捉到了動作和反應。

筆記繼續： 189

Harry 站在 Melanie 旁邊，拍打著吊燈上懸掛的馴鹿。Melanie 看著他。她開始唱西班牙歌，Harry 開始用西班牙問 Melanie 你叫什麼名字。他花了 5 分鐘與 Melanie 閒聊西班牙語，Melanie 吹噓說她知道怎麼用西班牙語從 1 數到 10。她正確數出這些數字。H 女士在 Melanie 旁邊坐下，Harry 走去客廳。她問 Melanie 進展如何，然後馬上說：「哦！Melanie，看看你。你還在做一樣的事。現在你知道那不管用。再看一遍吧！什麼是 x 乘以 x ？」H 女士手裡抓著一支鉛筆，當 Melanie 開始寫下一題，H 女士有點不耐煩，大力用筆點作業簿。當 Melanie 寫錯，H 女士會重重敲一下，並且說：「再做一次。現在檢查你的功課。」Melanie 寫完題目，然後得意洋洋地說：「我寫對了。」H 女士說：「很好。現在自己再寫兩題。」Melanie 嘟著嘴說：「但我沒辦法自己寫」。

這篇田野筆記捕捉到 Handlon 女士對 Melanie 的失望，包括講話還有肢體動作的訊號。「你知道那不管用」或「不耐煩並大力」用筆點。這是訪談中永遠無法捕捉到的精彩細節。現在回想起來，如果能看一下作業簿的內容，告訴大家確切的數學問題還有錯誤的答案就太好了。當她寫對了，訪員用「得意洋洋」這個詞有助於表達情緒。她或許也可以跟我們說說 Melanie 的表情。

〔寫數學的戲碼上演時，訪員還詳細說明了另一個畫面，Tommy 離開去看電視了（家裡下午不允許看電視），媽媽不耐煩地把電視關掉。
190 她要 Tommy 去看一下自己的功課；Tommy 打電話給朋友，發現今天沒有功課〕。

H 女士回到廚房，我聽到電動攪拌器的聲音。現在是 5：30。

訪員後來私下抱怨，這讓她很難專注，她也懷疑 Melanie 怎麼能在這麼吵的情況下完成作業。在這裡，她詳細記下了噪音。

Tommy 走到客廳，開始彈鋼琴。彈奏的聲音很大，聽起來非常非常生動。廚房裡的攪拌器也在大聲作響。鄉村音樂仍在播放。情況持續約 5 分鐘。然後 Harry 走進家庭休閒室，不久又回到客廳，我聽到鄉村音樂的聲音變得更大。攪拌器、鋼琴和音響等各種聲音混在一塊，就這樣吵了 8 分鐘。Melanie 則依舊用鉛筆在本子上算數學。

這段筆記強調噪音，這樣寫很好。比較理想的作法是探知 Tommy 在播鄉村音樂時想彈什麼。此外，也不清楚為什麼停下來。

H 先生接著問我晚餐是否已有安排，因為「我們煮太多了，想要你留下來一起吃」。我同意而且在 6:05 我們都坐在餐桌前。Melanie 要我坐她旁邊，儘管 Harry 搶了她的座位。Melanie 無力地抗議，他說：「為什麼我不能坐這。我一直坐這裡。」H 女士說：「她想讓 Ashleigh 坐在她旁邊，你就讓給她吧！」廚房的桌子已經擺滿食物坐滿人。有個長長的玻璃烤盤，裡面裝滿去皮的雞胸肉和清澈的醬汁。另一個透明的烤盤裡有貝殼義大利麵，還有一個較小的藍色烤盤裡放著豆子。

由於有作品探討社會階級和品味，晚餐吃什麼對於分析很有幫助。晚餐的筆記幫 191
助我們看到這家人吃什麼。不過，在這個問題上，你還是不太可能引用田野筆記的內容；反之，你只能在本文中稍微整理一下。晚餐開始時，Handlon 先生唸了兒子沒有先幫客人夾菜，這也顯示這家人的社會化。

Tommy 正在給自己弄雞肉，H 先生說：「只幫你自己弄，Tom。」然後 Tommy 馬上把湯匙移到我的盤子並開心地說：「你看到了，我正準備拿給 Ashleigh。」他接著把雞肉放到每個盤子裡。義大利麵的盤子傳來了，豆子也是。Melanie 的盤子裝滿吃的，她母親剛把雞肉切好，門鈴就響了。H 女士說：「嗯！這是給你的，我們會留給你。你可以先放到微波爐裡？」Melanie 按照媽媽的話做，然後你就聽到準備開始上鋼琴課的聲音。

鋼琴老師到了。理想上，最好可以觀察 Melanie 的鋼琴課，但訪員相當有禮貌，她繼續吃晚餐。父親再次提醒兒子，只不過這次是要他帶領大家做餐前禱告。不幸的是，我們沒有聽到 Tommy 整段禱告說了什麼，她也捕捉到一個時刻，一個小孩在父母毫無準備下，就給他們出了一道很費工的學校功課。

每個人的盤子都是滿的，Tommy 已經吃一口雞肉。H 先生說：「Tommy，你可以帶大家禱告嗎？」Tommy 聽到就接著禱告：「豐富我們面前的飲食。」大家就開始吃了。晚餐時間的閒聊主要有 Tommy 宣布他需要寫下母親的巧克力慕斯配方，然後帶到學校分享給全班。他接著說：「哦！對了，媽，我們需要做〔巧克力〕慕斯給 32 個同學。」
192 H 先生和女士顯得錯愕，他們問活動要準備什麼，還有 Tommy 何時知道這個活動。H 女士說她不會做，因為要花不少錢，而且可能有沙門桿菌的問題。兩位家長似乎都被他的要求搞懵了，只是責備他沒有提早一週跟他們說。他們最終選擇以鮮奶油／布丁為折衷方案 。

大約 40 分鐘後，Melanie 蹦蹦跳跳進到廚房，興高采烈地對 Tommy 說：「換你了。」

筆記説明學校活動會給父母多大的麻煩。但是，筆記沒有清楚説到 Tommy 何時需要帶慕斯給 32 位同學。我們也不清楚 Harry 晚餐時在幹嘛。最好有幾句話説明 Handlon 女士抱怨點心要花很多錢。這就是「泛光燈」的例子，而學校功課那一幕就是用「閃光燈」的技巧寫筆記。

筆記接下來描寫 Melanie 加熱食物，她的父母誇獎她彈得好，接著在吃晚餐前，Melanie 突然宣布她第二天需要一套合唱服，而在吃完晚餐前，她「翻遍背包」，拿出另一份學校通知要媽媽簽字。又過了幾分鐘，訪員謝謝他們的晚餐，安排下一次訪問，然後就離開了。這位訪員在那待了很長的時間，超過四小時，而大多數訪問只有三小時左右。根據她的反思筆記，她對她所說的「霸凌」以及混亂的家庭環境，表示非常失望。

這次訪問時間過長且令人心煩，因為我的感官受到太多刺激。按照事件的時間順序回想發生過的事，我把大聲播放的音樂作為一個路標。

> 至於 Melanie 寫功課的部分，我感到很困擾，因為在她「努力」的 50 分鐘裡，我想她只寫了 2 題。她顯然受到房子各種吵雜的聲音所影響而寫得更慢。在我訪問期間，我根本連一次正確的乘法答案都沒聽到。
>
> 我很驚訝她讀書的區域這麼狹窄。…… 我也被 H 女士經常以霸道且 193
> 讓人洩氣的方式插手干預嚇到。她似乎是鐵了心要把乘法表敲進去……有些事在這裡似乎受到誤導而看不到希望。從 H 女士在車上的說法，到連珠砲般的乘法表，幫助 Melanie 的努力似乎打不中目標，只會使問題更加偏離。Melanie 顯然想依靠「我就是不會」這句話，即使是一件簡單的事。沒人插手並說「你辦得到」。Handlon 家的活動似乎普遍處於一種無力的狀態。

訪員相當沮喪，而反思筆記也給了她一吐為快的空間。但是，這裡也有一些值得討論的重點。她點出 Melanie 寫作業的地方有多不符合她的需求，媽媽對女兒的沮喪與無效的糾纏，以及整個家「隨波逐流」的本質。這些主題都相當可貴，也有助於進一步說明。當然，雖然研究者經常對受訪者感到失望，你要理解這種感受，並且試著讓它消失。你也應該試著從他們的角度來理解情況。我們要盡一切可能，打從心底尊敬研究對象的行動。我們不能藐視他們。

在一個不同的時間點，也就是每週的會議上，我分享自己用田野筆記寫的分析筆記，說明中產階級撫養孩子的勞動密集型模式，有可能給孩子帶來不幸。這些想法最終形成對父母如何與學校合作的分析。我在書中說明中產階級的父母如何取得優勢，但以 Handlon 這個家庭來說，家庭和學校之間有各種緊張關係和困難。分析筆記的重點是把資料拿來與以前的文獻對話，以突出研究的新貢獻，藉此回答「所以呢？」這個問題。相比之下，田野反思是發洩情緒的機會，反思你觀察到的東西（尤其是對你所見事物的反應和內心的判斷，以反映你的立場），並對資料蒐集思索寶貴的下一步。

結論：嚴謹、果斷以及寫出優質的田野筆記

寫出詳細、生動的田野筆記是一種技巧，而且是你可以學的技巧。泛泛談論或模糊不清的田野筆記，經常會有突出的部分。因此，我們的目標是不斷寫出可以拿來做優質筆記的細節。換句話說，做出精彩田野筆記的能力，並不需要一種罕見、與生俱來的才能。我見過很多人學會怎麼做筆記。一般來說，如果新手能持續得到鉅細靡遺的反饋，他們的田野筆記只要做幾次就會進步。因此，這裡學到的第一課，是當你動手做參與觀察，你要馬上向外尋求重要的意見。第一次造訪時，你會有全新的觀點，目睹你後來才認為是理所當然的情況。尋求幫助；把你的筆記拿給更有經驗的民族誌專家看。然後，寫更多的筆記，再把新的筆記給別人看以取得反饋。正如訪談的前十五分鐘是一段重要的時間，剛開始走訪一個研究地點也是特殊的時間，會帶給你珍貴的想法。

寫田野筆記與參與觀察的興奮感和壓力不同。即使你很累，心情不好，或根本就不喜歡，你也需要寫。你必須寫筆記而不是和別人一起玩、放鬆或和朋友出去找樂子。做筆記很沉悶，因為要花幾個小時來敘述你所經歷的事。讓複雜的社會事件躍然紙上也是極為艱巨的挑戰。事實上，日復一日寫田野筆記，不省略任何步驟，需要極大的「精神力量」，但這是你需要信守的嚴格承諾。你在田野裡待的時間越長，你就會對事情習以為常，而且會受到強烈的誘惑想訴說，例如「Melanie 和她媽媽又有一場家庭作業大戰」。但這會是個錯誤，因為栩栩如生的細節可以帶來研究的深度。隨著你了解更多，與人聊得更多，讀得更多，焦點更集中，你的觀點也會改變。寫田野筆記的目的是用文字表達你的經驗，如此一來別人也能身歷其境，儘管方式有所不同，就像你對他們展示你的資料。思考你的資料是一項持續的任務，一旦你手頭有了所有資料，你就可以用嶄新且原創的方式來反思自己的資料。這就是我們在下一章要討論的主題。

8 資料分析 163

邊走邊想

做量化研究時，研究者必須等到資料輸入、資料清理和其他相關工作完成後才能做資料分析。同樣地，對於訪談和參與觀察的資料，當你所有資料都到位後，會有一個特別的階段，你要仔細檢查手上的資料，找出資料中的漏洞，提煉論點，並考慮自己的論點是否完整。正式的編碼是整個過程很重要的一環——無論是否有軟體程式（正如我底下的討論）。

但質化研究中的資料分析也會**貫穿**整個過程。畢竟，正如第 1 章所說，你會有個浮現中與不斷演變的焦點。資料蒐集從頭到尾，你要提煉一開始的問題，評估不斷浮現的結果，思索對立解釋，並進一步深化你的焦點。當你閱讀逐字稿和田野筆記，甚至在你寫作之際，你也在思考。這非常「囉唆」——也就表示工作不斷重複，一再循環，協助你看資料、反思、再看……。這個過程有助於你獲得洞見。[1] 事實上，這也是這種研究方法的優勢——你可以在新問題浮現時就處理，你也可以發現一些全新、原創的事。如果你做了幾次訪談或做了幾週觀察後，反思了自己的研究目標，就有助於你對這場「零和競賽」的資料蒐集設定優先次序。你根本不可能把全部有趣的東西一網打盡。你也可以問自己一些難以回答的問題：你浮現的結論是否為合理的詮釋，是否獲得資料的有力支持，以及是否有其他方法來詮釋
你看到的東西。這緊接著會觸發更多資料蒐集，讓你更聚焦也有更多反思。 196
研究開始前，研究問題的明確程度（specificity）有很大的不同，研究的目

標也不同，正如第 2 章所說，有的是對社會過程做出豐富描述，有的是解決一個具體的理論問題。

記住，普遍的想法是，這段旅程會從研究主題（topic）轉向研究問題（question）。研究主題是一個題目（subject）。它是一個調查的領域（例如，研究監獄中的女性、無家者、糧食匱乏、兒童活動或警察的種族歧視）。你的研究主題可能令人興奮，但你沒有研究問題，也無法提出可能的答案。反之，當你有個研究問題，你是在問一個你沒有答案的問題（例如，父母的社會階級如何影響小孩的撫養？監獄中與她們的孩子分開的母親經歷了什麼？暴力的威脅如何影響無家者的經驗？或者組織文化如何影響警方過度使用武力）。一般來說，一個研究問題有許多可能的答案，換句話說，會有多種相互競爭的解釋。隨著時間過去，研究問題和概念對你來說變得更加清晰，也更加細緻。在這裡，你對你學科中所景仰的理論概念可以是一盞指路明燈。這種理論辯論，以及你為了提升辯論內容而做的努力，可以引導和限制資料蒐集、資料分析與寫作。如果你能記住自己所關注的文獻局限性，你掌握的資料，以及你覺得令人興奮和有趣的概念，將會很有幫助。你回答「所以呢？」這個問題的目標會引導整個過程。

主題與問題

研究的題目在主題中很重要。

反之，研究問題是問一個問題。

研究問題有許多答案相互辯論。

正如我們所見，資料蒐集充滿挑戰，令人精疲力竭，而且很難隨時做好資料管理、謄錄逐字稿和田野筆記。由於諸事繁雜，研究人員有時難免只專注於資料蒐集。但過於集中在資料蒐集要付出代價：你可能會忘記思考。

在這一章，我會討論釐清研究焦點的關鍵步驟和技巧。[2] 這些技巧在資料蒐集階段非常寶貴。此外，一旦資料蒐集完成，你要透過「深入」（going） 197
和「站遠」（stepping back）做出正式的編碼。隨著資料分析往前走，寫作和資料分析的界限變得模糊，因為寫作過程的每個階段，編輯受訪者的話與你的分析目標已千絲萬縷。從頭到尾，你要「傾聽」你的資料，而不是把自己的想法強加在資料上。本章最後一部分強調，如何把原始訪談逐字稿轉化為編輯過的引文。雖然這部分無疑可作為下一章討論寫作的一部分，但在編輯引文時有相當多的資料分析和思考，因此我把它放在這章。

本章並未涉及理論與資料間的關係，其他人對此已有廣泛討論，而且各學科之間也大不相同。[3] 關注理論的民族誌學者，如 Michael Burawoy 所聲稱：「我們需要一些預設、問題、概念、編碼框架——**理論**，以這個字最普通的定義來說，才能使這一切有意義。理論告訴我們應該尋找什麼……一套**好**的理論會做預測並帶來驚奇。社會科學家的最終目標是……從個案中學習，進而擴大科學知識。」[4] 當然，其他社會科學家有不同的方法。不考慮理論的角色，質化研究者面臨一些實務上的挑戰，包括如何管理蒐集到的資料。

如何處理資料？

一般來說，在研究結束時，你會悠游在資料中（但諷刺的是，有時你仍會驚慌失措，認為自己可能漏掉什麼，需要更多的資料）。每次田野考察通常會寫下至少十頁（單行間距）的筆記。此外，大多數人都會蒐集各種文件做分析。許多博士生坐下來進入正式編碼階段時，已累積了一千到四千頁的田野筆記和訪談記錄。

因此，我再說一遍：你必須邊做邊想。訪談到了一半至三分之二時，你會希望自己的研究已經聚焦。進入蒐集資料的最後三分之一階段，你理想上應該對研究目的、研究問題、研究中使用的關鍵概念，以及你認為可以大力支持你立論的證據，有相對清楚的認識。

正如我們所見，計畫有大有小。我大學部的學生經常被他們一學期之
198 內，四次訪談後的八到十份田野筆記資料數量嚇到。在一門課，你可能會為了寫學科論文做五次訪談，或是一週去訪問一次，而在碩士的報告，你可能要做 25 或 30 次訪談，或一整個學期的觀察。研究的規模如果更大，你就要做得更多。但讓我們想像一下，八個月左右的時間，你每週大約訪問兩次，但有時你每週去三次，目標是總共訪問 65 到 75 次。如果只做一次訪談就進入研究問題可能太早，但在 10 次拜訪（超過三週）與 5 次訪談（看哪個先做到）後，你要開始找到重心。研究計畫的聚焦需要一段時間，但你要努力做到。有一部分重點取決於你所關心的文獻（後頭會詳細討論）。你的研究焦點應該取決於民族誌研究中讓你驚訝的事，你感到興奮的事，以及你覺得自己所掌握的重要事情。你要一邊做，一邊紀錄想法的發展。

正如前幾章所說，你在蒐集資料的過程中要固定寫「分析筆記」，反思你掌握的東西，為什麼這可能很重要，還有它如何與其他研究「對話」，以及你接下來需要做什麼。寫這些比較很難，甚至很痛苦，因為它們把你從專注在經驗細節中拉出來，逼你反思整體圖像（或者，換句話說，它們把你的注意力從手中的樹葉，轉移去思考更廣闊的森林）。在資料蒐集過程中，你要不時回頭閱讀你每一份分析筆記；每次重新檢視後要寫一份新的筆記，談談你對研究的事浮現了什麼想法。

提煉你的研究問題與浮現中的論點

你如何決定？

一個練習方法是，拿出一張白紙寫下你想到的所有研究問題。不要評斷。儘管寫下一個又一個問題。寫完後先放在一邊，過一陣子再回來看。根

據問題或主題的大小安排這些問題。因此，你可以從 10 到 20 個不同的問題開始，然後再縮小到大約 3 到 6 個不同而視野較大的研究問題[5]。你要一直走下去，最終落到一個問題，**那個**最重要的問題，以及一些次要的問題。 199
選出最有趣的問題端視各種因素：你對什麼感興趣？什麼事新鮮？你知道什麼文獻？你關心什麼？其他人覺得有趣的事，以及你在哪裡掌握最多資料。大多數研究可以朝著不同方向走（正如你可以在不同的地方度假，有許多不同的興趣，甚至對截然不同的職業感到滿意）。沒有一個完美的選擇。

要釐清你在一個計畫中做什麼並不容易。你為什麼要這樣做？你希望能學到什麼？其他學者發現什麼？有時你可能覺得自己什麼都沒看到。你可能認為全部都不有趣。正如方框所說，和他人聊天並聽取他人的反饋很管用，因為研究人員在資料中陷得太深時會有盲點。大家組織一個寫作小組，每隔一段時間聽一些建設性的意見會很有幫助，也可以主動說要去隔壁的系報告，或是到某個班級做這個主題的演講，或是辦一場討論「初步想法」的工作坊，創造一個定期接收反饋的環境。雖然自我批評在研究過程的其他時間點會有幫助，但現在不是自我批評的時候。提出你的想法，然後聽取同事、朋友或其他願意花時間幫你找到焦點的人有什麼看法。你不希望一個想法在有機會發展之前就被摧毀。

最終，你希望帶著理論的立場（或「命題」）來到研究焦點，一方面有資料的充分支持，另一方面又能為田野增添新的內容。在這個過程中，我們很容易就在不同的研究問題之間跳來跳去。在邁向最終目標的旅程中，難免會遇到死胡同和挫折。例如，我發現自己開頭的可能答案過於籠統，有些過於狹隘。有些問題很有趣，有原創性，很重要，但不幸的是，這些問題無法以我蒐集的資料做出回答。一開始走錯可說是常態。對某些人來說，特別是在學校習慣有好成績並把生活安排得有條不紊的人，田野調查的混亂和不確定性會引發焦慮。如果有這種情況，你要認清整個過程有時間限制，並且始終相信自己**終將**找到研究的焦點。到了某個時間點，隨著你不斷蒐

集資料、反思並與其他人聊天，你通常可以找到適合你的研究問題。為了
200 有自己的視角（perspective），往後站一步，考慮研究之路的整體圖像。為什麼獲得能夠貼近和拉開的視角很重要呢？

思考的方法

- 跟朋友說你看到什麼。
- 在日記中寫下關鍵的主題。
- 讀一篇文章然後寫下筆記，說明你的結果與文章有何異同。
- 做任何在過去有助於你思考問題的事。

首先，你要想辦法反思你從田野考察中學到的東西。從看似雜亂無章的內容中尋找關鍵主題。**你正試圖弄清楚你到目前為止學到了什麼**。

第二，記住文獻的說法，並把焦點放在你的第一要務。**換句話說，你正試圖確定自己的對話者**。例如，研究社會網路、工人及勞動過程、社區活動、時間使用、身分認同、工作與家庭平衡或其他主題的人，可能會對一組資料——例如共同工作空間的參與觀察——感興趣。[6]

第三，嘗試用你的資料證明，證明既有文獻的概念化是不恰當與不完整的。找出你對「所以呢？」這個問題的貢獻。**你的目標是點出你想修正文獻中的什麼問題**。

例子：從眾多可能性中選擇一個研究問題

一組資料可以在許多不同次領域做出貢獻，並回答各種不同問題。正如 Howard Becker 所說：「沒有一個正確的方法」。[7]

只有你能決定要在這裡做什麼。你的決定不是嚴格意義上的理性選擇，而是一種「心」的聯繫，因為你要分辨吸引你去調查的主題是什麼。此外，我們也常看到，開始一個計畫時是期望找到 A，最後卻發現 B。進入一個田

野之前的想法往往不完整或不完全正確。

舉個例子，我在大學部民族誌方法的課程中認識 Rob Lyons（化名），這位 20 多歲的白人男性，想多學一些社會學知識而來旁聽我的課。他大學畢業後到了一個無家者的收容所服務，所以他能做田野調查的時間有限。當 201
Rob 和我見面討論他邊上班可以邊做什麼研究時，我剛好提到自己對不同社會階級是否影響寵物主人如何對待自己的狗感興趣。自從我那本討論社會階級與兒童撫養的書出版後，不斷有人跟我說他們看到中產階級的狗主人對狗講道理與懇求：「嘿！ Fido，耐心點。等我做完家事就帶你出去走走，好嗎？」這與他們養育孩子的方式類似。相比之下，工人階級的狗主人是給狗下指令：「別鬧了。」此外，雖然家庭社會學家並未充分考慮將狗納入家庭的定義中，但對許多小孩和家長來說，狗是家庭不可或缺的一分子。Rob 對這個想法很感興趣，決定到公園做狗的觀察。他還提交了一份 IRB 申請，獲得批准對狗主人做訪談與貼身觀察。

做了四次訪談後，Rob 和未婚妻同意一起收養鬥牛犬，記錄與狗的互動，並來到當地公園做參與者觀察，他也和我一起思考他所了解的情況。他發現在一些家庭中，社會階級背景不同的狗「父母」對如何養狗這方面有衝突。有些人比較放縱，其他人則不然。這些差異似乎與養什麼品種的狗或其他涉及家庭的因素無關（例如，主人是否在家工作或白天房子沒人在家）。正如 Elijah Anderson 在之前的作品所闡述，他還發現在階級與種族混雜的社區中，黑人和白人之間圍繞著狗出現緊張關係。[8] 他和未婚妻兩人會花時間和這隻「扶養的狗」散步玩耍，但是當他走路或開車帶著鬥牛犬時，他（一個白人）遇到的種族衝突（例如，被瞪、街上刻意避開，還有司機大吼「讓狗冷靜下來，白人男孩」）多過他住在當地多年所遇到的衝突（他這裡指的是文獻，雖然他也想不到有什麼和 Anderson 所證明的不同）。隨著他蒐集的資料越來越多，他也對人格（personhood）和「公民身分」（citizenship）的概念越來越感興趣。他每天去無家者收容所的路上，注意到孩子們被關到小房間裡，不允許他們在收容所的大廳閒逛。也沒有讓孩子去運動或到202 外頭透透氣的必要。相比之下，狗主人非常重視寵物到外頭跑跑的需求。推動狗有合法權利的運動蓬勃發展；以最近的法庭案件為例，狗在主人去世後也有律師。[9] 他還訪問了一位狗主人，她說自己的狗是她生活中最重要的「人」。

簡而言之，Rob 的計畫馬上朝不同方向發展：寵物如何讓階級背景不同的夫妻出現更嚴重的階級衝突（這點在婚姻中的階級衝突研究並未觸及），管好寵物如何成為異質（heterogeneous）社區中種族關係緊張的爆發點，以及如何利用寵物所有權來檢視人格和公民身分的概念（例如，狗作為人的社會建構、賦予狗權利和特權、比較賦予狗和小孩的特權）。還有個問題，我們要「如何定義家庭」，並建議寵物應該屬於家人的一部分。這些分析問題裡的每一個都涉及過去不同的研究（例如階級和日常生活、種族和城市生活、社會裡的動物、童年，還有公民身分的政治概念）。這些都很有趣，但又不同。此外，選擇其中一個而不是另外一個也毫無邏輯上的理由。不過，他特別著迷於公民身分這個概念，他失望的是公民身分的研究沒有完全捕捉到對兒童權利和需求的限制，以及動物權利的強烈（和不斷增長的）意識。然而，這種取徑把他帶入法律地位變化的歷史分析，還有探討狗和小孩的民族誌作品當中。

最後，Rob 決定關注公民身分的問題，研究也把他帶入政治社會學的文獻，同時把家庭社會學的文獻拋在腦後。他的問題逐漸聚焦，問出：「從自由行動、社會互動以及戶外活動的權利來看，狗和小孩被賦予什麼權利？」之後，他修正自己的資料蒐集來解決這個問題。

闡述這些問題與呈現選擇的過程，對 Rob 來說不容易，因為他經常被各種不同的想法和問題搞到頭暈腦漲。藉著寫反思和分析筆記，到課堂報告，並與我討論難題，他發現各種路徑越來越清晰。有時候，研究者未能看到自己預期的現象就會感到不踏實及困惑。當你調整到新的主題，選擇主題時「省小錢與花大錢」是個錯誤，因為你已經在一個領域讀了 10 篇到 20 篇文章，而你對另一個領域卻不太熟悉。

如果資料讓你打退堂鼓，或一開始看起來似乎不怎麼有趣，你要怎麼辦？找其他人——積極、學識淵博懂得正面批評的人——聊聊會有所幫助。以我一名學生為例，我說明自己對研究中逐漸浮現的發現有何理解，並且說出我覺得文獻中有個問題未能觸及。換句話說，我挑出幾個我認為令人興奮的內容，來幫助學生聚焦。

還有嗎？你應該對研究主題充滿興趣、好奇、興奮，並抱持開放態度；當你開始研究時，對於研究問題你**不該知道答案**。你可以有預感，但如果開始一項研究是因為你「知道」有些事是真的而你想加以證明，那就錯了。理想情況下，答案要不清楚，而你將掌握可能挑戰你最深層信念的東西。你應該欽佩這個研究領域一些堪稱模範的作品（即使寫出這部作品的研究，來自一個研究領域和你八竿子打不著的人），而你會想效法作品中所採取的研究方法。但請記住，你一輩子不會只做這項研究。它應該相當有趣，但未必要完美。

其他領域的類似例子

不只學術研究要選擇焦點、論點和分析。這種決策也發生在其他情況，包括藝術。許多藝術形式——建築、舞蹈、歌劇、饒舌歌和電影——都在講述故事。當故事有焦點就更令人滿意。然而，焦點可能很難實現。電影導演科波拉（Francis Ford Coppola）在一次電台訪問中，回想他對《教父》（The Godfather）最後一幕的決定：Michael 走進一場登上頂峰成為新教父的聚會時，門在 Michael 妻子面前關上。[10] 科波拉的解釋顯示民族誌研究裡的一些重要決定和藝術創作類似。

> 我拍電影一定會有一個主題，如果可以最好是一個詞——當我拍《竊聽奇謀》（The Conversation）時，主題是是隱私。當我拍《教父》時，主題是繼承。

204 科波拉表示他會用一個字的主題引導電影拍攝。了解主題有助於他做出無數的決定：

> 〔身為一名電影導演〕你每天都要回答許多問題，比如她應該留長髮還是短髮？她應該穿洋裝還是裙子？他應該開車還是騎腳踏車？你知道答案，所以你直接這樣做。但有時候，你毫無頭緒。這時你就會說：「嗯！主題是什麼？」

這個主題會幫助他知道自己在做什麼。

> 所以你的主題，以《教父》來說就是繼承，我會知道我只是在講一個關於繼承的故事——有個國王，他有三個兒子……我就會知道……自己在做什麼。

> 當我拍電影的時候，我需要有個主題……〔在〕《教父》裡的主題就是繼承。
>
> 科波拉
>
> 電影導演

在訪談和參與觀察中，如果你知道自己在做什麼，為研究主題設定一個關鍵詞，有助於你做出大大小小的決定——觀察什麼、讀什麼、探詢什麼，以及最後如何講述你的故事。在蒐集資料的過程中，你慢慢地、一步步整理出研究的本質。來到研究核心，你就不用再管其他可能性（你有可能在未來做這些研究）。但你正試圖釐清過去的研究出了什麼問題，關注你最優先的選項，並且釐清你作品的重要性（見表2.2知識旅程的各個步驟）總而言之，你正在尋找自我的認識：你是誰，還有你的研究目標在哪裡。一旦你弄清楚這點，做出其他的決定將會更容易。

結合研究問題和資料蒐集

隨著你找到研究焦點，就要確定你可以用正在蒐集的資料，回答關鍵的研究問題與其他次要問題。如果這兩個兜不起來，**更改研究問題比更改** 205
研究地點來得簡單（有些人得知你隨著研究進行已做出改變會感到不安，但他們可能是不了解質化研究的現實）。這種方法的優點，就是可以調整資料的蒐集。除此之外，研究目標不是整理樣本中行為出現的次數；反之，目標是要建立新的知識。你想讓自己的說法紮根。有時候，你可以藉著使用好幾種不同的研究取徑展示一種樣態——各種人與不同形式的證據（例如，觀察、訪談、文件或政策）。如我以下所說，你也應該認真思考你有可能搞錯了，應該思考其他解釋，並且尋找證據，推翻你腦中浮現的想法。

例如，我有一個大學部的學生想研究合法移民對非法移民的態度。為了回答這個問題，他開始到一家服務移民的非盈利機構當志工，並且還參加無證移民團體的會議，規劃集會抗議反移民的立法。這個團體裡有幾個合法移民，但大多數都是沒有證件的移民。因此，他非常想比較有證件和無證件的移民，卻因為這個團體的組成而受到阻礙。他立即在這個團體了解到許多有趣的事，像是無證移民的雙親一旦意外遭到驅逐出境，要怎麼找到人照顧他們在美國出生的孩子（這些孩子的美國公民身分受《憲法》第十四條修正案保護）。但這個計畫有些問題（包括倫理問題）。[11] 其中一個挑戰，是他無法透過資料蒐集了解合法移民對非法移民的態度。他需要改變研究問題或改變資料蒐集的方式。例如，他可以試著了解促進或阻礙政治行動的因素。

他也可以觀察非營利組織工作人員的經驗，看他們在低薪、法律支持不足，以及組織情況混亂之下，如何服務需要的人群。因為擔心能否接觸到這些新群體，而且完成計畫的時間有限，他不願意改變研究問題或資料蒐集。他的論文最終無法有足夠的資料支持他的說法。

206

結合研究問題和文獻：誰是「自己人」？

有助於你準確框構研究問題的文獻，幾乎都是採用類似方法的文獻。確切地說，量化研究能顯示因素和結果之間的關係，但假如沒有清楚解釋因果之間的機制，它們就會留下為什麼這個關係存在的「黑箱」。相對的，質化研究可以提供強調需要多了解過程或機制的結果。這個漏洞（hole）很重要，但它只是你研究的第一步。看看你所在領域的研究者對現存機制的**概念化**（conceptualized），就能深入闡述文獻的不足之處。這意味著要思考其他也使用訪談和參與觀察的作品。

以階級和養育小孩的文獻為例，近年來社會階級（根據母親的教育程度、社會經濟地位指數或收入來定義）教養的差距到底是擴大、維持不變或縮小，存在爭議。許多研究表明，父母的教育程度和孩子的學習成就之間有關聯。其他研究顯示，因階級不同會表現出各種養育小孩的方式，像是與小孩在一起的時間、共讀、讓兒童參加課外活動、限制看電視，以及參與其他發展活動。對調查者來說，父母表現上述行為的頻率是很好的問題，儘管這些行為也受到社會期待的影響。[12] 老實說，質化研究者會認為這是糟糕的問題，因為在一個少數、非隨機的樣本中，整理一件事發生的頻率不能證明什麼。此外，許多量化研究也很難從概念上解釋，為什麼兩個因素之間有聯繫。量化研究者只能簡單呼籲做過程研究，這無助於概念化這些精確的過程。

質化研究經常能幫我們克服文獻中的概念缺陷。以扶養小孩的研究為例，我們可以掌握規範性理想（例如家長在家裡話說了算）與現實（例如小孩會在不同時間抗拒、破壞和羞辱父母）之間的差距。或者，許多家庭理想上信奉要對每個小孩一視同仁，但在一些家庭中，有些孩子就是得天獨厚。 207 質化研究可以說明權威關係、異化、無力感、身分認同，以及日常生活中的其他重要過程。例如，Dawn Dow 的研究說明，在黑人中產階級母親養育孩子的過程中，為了避免小孩受到種族歧視所採取的策略存在差異。[13] 他挑戰階級與扶養小孩的模式，證明差異比過去的認知還大。因此，在動手研究之前，你應該看看其他質化研究（或是實驗和量化研究），了解這兩個因素（也就是變數）間的關係。父母如何理解自己的孩子需要什麼？例如，渴望（aspiration）這個概念有意義嗎？它是否捕捉到日常生活？家長是否像有些人說的，在中產階級的孩子中宣揚一種天經地義的感覺（a sense of entitlement）？你在這要閱讀其他討論母職、小孩教養或小孩日常生活的質化研究，並把評論集中在相同過程的其他研究上。你的評論是種「布局」，證明我們對這個主題的理解有個漏洞，而你的研究是要填補這個漏洞。有時，研究同一個過程可能會帶你進入一個截然不同的具體領域。例如，為了了解監獄中管理人員和囚犯之間的關係，你可以研究其他「全控機構」（total institution），像是軍隊以及軍官與士兵之間的關係。軍隊和監獄的環境並不相同，但研究軍隊也可以揭示權力的變化。簡而言之，你要觀察鑲嵌在研究中的行為中，明確的或隱含的概念化。有時，關鍵問題的討論相當表面，或根本就遭到忽視。文獻中關鍵機制的概念化不足，是思考新研究的好起點。一個好的問題有部分來自於你對文獻的理解。

問題是當你回顧文獻時，很容易就被文獻淹沒。相關的研究不知凡幾。

乍看之下，似乎要花幾個月的時間才能讀完。如果你把所有時間都用來讀文獻，研究又怎麼做得完呢？ Howard Becker 說這是「被文獻嚇倒」。但請繼續閱讀，寫備忘錄，並且傾聽自己的聲音，判斷哪些主題你覺得最有趣（注意，重點是**你**，而不是其他人，包括你的教授、父母、另一半等）。

208 思考你最清楚但也是想要了解更多的領域。你可能會想是否有任何專業優勢（例如走下去有更好的機會），來選擇這個問題而不是另一個問題。此外，即使你已經想過所有的因素，勢必還要有所取捨。我要再說一遍：沒有一個對的方法。

卡住了嗎？寫筆記！

當你寫研究結果時，你可能會發現自己日復一日像鬼打牆。花點時間，反思自己的寫作，有助於你重新取得寫作的動能。試著寫下一點筆記，清楚點出為什麼你會卡住，還有你怎麼克服這一切。你可以用一些問題，像是：我開始寫這份初稿時，我想達到什麼？沒做到什麼？為什麼？你有可能尋求其他路徑嗎？如果你可以，請和同事、朋友或導師分享與討論你的筆記。

Benjamin Shestakofsky

《創投資本主義》（*Venture Capitalism*）

尋求反饋

雖然看起來有點太早，當你資料分析到一半，並試圖提出一個新論點時，尋求反饋與其他觀點是很好的想法。為什麼？你想確定自己所框構的研究問題很重要，是其他人也在意的真問題，並且是建立在一個文獻的空白處。你也想進一步提出自己暫時的說法——浮現的觀點——是完整的。你需要準備好迎接負面與正面的反饋。我其中一位學生的論文收到的期刊審查意見如下：

> 作者這裡針對的是空氣……除了幾個教條式的說法，我不認為有人會真的相信這一點。

同樣地，另一個學生收到這樣的批評：「作者所追求的理論貢獻，理論上不如文章所提的新穎」。或是像我在一篇合著文章所收到的審查意見：「這個論點頗為單薄。基本上，論文認為中產階級的家長可以且確實為他們的孩子投注集體努力。這點不令人驚訝，也不像他們所說的那樣有新意。本文的文獻回顧和概念深度都很狹窄」。[14] 因此，這就像童話故事金髮姑娘與三隻熊（Goldilocks and the Three Bears），你不希望概念觀點談得過於狹隘，也不希望論點過於廣泛；反之，你想要一個「恰到好處」的概念架構 209
和貢獻。你的朋友，還有對你的評論，有助於你釐清自己何時已恰到好處。但我跟你保證，你通常不會在第一次、第二次，甚至第三次嘗試的時候就成功。找到一個「更好、更強、更有趣也更重要的」問題再加以框構，可說是隨時間演進的過程。[15] 當你不再聽到（來自老師、同儕和審查人的）批評，說你的「貢獻需要有進一步發展」，這時就完成了。但是，你一邊蒐集資料，最好能一邊把問題框構下來，你就可以添加更多資料，並尋找反面證據，即時「檢證」自己的想法。正如 Luker 指出，她知道有些人「確實很需要、用來超越詭辯以抓住論點的一段資訊（或一批資料），就在原來的田野，而他們不知道自己需要，或它消失了，或他們沒能力再回去了。」[16] 她還強調思考在整個過程中的重要性並指出：如果有些研究者在過程中深入思考，他們所蒐集的資料就有可能遠大於自己所需。

因此，你的知識之旅（第 2 章點出）包括思考、評估、釐清幾條可能的路徑，並落腳在適合你的路徑。大多數傑出的研究背後都有個紮實的批評。一旦你有了這個批判和焦點，你就會據此調整資料的蒐集。

正式的編碼階段：深入並往後退一步

當你拿到資料後，「從頭開始」和重新開始系統性分析資料會很有幫助。資料分析有好幾個目標，目標之間有時還相互矛盾。一方面，資料分析時你想真正**深入**資料。你要非常熟悉你的每份筆記，還有每個人在訪談中說了什麼，以及你學到的東西有哪些細微的差別和意義的深淺。掌握這一切的最好方法是，閱讀筆記和逐字稿，反覆聽錄音檔（像騎車或洗碗時）。另一方面，你也想**往後**退一步進行反思，藉此獲得觀點。透過尋找共同主題、反面的證據和趨勢，從局部找出整體圖像。反思你的研究與文獻裡的一
210 個或一組觀念的連結或挑戰（你想要修正與挑戰的文獻）。做資料的編碼可以幫助你仔細思考自己的證據，看看哪部分有大量證據，哪部分證據不足；也可以幫助你尋找反駁自己的證據。[17]

編碼方案的例子

我們通常不清楚自己編碼時應該分幾類，而且很容易覺得類別太少或太多。每項研究都是獨一無二，但為了讓你了解編碼方案的大小和範圍怎麼做好，我在 Benjamin Shestakofsky 的同意下，分享他為《創投資本主義：新創公司、技術與工作的未來》（*Venture Capitalism: Startups, Technology, and the Future of Work*）這本書做民族誌研究時建立的編碼系統。這本書的焦點是 AllDone 這家軟體公司的組織變化，這是一個線上市集，為攝影師和水電工等服務，跟當地社區的客人牽線。整整十九個月，Shestakofsky 在三個地方做了參與觀察。他主要在舊金山的總部工作（那裡做軟體開發），但他也訪問了菲律賓（負責後臺資訊處理工作）和拉斯維加斯（提供客戶服務）的工人，並以公司員工的身分與他們密切合作。Shestakofsky 的編碼有五個主要類別。ACROSS，記錄不同地點工人互動的情況，ME（用於他自己的想法和反思），以及每個地點一個編碼，SF（舊金山），P（菲律賓）和 LV（拉斯維加斯）。然後，每個大類別下都有小類，以 ACROSS 這個編碼為例：

ACROSS：文化衝突；ACROSS：情感；ACROSS：情感：興奮；ACROSS：情感：關係工作；ACROSS：禮物；ACROSS：會議；ACROSS：現身（Physicality）；ACROSS：特權；ACROSS：臆測。

此外，他還為這三個地方另外建立代碼（呈現在表 8.1 中）。全書關鍵在於，創投資本家渴望迅速回本，會製造創新的誘因。不斷追求創新影響舊金山、菲律賓和拉斯維加斯三地的工人。由於持續創新的影響在每個地方都不同，他特別設定不同的編碼方案，以反映每個地方獨特的證據（讓

表 8.1　Shestakofsky 研究三地（舊金山、菲律賓、拉斯維加斯）公司所使用的代碼 211

SF: 履歷	P: 履歷	LV: 焦慮
SF: 承包商與本地外包	P: 其中工作的比較	LV: 履歷
SF: 成本	P: 衝突	LV: 魅力領導
SF: 實驗的文化	P: 組織變化的結果	LV: 衝突
SF: 人的描述	P: 成本	LV: 食物
SF: 興奮	P: 文化	LV: 性別
SF: 有趣	P: 下游	LV: 艱困
SF: 性別	P: 情緒	LV: 缺乏組織知識
SF: 禮物	P: 情緒：相關的工作	LV: 士氣
SF: 目標與未來與創投	P: 家庭：緊張	LV: 組織結構
SF: 成長	P: 性別	LV: 拒絕改變
SF: 雇用	P: 感激	LV:SF: 看得見
SF: 忽略 P 與 LV	P: 被 SF 忽略	LV: 臆測
SF: 創新	P: 看不見	LV: 團對成員：描述
SF: 創新：自動化	P: 缺乏組織的知識	LV: 技術恐懼（Technophobes）
SF: 創新：例行化	P: 愛	LV: SF 的觀點
SF:LV: 看不見	P:LV: 禮物	LV: 工作時數
SF: 激勵	P: 會議	LV: 工作空間
SF: 連結	P: 轉型的描述	LV: 勞動力統計
SF: 辦公室環境	P: 組織結構	
SF: 樂觀主義	P: 績效	

SF:P: 成本	P: 優先事務	
SF:P: 性別	P: 招募	
212 SF:P: 相關的工作	P: 反向代替	
SF: 派對	P:SF: 禮物	
SF: 政治	P:SF: 相關的工作	
SF: 特權	P: 寫作團隊	
SF: 招募	P: 調查團隊	
SF: 相關的工作	P: 匹配團隊	
SF: 場景	P: 訓練	
SF: 臆測	P: 不穩定的自己	
SF: 資本主義的看法	P:SF 的看不見	
SF:LV 的看法	P: 在家工作	
SF: ME 的看法	P: 工作時數	
SF: P 的看法		
SF: 工作時數		

他可以挖得更深），同時還有「Across」編碼，反應不同地方的人互動後出現的型態。最後，Shestakofsky 還放了一些代碼，反映他在這個田野的角色（比如，「隸屬」）與他對事件的反應（比如「情感」、「不適：特權」和「工作：困惑」）。這類案例，他都以「ME」做為主要類別（例如，「ME：隸屬」）。這個編碼方案幫助他釐清數千頁的田野筆記與非正式訪談筆記。正如他在方法論附錄的解釋，這些想法是透過他固定寫下的分析備忘錄、反思，以及與他人的交談，才逐漸成形。三個地點的代碼都在表 8.1。

請注意，代碼的數量不完全相等，隨著時間推移，Shestakofsky 發現有些代碼可能已經固化（consolidated）。

Shestakofsky 使用一個軟體程式（Atlas.ti）對資料做編碼，但他也可以印出田野筆記，把它們剪下來放在檔案夾，或是在電腦上用不同的顏色標示筆記，來完成編碼。或者，他也可以把它們放在 Excel 等試算表。質化編
213 碼的軟體越來越普遍，這在處理大量資料時可能相當有價值，仔細閱讀逐

字稿，尋找主題，思考反面的證據，也都相當有價值。有些學者甚至在大規模研究中，也不使用質化軟體。[18]

我發現一種很有幫助的編碼方式叫創建資料矩陣（data matrices）。[19]你可以拿出一大張白紙，創建一個表格（你也可以用 Excel 檔，但把它貼在牆上有助於你得出觀點）。你把受訪者放在欄，把關鍵的想法或概念放在第一列。然後，你在單元格內寫上幾個字，引述的話或簡短的證據。田野工作中，你很容易受大腦中栩栩如生的敘述或戲劇性的時刻過度影響。你要像傾聽長篇大論般傾聽沉默。因此，「聽到」心裡沒有想法的人很重要。

這個表格中的空白有其意義，因為它可以顯示樣本在某個問題上的差異。空白格中的人——他們對這個問題無話可說——需要發出聲音，而且他們跟更健談的受訪者也需要有同等的分量。當您思考資料時，資料矩陣對「傾聽」的過程有幫助。我要再次強調，資料分析過程全憑好奇心和誠實。你正在尋找研究問題的答案（而不是假設你知道答案）。泡在資料裡和編碼過程，是為了幫助你以不同的方式切分資料，使你在努力「讓熟悉的事物變得陌生」[20]時，考慮其他的可能性。最重要的一點是：編碼有很多不同的方式，它們往往涉及更深入（真正「看到」你的資料）和退一步（獲得觀點）。

寫作前的活動：仔細思考你引用的話，包括反面的證據

當你在浮現中的論點取得進展時，再讀讀田野筆記和訪談，以支持你的想法。這樣做既是資料分析，也是寫作的初期階段，或至少是寫作前的階段。首先，你要確保有大量紮實的資料來支持自己的論點。例如，你應該從田野調查取得許多證據，通常也應該是從許多人那獲取證據。一般來說，質化研究強調日常生活中的例行公事；也就是你為什麼要一直找、一直找， 214
直到你不再學到新事物。這種樣態未必要應用在整套資料上。畢竟，研究通常是設計來說明人們回應同一個情況所出現的差異——你研究中的人往往

有不同的回應，因為現實世界往往一團混亂。此外，期望所有資料裡的每個人都講出同樣的經歷並不切實際。以家庭為例，兄弟姐妹在家裡往往有不同經歷，上同一門課的學生也是。因此，這就像課程評價，你正在尋找研究中清楚的一部分人所經歷的模式。這很難用數字來表示；這種說法應該是「可靠的」，有許多人表達這一點。在訪談研究中，這會比較難，有時你只有幾個人提出一個關鍵的概念觀點。在這種情況下，我敬佩的民族誌學者告訴我，對於一個小的次要觀點，她希望至少有三個人提到相同的點（最好是三個來自組織中不同位置的人）。至於一個主要觀點，你希望資料有明顯的優勢（preponderance）。你需要確保自己不會輕信舌燦蓮花的受訪者。但你也要對矛盾的個案和反面的證據保持警惕。你不能忽視看起來不恰當的個案或證據；你需要認清它們存在於資料中，但你可以也應該評估它們在脈絡中的重要性。

當我摸索逐步釐清一個觀點，會開始把受訪者的原話複製到一個新的文件上。我經常為摘錄下來的話加上一些識別資料（例如，非洲裔美國人中產階級母親的代號是卡特〔Carter〕）。有時我為每個人附上幾句引言／田野筆記的摘錄。這時，我不會去修改原話，但會把它們倒入一個個「原話：觀點」的資料（命名時會有浮現的觀點）。然後，我尋找反面的證據或對那個觀點的挑戰，並把它們放在檔案底部，加上小標題：「挑戰」，或只是「不適用」。我藉著閱讀田野筆記和訪談記錄，不斷尋找引用的話（有時透過便利貼或文字搜索來標示——但文字搜索是一種非常粗略的方法；如果用了軟體程式，則可以利用代碼）。我不斷把引用的話移到檔案中。根據資料，這份檔案可能非常長（單行距 10 到 20 頁）。然後，我暫停一下，回去讀
215 更多的文獻或重讀現有的文獻，思考自己的論點，並試著釐清主要的觀點，還有這幾個觀點要如何放進整篇論文。我試著懷疑逐漸浮現的研究發現。此外，藉著思考我浮現的論題有何挑戰，我的最終說法對滿懷疑問的讀者來說可能更可信。

在某個時刻，我累積的原話可能超過我所能討論。一篇雙行間距 30 頁的草稿（如會議論文、書籍章節、大學部畢業論文或文章），通常只有大約 25 句原話。這表示在我發表的作品中，每一點只能提到幾句，而且往往每個論點只有二到四句引文（有時只有一句）。活靈活現的原話——生動、準確、充滿畫面、帶有感情色彩和吸引注意力的原話——很完美，但關鍵還是在於引言要與全部資料的其他結果保持一致（或挑出來做為一般主題的反面證據）。引文或多或少都可以捕捉到資料中的重要主題——他們不是捕捉到那個人，而是捕捉到關鍵的社會過程。我在田野的時候往往會有最喜歡的引言或時刻，我覺得充滿了啟發——他們很有戲劇性、有趣、或是瞄準到重要議題。

然而，當我逐漸釐清問題，我又會往後退一步，「從頭開始」，重新看一遍田野筆記與訪談的逐字稿。我再次逼自己確定我有看到資料的微妙之處——也就是說，在我渴望提出自己的看法時，並未遮蓋反面的證據。我試著想像「如果是我搞錯了呢？」所以，當我在研究《不平等的童年》時，我會想像：「如果社會階級對養育小孩沒有影響呢？證據在哪裡？」我也會想：「也許全部都是種族而根本與階級無關呢？」接著我就開始找證據。當然，身為社會行動者，我們每個人都站在社會世界中的獨特位置——不僅屬於某個種族、社會階級、性別和年齡，還有一套政治信仰、理論取向、偏好和品味。我們把這一切都帶到研究過程裡。舉個例子，如果你對氣候變遷的存在與墮胎有很強的看法，就很難理解並同理強烈反對這些可能的研究參與者。從頭到尾，你要時刻意識到自己的偏見和看待世界的方式（寫筆記和自我反思的論文在這方面很有幫助，你也可以把自己的作品拿給其他人看，包括觀點與你截然不同人）。你要挑戰自己，不要只是把你的世界觀強加在資料上，而是要從蒐集的資料中**學習**。這條資料蒐集的原則背後 216
有實務和倫理上的理由。例如，大費周章的蒐集資料，然後呈現的是你研究前就已經相信的東西，這樣做顯得毫無效率，或根本是浪費時間。你一邊向讀者保證自己的說法都建立在蒐集的資料上，卻對反面證據視而不見，這毫無學術倫理可言（正如我在第 9 章所說，當你思考對自己論文的挑戰，自然使讀者覺得你的說法可信）。由於資料屬於私人，大多數人不會知道你有多努力耙梳自己的資料，尋找其他可能的說法，但重要的是慢慢、徹底且仔細地分析其他可能的說法。

編輯引文的原則：清楚呈現分析的重點

把原始的訪談逐字稿與田野筆記加工成最終的引文，絕對是高度詮釋與分析的舉動。編輯的過程也包括幫讀者關注你的重要知識貢獻——你的論點。因此，當你編輯引文時，需要一些沒有明確規定的判斷。然而，關於寫作過程中的這個時刻，沒什麼作品討論。[21] 可以肯定的是，研究人員經常提供基本準則，例如：「改掉本名」。或者，正如我經常寫的：

> 為了閱讀方便，口頭講話時一些常有的語助詞已刪除，包括一些沒有意義的發語詞，與「呃、嗯、你知道、和、像，所以」，以及一個詞講好幾遍，如「我……我」。如果一段比較長的話被刪除，則會出現刪節號……表示說話斷了。某些情況下，嚴格的說話時序也會被修改。例如，要是受訪者在訪談中的兩個不同時間點說到同一件事，則這些例子可以放在一起（每次都用刪節號……分開），但後面那個例子可能會先出現在引文中。

儘管如此，大致整理各個步驟，並未顯示作者在編輯支持個人知識論點的引文時，默默做的各種決定。這也無法像量化資料，有檢查研究者工作的可能，例如，索取原始資料然後跑跑資料分析。然而，有些作品隱約給
217 我一種不安。例如，我曾讀過一些作品，其中的參與者在我看來非常流暢，

而且是知識縝密的講者。因此，我不完全相信這些引文，覺得作者的鑿痕太深。另一方面，我也讀過一些書，我渴望作者多插手，幫忙把受訪者講話的重點更清晰地亮出來。反之，在大片的「嗯」、「呃」與「你知道的」中，我覺得觀點遭到埋沒。找到平衡相當不容易。

我針對引文編輯的過程提出一些具體的指導原則，做為我綜覽資料分析過程的一部分。但是，編輯引文絕對是個人的決定，我也不相信自己的方法就絕對正確（當然，我編輯引文時也同時在寫作，這下一個部分可能也會出現在第 9 章）。我用的例子主要取自我在《不平等的童年》中對一個家庭所做的訪談資料，還有一部分田野筆記。Marshalls 一家（化名）是個黑人中產階級家庭，住在大城市的郊區。這家的父母都是大學畢業，母親在電腦領域工作，父親則是一名公務員。兩個女孩 Stacey（10 歲）和 Fern（11.5 歲），都參加了各種活動。

找到生動的對話

這項研究的目標是了解養育孩子的過程，特別是來自不同階級、種族和族群的父母如何行動。我感興趣的是為了孩子他們想要什麼，以及他們為實現自己對孩子的希望和夢想而採取的不同方法。我在這擷取了對母親的訪問，她解釋女兒在課外活動的經歷，但如果我用的是觀察的田野筆記，過程還是差不多。當我閱讀資料時，我在聽受訪者說什麼，同時也在聽她如何用語氣還有非語言的線索表達。我在寫作時把我掌握的東西傳達給讀者。逐字稿和田野筆記中生動的對話，是我主要引用的對象。但是，豐富多彩的對話通常會被埋沒。原本的逐字稿太冗長了，直接引用沒有重點而且囉唆。然而，逐字稿（如下）中有些有力的字句立即吸引我的注意，包括「沒事的夜晚」、「空白」（void）、「便宜到爆」（dirt cheap）、「她玩得很瘋」（she
was having a ball），以及對社會階級和人際網路最重要的討論，「光是聽 218
到一些家長說，我就開始拉長耳朵聽小道消息」。其中有些字句，特別是「沒事的夜晚」和「小道消息」，變成我想引用的話。在幾個生動的字句中，它們有助於將我論點的重要面向帶入生活（例如，中產階級的孩子被安排得特別忙，母親利用自己的階級人脈來探尋資訊）。但這些引文必須「安排好」；讀者需要充分的細節來理解發生什麼事。當你要為讀者設定場景，你可以在寫作過程中勾勒出一些背景。但是，在編輯過程中，你要提煉這些引文，平衡可讀性、準確性和簡潔性；你也希望引文的重點能突出你的分析論點。

逐字稿的原稿：

我：那你是怎麼讓她開始〔做體操〕的呢？

R：她在，嗯……。我猜在她三年級的時候，嗯……當她上三年級，我找不到女童軍團讓她參加。她已經參加 Brownie 女幼童軍我想有四年了，所以……。然後，嗯……Fern 參加一個女童軍團。Stacey 還沒到女童軍的年紀，所以在這個沒事的夜晚我們就去了（笑）。所以 Stacey，我、我有點需要她……我想讓她做些事，而她……它是個空白。你知道的。嗯……而且我不想要她一直坐在電視前面，所以……。Sylvan 鎮，就是我們住的地方，晚上有這些活動。嗯……休閒活動……其中有體操。而且活動就在，實際上是在 Fern 明年要讀的學校中進行，春田學校（Springfield School）。嗯！我打電話過去，總歸一句，它很便宜，實在便宜到爆。我記得好像是十二週二十五到三十美元。你知道的。呃……。我問：「Stacey，你有興趣嗎？」她說當然有。嗯……。我在秋天替她報名，那是，翻滾和……和……呃……我不認為他們有平衡木。他們真的有高低槓。嗯……我忘了還有什麼器材。我想有些環。而她玩得很瘋。她真的，非常明顯，她，你知道的，很快就跟上了，呃……所以……所以我就報名了——秋季的課程。

> 我在春天又替她報名一次。同樣地，看得非常明顯，她已經，已經很厲害，教練教她的那些東西。鎮上的教練是、是，呃……第一個是，嗯……我想她是在一所教會學校教體育。你知道，第二個人實際上是 219
> 個中學女孩，她……她是體操隊的隊員，我想是在〔一所天主教教會中學〕，沒那麼遠的學校。她——她一直都厲害。她已經取得她——教課的權利。呃……她甚至說，她說：「你知道的，Stacey 很棒。」你知道的。我甚至沒有回答。我說：「嗯！你認為我應該替她報名別的課程嗎？」她說：「喔！對啊！」她真的跟我說那個……那個 Y。她說：「你知道的，Y 這個方案很好。」接著她、她說：「當然啦！」她說：「那裡有私人俱樂部……但更貴。」她是對的，你知道的。嗯！光是聽到一些家長說，我就開始拉長耳朵聽小道消息，嗯……而且……我聽到一些家長提到：「好吧！如果孩子真的喜歡體操，你就把他們送到 Wright's。」你知道，我想我是在 Stacey 讀三年級的那個春天打電話到 Wright's，他們告訴我，嗯……通常夏天是把孩子帶過來參加的好時機。暑期課程是……比較放鬆，他們通常會有名額，因為人們在度假……等等，等等，應有盡有。所以，嗯……我向 Stacey 提了一下，她很興奮，這就是——這就是我們如何做到的。

我做的第一件事，就是試著把這段長篇大論拆解成親切好讀的話。當我讀了一遍又一遍逐字稿，有些分析點讓我印象深刻。首先，她讓 Stacey 分身乏術，因為她不希望她有「一個沒事的夜晚」。第二，基本上，Stacey 開始參加體操是場意外。第三，Marshall 太太做許多決定時都借助人脈，包括體操教練的建議。第四，人脈的作用如此強大，使 Marshall 太太講出：「拉長耳朵聽小道消息」。這些重要的想法，與我在書中提出的規劃栽培（concerted cultivation）這個更大的概念論點連在一塊，也就是中產階級父母會有計畫地透過一系列策略培養自己的孩子。規劃栽培很重要的一面，就是媽媽會努力讓小孩接觸各種大人所組織及控制的休閒活動（相比之下，220 工人階級和貧窮兒童的父母，則是讓他們安排自己的空閒時間；他們的父母認為照顧好小孩很重要，但讓他們接觸大量課外活動不是他們眼中的好家長）。在這個大範圍內，我認為中產階級的媽媽會有系統的讓小孩接觸各種活動，而母親的參與是一種勞動形式，我開始從 Marshall 家尋找引文。文字記錄提供了多種可能。例如，在這個家中，休閒生活很忙碌，即使平常出現一個「無事的夜晚」，媽媽也不認為這是放鬆的時刻，而是一段「空白」。她試圖填補這段時間，避免孩子做些自己可能比較喜歡做的事（例如看電視），而媽媽認為這些活動沒用。然而，當我開始編輯引文，我往往對我自己要表達的概念只有一個模糊的想法。反之，我試著在一定範圍內釐清受訪者說的話。然後，我根據自己更廣泛的想法反思這些話。因此，分析（即思考）的部分和技術（即編輯）的部分交織在一塊。

編輯引文讓分析重點明確的準則：一個決定過程的剖析

你怎麼決定在哪里切斷一份逐字稿？一般來說，逐字稿中會有一些看似「流動」（flow）的突破點。我把很長的原話切成「幾大塊」，反映過程中的階段／想法／步驟。大致來說，分別是 (a) 體操這個話題怎麼來的？ (b) 她到哪裡調查？ (c) 當她到了之後發生什麼事？每塊話題顯然未能反映分析的重點。

這時，我還不會刪除任何一句話。有時候，如果因為有些句子不合適，我很難把整段話切成「一塊一塊」，那我會將它遮住，暫時移到註腳中，「不讓它擋路」，但還是可以查得到。

一旦我有一塊又一塊可以處理的對話，我會開始「清理」。我做的第一件事，就是在不扭曲原意的前提下，試著讓這段話有個強而有力的開頭及結尾。在講話時，我們根本不會期待一個人講話能像我們閱讀的文字一樣簡潔。人們通常對一個話題要先暖身，把重要的字句重複幾次。在這段未經編輯的原話中（開頭很不清楚），請注意 Marshall 太太說了兩次相同的想法（Stacey 三年級）：

> 我：那你是怎麼讓她開始的呢？
>
> R：她在，嗯……。我猜在她三年級的時候，嗯……當她上三年級，我找不到女童軍團讓她參加。她已經參加 Brownie 女幼童軍我想有四年了，所以……。然後，嗯……Fern 參加一個女童軍團。Stacey 還沒到女童軍的年紀，所以在這個沒事的夜晚我們就去了（笑）。所以 Stacey，我、我有點需要她……我想讓她做些事，而她……它是個空白。你知道的。嗯……而且我不想讓她一直看電視，所以……。Sylvan 鎮，就是我們住的地方，晚上有這些活動。嗯……休閒活動……其中有體操。而且活動就在，實際上是在 Fern 明年要讀的學校中進行，春田學校（Springfield School）。

為了簡潔，我刪掉「她在，嗯……。我猜在她三年級的時候，嗯」然後用這段話開頭「她上三年級，我找不到女童軍團讓她參加」。我覺得自己拿掉的這段話，只是重覆我保留的話。我刪除一些猶豫的地方：「我猜在她三年級的時候」。但這裡的猶豫不會對研究問題有太大影響。換句話說，在這個研究中，不論她是二年級、三年級或四年級，都不是那麼重要（如果研究是關於小孩年紀、發展與參加課外活動，我就會保留「我猜」）。我假定讀者知道這段話來自一段更長的逐字稿。有些人會用刪節號來開始一段引文（三個句點的標點符號，可以在 Word 的符號裡找到——你要使用符號，以免拼字檢查時自動校訂）。我只有在覺得自己要直接打破受訪者的想法，或是我要刪除嗯、呃以外的字句，才會用刪節號。我認為這是可以用來開頭，合理的切斷點。

接著談談結尾，這句話的最後幾個字非常重要。這幾個字的力量在於它們縈繞在讀者的腦海中；句子的結尾在你耳邊響起。如果可能，我希望把最重要的話放在那段的最後。我用「我不想要她一直坐在電視前面和做之類的事」來結束這段話。在後來的版本中，我把「和做之類的事」刪掉。
222 這似乎不會扭曲意思，也使觀點更加清晰且最終更為有力：

> 當她上三年級，我找不到女童軍團讓她參加。我想她已經參加 Brownie 女幼童軍有四年了，所以……。然後，嗯……Fern 參加一個女童軍團。Stacey 還沒到女童軍的年紀，所以在這個沒事的夜晚我們就去了（笑）。所以 Stacey，我、我有點需要她……我想讓她做些事，而她……它是個空白。你知道的。嗯……而且我不想要她一直坐在電視前面。

我用「書檔」切斷這段話之後，現在要做些編輯的決定。在「她已經參加 Brownie 女幼童軍我想有四年了」這句話中，我刪掉了「大約」這個字，也沒用刪節號，因為我覺得這個字可有可無。我也刪掉了「然然後，嗯」把句字打破，「Stacey 還沒到女童軍的年紀所以在這個沒事的夜晚我們就去了（笑）」拆成兩句，沒有在內文加上符號提醒讀者。這個句子是兩個完全不同的概念。如果分成兩句，那會比一句更容易閱讀也更容易理解。但是，當我拿掉「我有點需要他」，我就加上刪節號表示省略，因為這的確刪除了幾個字。我拿掉的話不只是習慣性的發語詞，而是完全不同的字（例如，我**需要**她），跟後面那一句不同（我想讓她做些事）。當我做出決定，想強調那句話的意圖，我做了兩件事。一方面，我讓它更容易閱讀。但另一方面，我正處於釐清這段話說明什麼想法的過程。當這段話經過編輯，然後放到檔案裡，它們提供了一條道路，指向我將提出的論點。因此，論點和引文的編輯密不可分。

編輯引文的過程中還有其他決定。大多數很快就定案了。例如，在

Marshall 太太說「她——它是個空白」的地方，我把「她」劃掉。有人會說我應該加上刪節號，但這些刪節號會讓本文顯得亂七八糟 。讓人更難看懂。在這個例子裡，我認為這需要判斷，她的句子合理地來看是個直接錯誤的發語詞。為了要從「她」變成「它」，她用一個文法正確的代名詞來替換；意義沒有改變。

但在下一句，為了謹慎起見，我刪除了「你知道的。嗯」，但我用了 223
刪節號。我大可直接刪掉，因為這幾個字從技術上來說，就是我覺得不用跟讀者說的廢話。但在這個例子裡，Marshall 女士好像略微猶豫了一下。她似乎正在熱身，準備說些她難以啟齒的事（她有三個猶豫的標記：「你知道的」、「嗯」、「而且」）刪節號「降低」閱讀的速度。少了刪節號，會使她看起來比實際受訪中更堅定、更果斷。如果沒有刪節號的提醒，讀起來會是這樣：

> 所以 Stacey，我想讓她做些事，而它是個空白。而且我不想要她一直坐在電視前。

我拒絕照上面這樣做，因為意義轉變太大。我現在需要決定怎麼做。當然，我可以不管它，就變成這樣：

> 所以 Stacey……我想讓她做些事，而它是個空白。你知道，嗯！而且我不想要她一直坐在電視前。

事實上，我幾乎要拿掉「嗯」，並且留下「你知道」，所以讀起來會是這樣：

> 所以 Stacey……我想讓她做些事，而它是個空白。你知道。而且我不

> 想要她一直坐在電視前。

這種方法的問題在於讓讀者多讀了一些字——「你知道」——而沒有得到什麼。刪節號指出這段話有省略，不需要讀者額外的努力。最後，我這麼決定：

> 所以 Stacey……我想讓她做些事，而它是個空白……而且我不想要她一直坐在電視前。

以下是最後的版本：

> 當她上三年級，我找不到女童軍團讓她參加。我想她已經參加了四年的 Brownie 女幼童軍。Fern 參加了一個女童軍團。Stacey 還沒到女童軍的年紀，所以在這個沒事的夜晚我們就去了（笑）。所以 Stacey……我想讓她做些事，而它是個空白……我不想要她一直坐在電視前。[22]

224 我本來還可以決定其他風格，但選擇不那樣做。我可以刪除「我想讓她做些事，而它是個空白」之前的「所以 Stacey」。但是，Marshall 女士確實講了這幾個字。此外，我認為她女兒的名字有助於讓整段話「生動起來」。它有可能幫讀者記住這段引文，這不同於平淡的發語詞「你知道的」。我可以把「她參加了四年的 Brownie 女幼童軍」這句拿掉。但我喜歡這句話，因為這說明她參加 Brownie 的時間很長。假如你知道她在那個晚上做其他事做了很久，「沒事的夜晚」聽起來就很合理。我也可以把「Fern 參加了一個女童軍團」這句拿掉，因為嚴格來說，這句話無關緊要。但媽媽已經說了，拿不拿掉其實沒那麼重要，也讓這句話聽起來更自然，尤其是讀者很清楚 Fern 是誰。但是，如果這段話太長，我就可以把「Fern 參加了一個女童童軍團」拿掉，然後用刪節號來表示我做了省略。[23] 我也可以用坐（sitting）而不是坐著（sittin）（可能更口語）。你要把對話寫得多正式是個棘手的問題。我傾向盡可能讓這些話保有講話者的語氣，除非這樣做會妨礙讀者的理解。基本上，只要你從頭到尾保持一致，你要怎麼做都沒關係。總而言之，編輯引文時，我通常會一再檢查每字每句，看看是否每個字都不能少。我寫作時會想盡可能保留許多細節。但是，作為一名讀者，我很感激自己不用讀每一個字。

雖然這聽起來很繁瑣，但我會在十到十五分鐘左右就完成修改。不過，由於一篇文章中有許多引文，時間也會增加。而且，有時我會找一段引文做編輯，如果意思改變太多，就追蹤原本的資料，再做一次，再決定要拿掉這段話，或把比較短的詞放到副標或正文。與其改變受訪者的原意，倒不如放一段無關緊要的話。有時你會花時間編輯一段引文，然後決定不使用。有時候，我會讓一句話「放」一下，過一段時間再回來讀讀看，看讀起來如何。此外，如果你覺得一段引文不好，也可以選擇其他作法突出一段重要的話。你可以把它放在一個小標題，然後在章節的開頭重複一次，或甚至在引文中用斜體字表示。這些方法比起大費周章編輯一段話似乎更直接。
更重要的是，讀者知道你在章節中寫了小標題或用了斜體字。讀者比較不 225
會意識到你在編輯時做的許多但看不到的改變。

摘要：透過資料分析思考你的方法的重要性

有時候，民族誌研究似乎一切都同時發生。一星期內，你可以去同一個田野地點好幾次，說服一個新的受訪者接受訪談，打出一份逐字稿，並試著寫一篇論文。此外，你還要洗衣服，與家人保持聯繫，賺錢，以及過好自己的生活。有這麼多不同的事情同時進行，很容易讓感到不堪負荷。而且也很難找到時間來反思。然而，邊蒐集資料邊思考非常重要。它可以幫你弄清楚自己走到哪，學到什麼，如何呼應其他人的文獻，以及接下來應該做什麼。正如我在下一章的討論，有些人延後做重要的決定，因為它引起焦慮（你永遠弄不清楚），或顯示出混亂（你不清楚自己在做什麼），或使你感到害怕（你所掌握的東西似乎與你讀的其他研究沒有不同）。這些都是普遍、常見、料想得到的經驗。它會變得更好。最後，有些人對於你在學習過程中，以某種方式改變自己的研究感到震驚。但這些人並不真正理解質化研究的本質。你必須做出改變——加入問題，蒐集更多資料，同時在整個研究中，努力維持一些核心特徵的前後一致。但是，即使你在資料蒐集的一個特點上投入時間，如果新浮現的資料分析表明另一條路更有希望，你也要認真對待。當我是 Michael Burawoy 課堂上的博士生時，他強調「發現之旅與陳述的過程大不相同」。當你著手寫出研究結果時，你在研究中掌握新見解的大部分旅程，與讀者並沒有那麼相關。反之，你想講的故事會成為焦點。如何以一種清晰的方式寫出這個故事，傳達你所掌握的東西，就是下一章的主題。

9 寫作 226

讓研究貢獻變得更清楚

Tracy Kidder 和 Richard Todd 在《好散文》（*Good Prose*）一書堅稱，「寫作」仍然是我們所知，讓思想和感受更清晰的最佳之路。[1] 儘管幾乎每位質化研究者都會同意，文字確實是傳達個人研究結果強而有力的形式，但對我們大多數人來說，寫作卻不容易。

這麼說的部分原因是寫作暴露我們的思考。而且，雖然我們自認是頭腦清楚的思考者，但剛開始的時候，我們的思考往往有如一團漿糊。因此，寫作計畫剛開始，思維比較混亂也是**剛好**而已。別忘了，寫作過程是釐清個人論點的絕佳方式。

本章選擇按照發表作品中常見的順序介紹這些問題：導言、文獻回顧、研究方法、研究發現和討論。當你所寫的研究是以文字而非數字為資料，往往具有特別的挑戰。例如，一項研究寫出來的成品殊異（如課堂論文、畢業論文、期刊文章和專書），但幾乎都包括研究方法的環節。讀者在此會想知道你是如何「選擇」研究地點。但實際上你可能是到處拜託才能進到任何地方。這種混亂的過程讓人害怕撰寫研究方法，但正如我在這章所說，這是常見的問題，有些標準的方法來度過這一段。另外，「文獻回顧」這個詞，可能會讓你覺得自己應該簡單整理出重要的研究，但實際上你要做的是**引導**讀者看到文獻中的不足之處，因此需要你做的研究。憑藉資料發展個人論點也是寫作上的挑戰。比方說，你不希望一開始就介紹論點，然後到了

227 文章的結尾才重提（菜鳥才犯這種錯）。你要藉著分析來編織自己的論點。你要說服讀者文中論點得到你的資料支持，你在做一些新的事，而且很重要。此外，針對你的論點，拿出一些引文提供反面的證據也是明智的作法。你可以向讀者證明為何這個反面的證據不是致命的缺陷。整個寫作過程中，你要努力做到生動、詳細、清楚。你要讓讀者想像這個場景。我會在本章消除寫作時的一切挑戰。[2]

寫作也很難，因為這個過程會引發焦慮。例如，身為一名年輕的研究者，當我試著把自己蒐集的資料發表成論文時，實在感到異常痛苦。主要的障礙，是我發現自己早期的草稿根本無藥可救，一種失敗的感覺排山倒海而來。我後來了解，對我來說更有幫助的方法，是預期初稿不夠完整。[3]這有如番茄破土而出弱不禁風的綠芽，早期的想法需要用知識的陽光、空氣、光線和水加以細心呵護。它們不該因為不成器而被重重踩在腳下。即便不會馬上長成一棵強壯、翠綠閃亮的植物，也不應該把它們看成存在缺陷。

因此，寫作一方面是學習如何以有效的方式呈現質化資料的過程——思考資料和文獻之間的聯繫，選擇生動的引文呈現資料，並且把資料與論點聯繫起來——也包括學習如何處理寫作時難以迴避的不確定性（即，對你所說的內容，以及別人如何認知的不確定性）。本章大部分內容集中於以引人注目的方式呈現資料所要做的後勤工作，但也會稍微談談如何處理寫作過程的不安。

然而，繼續討論之前我想強調，書寫一篇文章的各個部分沒有正確的順序。有些人先寫結論；有些人從文獻回顧開始。我則是從編輯引文和「圍繞引文」的寫作開始（就像我在下面的解釋），但我也會在不同的任務之間遊走，包括閱讀文獻和嘗試寫文獻回顧，還有寫前言與結論。正如上一章中所言，這樣做比較炫的說法是「反複」（iterative）（即「重複操作整個
228 循環」）[4]。我在這些反複循環中，透過閱讀資料試著指出我在說什麼，思考自己在文獻回顧中強調哪些作品，多閱讀，提煉我認為資料所支持的概

念，並提出一套說法，向讀者證明資料稍微修正既有文獻。以不同的方式來回穿梭各個部分會略顯混亂，但對我來說卻很管用。然而，我的共同作者 Elliot Weininger 則相反。他寫了一份詳細的大綱，然後完全依照大綱來寫。Shamus Khan 則建議，先挑選與你的研究主題相關且讓你佩服的論文，仔細看看這篇文章的架構，這可能是你的榜樣。然而，這些策略都會使寫作看起來比實際情況更有條理。寫作是個反複的過程，因為論點的形成始於資料蒐集，接著是資料分析，然後在寫作過程中發展而成。有些人說，當你坐下來開始寫作，也就已經完成 80% 的思考（還有人認為他們開始寫作只不過是走到一半）。一方面，這點突出你在每個階段都做了大量思考。另一方面，寫作的過程也會出現許多思考。

準備寫作

在你可以動手寫作前，需要蒐集一些資料，並仔細思考你從資料所學到的東西（也就是分析資料），就像我在第 8 章的討論。但是，資料蒐集、資料分析、編輯和寫作之間的界線相當模糊，關於資料分析和編輯引文的討論（第 8 章）很容易就納入這一章，因為思考是寫作前的活動。

整體而言，寫作過程的核心是釐清你想說什麼，然後安排資料來支持你的說法。這包括站在讀者的立場，思考讀者需要知道什麼。這意味著少一點預設，多一點解釋。「給人看，不要說」是質化研究者的金科玉律，如此你就能分享你得出結論的實際引文或田野筆記。然後，讀者可以有效地站在你的肩膀上，見到你所看到的東西。證明要比斷言一種樣態存在好得多。但是，篇幅幾乎總是有限。例如在一篇課堂論文或期刊文章中，你通常只能展示三到四個觀點的證據（尤其是因為你經常想為每個觀點展示一段以上的引文，而且你想要提出反面證據增加複雜性，但不影響你的結 229
論）。一本書比較長，但你會有更多內容要講。你需要**聚焦**。缺乏焦點（以及想做太多相關問題）是質化研究者在寫作初期最常面對的問題。

寫作時野心太大不難理解。你沉浸在一個環境中，學到很多事。你想分享出來。換句話說，刪減自己的論點以集中在一個核心元素會非常痛苦。有些人把這個過程描述為想涵蓋一切的憂傷（involving grief）——有那麼多有趣的東西可談，卻不能把它們全部納入，實在令人沮喪。你會為失去一個例子而悲傷，正如藝術家為他們寫的歌無法收錄到最後的唱片感到悲傷。但是，身為一名讀者，如果一篇文章有太多條思想線索就會覺得困惑。如果作品的目標不夠明確，對讀者來說也會很難。理想情況下，正如本書前面指出，你想要解決文獻中的問題，增進我們對一個問題的理解。讀者看完你的文章後，應該能回答以下「所以呢？」的問題。

寫作的細節在不同的學科和子學科中截然不同，所以找到仿效的對象是個好主意。 特別是對年輕的學者來說，寫作的過程似乎令人迷惑。我讀博士時，博士論文計畫剛剛開始，我找到一篇自己很欣賞的文章。[5] 這篇文

寫作之苦

- 提出太多不同的論點
- 講出結果而沒有靠引文來證明結果
- 沒有展示足夠的資料
- 隨便引用大量的不同觀點
- 論證與證據之間脱鉤
- 隨意討論不同的分析層次
- 作品中間突然沒由來的提出一個想法或文獻
- 隨著文章的展開改變論點，造成前言與結論探討不同的觀點
- 一個句子包含太多的文字和觀點
- 不夠有條理
- 放進專業術語

章讀起來十分誘人，而且內容相當有趣，它還提出一個重要、原創的概念性論點。我把文章拿給論文的口委 Charles Benson 看，我問他有什麼想法。他很客氣地說：「我認為文章不錯。但我認為你可以寫得更好。」這使我 230
信心大增，我就把文章當成指引明燈，而我的研究是要在不同環境中做出類似的研究。當然，每項研究都是獨一無二，但是找到一篇「姊妹作」，捕捉到你想要做的重要內容，將會大有幫助。

在你寫作之前，你可以思考文章的讀者是誰。我經常為聰明的大二學生或「普通讀者」寫作。學術界希望發表的文章可以像 Belcher 的建議，在動手寫作前，選一本期刊，寫給它的讀者看。[6]

一般來說，一篇文章呈現的是你確信是由資料得來的發現，你希望以強大的發現來開始。雖然你絕對會有一些限定條件，但在提醒讀者注意主要命題的例外情況之前，你要先把主要的故事講清楚。正如著名的「三點原則」（rule of three），你要先說明整體的重點：「說你打算說的，說出來，然後說你說過的」。

當你寫作時，你要寫得越清楚越好——這與簡單是兩回事——因為複雜的想法終究可以清楚傳達出來。寫的清楚往往是刪除不必要的詞，一個句子只講一個想法。不清楚的句子會因為好幾個子句、括號強調和觀點太多而遭到拖累。另外，當你第一次介紹重要的專有名詞，簡明扼要定義這些名詞會大有幫助，並盡可能避免專業術語。以第一個字母縮寫的詞也會引起讀者反感。相比之下，標題和副標題通常就像高速公路上的路標，在通篇敘事中指引方向。同樣地，你對已經涉及的重點還有接下來要討論什麼做出小結，讀者通常會很感激。你可以從大學生的角度來看你自己寫的文章，看看你是否可以釐清重點。如我在本章最後一部分的解釋，藉著尋求反饋意見（與社會支持）聆聽其他人，可說是寫作過程中基本的一部分。

撰寫前言

既然前言通常只占整篇文章的 5% 左右，也就需要極為簡練。你要說明自己的研究為什麼重要，為什麼其他人也應該關心。用一個生動的例子開始
231 會有幫助（因為例子太多，它可能很難抉擇）。但很快地，幾個句子講完例子之後，你要轉而向讀者說，這個例子如何具體說明一個更廣泛且更重要的社會過程。你要向讀者說你會在後面提到現有的文獻有何限制。你要用幾句話就向讀者傳達自己怎麼做研究（同樣地，這會在研究方法詳細說明）。而且，你要點出自己的研究重點。最後，你要跟讀者說，你會在研究結果的討論部分闡述研究的意義。

Howard Becker 在那本實用的《為社會科學家寫作》（*Writing for Social Scientists*）一書寫到，前言的重要之處在於它不是一連串的承諾（I.O.U's），也就是列出將討論的主題（例如，「我將耙梳文獻，描述研究方法，並整理我的研究發現」）。反之，它應該是一份「路線圖」，你要在前言說出你的真正想法，或是你在寫作時會納入的研究發現：

> 前言展現作者打算帶領讀者走的旅遊地圖，讓讀者連結……論點與……〔內容〕。讀者有了這張地圖就不大會混亂或迷路。[7]

許多人最後才寫前言（已故的 Everett Hughes 說：「你怎麼能介紹自己尚未動筆寫的東西呢？[8]」）。不過，我常常會在寫了一點研究發現——仍在寫作過程中相對初期的階段——與結論之後，就開始寫前言的草稿。然後把結論作為我的前言（因為它更清晰），接著再寫另一份結論。第二個結論又成為新的前言。這是一個循環。正如 Becker 所說，你在這個過程中，句子變得不那麼「隱晦」與「空洞」。

舉例來說，這是我為和 Aliya Rao 合寫的論文開頭寫的前言，說明做家

庭觀察的研究方法。第一版的前言比較冗長、模糊，而且野心過大：

> 雖然我們有很多家庭社會學的精彩作品，但研究成果的特色與日常生活中家庭內部的動態，仍然有很大的空白。首先，以日常生活來說，我們不否認，家庭是由觀點各不相同的許多人組成……然而，大多數的家庭研究只捕捉到一個人（如母親）的觀點。這相當不幸，因為…… 232
>
> 第二，儘管家庭成員被鑲嵌到各個社會世界之中，但家庭仍然是強大且毫無疑問是獨一無二的空間，家庭成員為了隱私、充電（replenishment），並從日常生活的挑戰中恢復元氣，而退回這個空間。家庭對隱私的期望是其他地方所沒有的；家庭還可以發展出特殊的家庭儀式或家庭文化。
>
> 第三，家庭在一個更大的背景下運作。假如家庭不遵守扶養小孩的（特定歷史）規範，政府有權力插手。家庭成員要去上班、到托嬰中心、學校、教堂、監獄和參加社區活動。當家庭與這些機構打交道時，每個機構都需要技能和知識……然而，許多研究仍集中在家庭內部，有部分是因為研究家庭與他們的機構經驗，在研究方法上有強大的挑戰。
>
> 本篇論文根據我們對家庭生活進行參與觀察所做的兩項研究，提出參與觀察在方法論上是研究家庭生活的有效方法。我們認為參與觀察特別有價值，有助於解決研究結果與家庭生活之間持續已久的落差。但是，家庭內部的參與觀察極具挑戰。比方說，對於隱私的期待使得家庭的參與觀察要比在其他領域的參與觀察更具有侵略性。

最後修訂的前言範圍更窄、更犀利也更清楚，而且更快切入主題：

> 對家庭使用觀察方法，特別是在他們的家裡，給民族誌學者帶來很大的挑戰——這些挑戰在其他更常進行參與觀察的空間看不到。家庭經

> 常被切開來看成一個獨特的群體，因為家庭成員往往對確保在家裡可
> 233 以喘一口氣有強烈期待。員工會預期在工作場所被觀察……但是，家
> 庭——以及家（home）——理論上比較有隱私……。〔而且〕社會學
> 家往往不大願意從家庭中蒐集觀察資料。
>
> 有些探討家庭生活的研究採用觀察的資料；但文獻並未充分討論如何透過有系統的策略處理這種方法論上的挑戰。有些家庭生活的參與觀察研究，會在方法論的附錄詳細列出家庭觀察要特別在意的問題。……但是，除了方法論的附錄，並未發展出一套如何盡可能減少這類挑戰的準則。
>
> 我們在這篇文章會詳細說明「密集的家庭觀察」（intensive family observations）的方法要素。

從第二份前言來看，論文的企圖心稍減，研究範圍說得更清楚也更充足。總而言之，前言是讀者準備好要閱讀文章時的知識旅程路線圖。在這份路線圖中，你不能像神祕作家那樣，只有到作品最後才分享最重要的發現。畢竟，身為一名讀者，你沒有演講者的臉部表情、語氣和肢體語言等，傳達演講要點的優勢。寫作受到的限制更大，讀者需要獲得一切能取得的幫助。你要破壞結局，並馬上分享你的主要觀點。

文獻回顧

文獻回顧通常是整趟旅程的第一站，而你是讀者的嚮導。你的目的是證明自己的研究過去沒人做過，而且它會填補文獻中一片重要的空白，因此你的研究有其必要。另一位作者可以帶著不同的觀點和研究議程來回顧相同的文章。打個簡單的比方，在芝加哥以及許多城市是導遊幫遊客遊覽這座城市。這些旅遊的範圍從建築之旅到「黑幫、暴徒和罪犯」[9]的歷史之旅。在

某些情況下，參加這些不同旅遊團的人，穿越芝加哥相同的街道，但在不同人的引導下，他們尋找不同的東西。文獻回顧也是如此。文獻回顧的重要目的是讓你幫讀者了解，現有的文獻有限制，因此需要你的研究。我再說一遍： 234
你的研究恰如其分地修正了文獻。但是，正如Kristin Luker巧妙地點出：「你不需要把每本稍有扯上邊的書或文章都寫下來。」反之，你是「用一種聰明且重要的方式，給你的讀者一份既有文獻的知識地圖，並且向我們證明……〔這些〕文獻沒有真正回答（你所追求的）問題。」[10]

這個目的表示你需要在文獻回顧的每個段落中帶入一個觀點（或主題句）。你要告訴讀者，他們應該從你對過去作品的分析中學到什麼，而不是一昧描述相關作品。例如，你可以指出，文獻提供一個過程的概念化，但這個概念化過於強調其中一個面向，而沒有充分注意到過程的其他面向。講完這個觀點後，你簡要整理過去的研究，向讀者說明你要表達的意思。然後說明自己的觀點：你剛剛向讀者展示，過去研究中的概念化有具體缺陷，需要調整這個過程中的特定元素。換句話說，文獻回顧要有個論點。[11]

對你而言，文獻回顧的危險在於你會不小心就整理自己的研究結果。你要避免。在文章裡，你要等到研究發現那個部分，而在書中，你要把文獻回顧和你整本書的概要分開來。然而，對你而言，批判文獻會很棘手。你試著證明你的研究有必要，但是你的研究主題根本就還沒有任何研究。所以，你要怎麼證明為什麼需要你的研究？

首先，你必須弄清楚你的批評。當你閱讀既有的研究，有什麼地方困擾你嗎？有什麼讓你耿耿於懷，彷彿鞋子裡有一顆小石子？你能清楚現有研究的缺陷嗎？正如前面的討論，問題的大小可以不同，而你的寫作規模也會有課堂報告、文章或專書之間的差異。無論如何，一般情況下，你不能只說研究沒有涉及某個社會群體（也就是特定的種族或族群、性別、性取向或某個年齡層的人）。相反地，你想聚焦在一個社會過程。你說的是目前的研究不完整，暗示過程有些不同，焦點顧此失彼，而且在經歷重大的社會

235 變遷後已經過時，或是有其他的不足。當然，納入過去沒有人研究的群體，可以讓我們從不同角度看整個過程。

一旦你準備好批評，也就需要呈現給讀者。這有好幾種策略。有時候，你可以引用其他人的說法，說這些人呼籲要做你做的那種研究。還有時候，記者的深度報導（例如在《紐約時報》）點出一種重要的模式，但這種模式沒有受到社會科學家的討論。有時候，你所研究的模式在其他研究中稍有點到，或被當成次要問題討論過，卻缺乏深入的分析。有時候，研究者一直專注於某個有缺陷的方法，未能充分注意到只有在極少數情境下才能看到的深具潛力的方法。你可以指出這些模式。當你為了批評而整理自己的想法時，重點是你要準備說明其他研究的觀點。有時候，研究者為了提出一個論點，會對他們所批評的作品進行不完整的摘要，甚至是諷刺。事實上，《正義論》（*Theory of Justice*）這本名著的作者，已故哲學家羅爾斯（John Rawls）曾說：「我總是假定我們正在研究的作家比我聰明得多。」他的方法是「以我認為最有力的方式呈現每位作家的想法」。[12] 這是很好的建議。

雖然會忍不住，但你不需要討論所有相關文獻，只需要討論貼近你研究問題核心且直接有關的文獻。肯定還有其他相關文獻，讓讀者清楚你知道這些文獻是很重要的事。但因其他研究對你的主要論點來說只沾到邊，而未觸及核心，你可以在註腳中提到（例如，「對於 XXX 的全面討論超出本文的範圍，但請參見 a、b 和 c，其中 a 是一篇書評論文，b 是這個領域的經典作品，c 是最近的經驗研究文章）。

總而言之，你要記住，雖然有些讀者剛剛接觸某個主題，但是其他讀者對你在文獻回顧中討論的作品卻非常熟悉。對於了然於心的讀者來說，閱讀他們嫻熟作品的總整理是浪費時間（至於有些人不熟悉你所討論的研究，他們大可去查）。反之，你正在建立一個論點，說明這些研究有局限性。你的挑戰在批評時要清楚，但不要過於誇大。假如你把文章投出去準備出版，
236 審查人有可能是你批評的人。正如同在一段親密關係中，批評者講者無心，

聽者有意。你所寫的批評要表現出尊重，但也要有說服力。這個方法會使研究和你所討論的作品同領域的人，更容易「傾聽」你的批評。

撰寫研究方法

讀者通常很好奇資料蒐集的細節如何決定。研究方法這部分就是要回答這些問題。在篇幅較長的文章中，如論文或專書，通常會提供一篇方法論的附錄，詳細說明研究者面對的重要挑戰。但是，幾乎在所有的質化研究中，你要在文章正文提供某些重要細節。

這裡的訣竅是坦然面對，同時認清現實情況。研究方法這個部分最初是為量化研究者所設計，因此想壓抑建立一致性（rapport）與進入傳統方法論限制等「天性」（yeasty），不僅顯得有點奇怪，還有點瘋狂。比方說，現實上你往往是透過非正式的社會關係進入一處田野，而且接觸到人實在非常困難，所以凡是可以研究的對象你就會研究。因此在這個脈絡下，「你如何選擇研究地點」的問題根本毫無意義。由於你實際上是拜託人家讓你進入一個地方（任何地方），你根本沒得「選」。

儘管如此，你還是有個方法。當你到處打聽想進入一個田野地點，你可能對於想研究誰與研究什麼有個想法。而且，你做這個決定是有理由的。你有必要把引導你提出研究要求的條件向讀者說明。這些都是關鍵的決定。以我《不平等的童年》為例，我排除學齡前兒童或初中與高中學生，而是尋找三年級的孩子，因為他們的年齡大到可以離開家做些活動，但也還算小，不會被同齡人的群體吸引而離開家庭（雖然現在回想起來，二年級或四年級的學生也可以，但這個決定感覺很關鍵）。我在中西部和東北部的大城市做了研究。這兩次我都開始向我的朋友打聽，他們是否認識在學校工作的人，可以讓我研究他們的學校。還有各種行政步驟，包括倫理審查委員會的批准，校長發給家長的信等，但關鍵時刻是通過一種非正式的社會關係介紹 237

給學校的官員。雖然我的焦點放在我多麼迫切想進入這些學校，但事實上我已經做出一些重要的設計方案，帶我進入我嘗試要去的學校：我想要有學區的公立學校，我想研究中產階級和工人階級的孩子等。同樣地，你也會選擇特定的年齡範圍（例如，幼兒園、小學、國中、高中或大學）。或者，你可能會選擇一家具備某些條件的企業。假如你這樣做，你要和讀者分享自己決定時的考量。這有助於他們了解你的理由。而且，假如你的理由隨著時間而出現很大的轉變，你可以和讀者分享這些資訊（特別是在方法論的附錄中）。獲准進入一個研究地點做研究向來都很敏感，所以有人支持往往非常關鍵。在研究方法的部分，人們很少談自己是多麼急於進入一個田野地點，但這些經驗往往會在方法論的附錄中說給大家聽。然而，即使在你最困難的時刻，你也可能會跳過有人提議的地點，因為它們不是你想研究的地方。這是你可以向讀者傳達的資訊。

有時你沒有選A而不選B的絕佳理由。或是你的決定不完美，研究有明顯的不足。如果情況如此，你需要跟讀者說。同樣地，寫到研究方法時，不要隱藏這些難處，而是要提醒讀者，許多質化研究者在尋找研究地點和招募參與者也面臨困難，簡單向讀者解釋為何如此。例如，我曾訪問非常富裕的人家，但拒絕的人非常多，這時我的「回應率」大約是20%。我覺得這很令人擔憂。然而，許多研究者也有同樣的痛苦。[13]因此，我能做的就是說這沒有我預期的那麼高，說出我為招募涵蓋性更廣的樣本而採取的各個步驟，並指出其他研究也有類似的回應率。如果我認為自己的受訪者從某方面來看不大尋常，我需要分享這個資訊。換言之，我需要「大聲說出來」，而非試著隱瞞。同樣地，你的研究絕對也有缺陷。解釋你的理由，說明為什麼任何潛在的問題都不會扭曲研究的結果。你反而可以跟讀者說，自己的樣本讓你有機會掌握意想不到的見解。這通常是你所能做的。

238 研究方法往往包含以下資訊。它們大致遵循新聞報導的「五個W」，也就是說出「是誰、做什麼、何時、何地，以及為什麼」做了這些工作。

同樣地，你的目標是和讀者分享你在面對挑戰時為何做出這樣的決定。

- 你為什麼選這個地點？（你是否考慮過其他地方？）
- 你是怎麼進入？你有 IRB 的許可嗎？
- 你在找受訪者的階段扮演什麼角色？例如，你是如何跟他人解釋這項研究？你是否給了受訪者一些甜頭？
- 你在那待了多久？
- 你有寫田野筆記嗎？你是否錄音？
- 你完成多少次訪談？受訪者是誰？受訪者有何特點（例如，根據種族和族群、年齡、社會階級等）？
- 你是否有要求那些拒絕參與的人參加？
- 訪問的時間有多長？訪問地點是哪裡？
- 受訪者是否有報酬或拿到謝禮（包括食物或花）？
- 你是如何分析資料的？你是否打了訪談逐字稿？你有一套編碼方案嗎？你有用編碼軟體嗎？如果有，哪一套？

你要簡單且不帶防衛地提供這些資訊。看看你所敬佩的作品，了解一下他們怎麼寫研究方法，也看一下你希望寫出的類似作品，看看別人怎麼處理研究方法的問題。找一個好的仿效對象幫助很大，但每種情況都屬獨一無二。

田野地點是否有代表性？

一般來說，即使不是辦不到，也很難跟讀者說明，如果你的研究在其他地方做可能有什麼不同。現實上，你就是不知道。然而，讀者難免對這個問題感到好奇，所以你往往必須用一種方式做評估。如果你知道自己的田野地點與其他地方有何類似或不同，你可以和讀者分享這些資訊。比方說，239 當討論到 12 個家庭同意讓研究者每天貼身觀察他們三週，讀者會（合理地）擔心，只有真正的怪人才會同意研究者這麼做。當然，我也曾擔心這個問題，但我說出自己對這個問題的思考。我指出自己已認識這些家庭和學校裡的孩子，過去幾個月已訪問過他們，訪談前一晚還用電話確認訪問內容，發了感謝信，打好關係。我說 17 個家庭有 12 個同意，拒絕的人似乎是擔心他們「不是完美的家庭」，而低於貧困標準的家庭也拒絕了（儘管我擔心以當時 550 美元的酬勞付款，會被認為有點半強迫）。我還指出，我決定詢問這些家庭，並沒有預期他們可能會同意；我問過一個原先訪談時做得很糟的家庭。他們同意了。換句話說，我的確有這種顧慮，也分享我所知道的情況，使我認為這個樣本是合理的。一旦你採取上述步驟，就試著放下內心的憂慮。你無法改變，所有的質化研究者都會面臨這些擔憂。看看別人如何在研究方法上處理這些問題，並跟隨他們（你也可以閱讀書評，看看別人如何評價這些傑出的作品）。有些批評不可避免，這是對質化作品「常見的」（garden-variety）批評。此外，隨著量化研究的回覆率急劇下降，許多研究都很難找到受訪者。[14] 這對每個人來說都很難。進一步的研究可以分辨你的研究是否與其他研究不同。

撰寫研究發現

研究發現是寫作的重點，通常也是寫起來和讀起來最有趣的部分。你可以在這分享你學到的東西——你可以分享你的研究對象說什麼，你把這些聲音帶到讀者的腦中。由於研究結果是論文的核心，所以在這裡強調你論文的貢獻就變得特別重要。

一篇文章的「靈魂」：「所以呢？」

找出你的理論貢獻意味著對於你沒做以及正在做的事做出艱難的選擇（有些人最終對於整個過程的這個階段感到悲傷）。因此，不要再管為什麼要寫論文，而是轉而關注論文真正要表達的內容。John “Rob” Warren 從《教 240
育社會學》（*Sociology of Education*）的編輯一職退下來時寫了一篇文章，分享自己很驚訝通過審查過程的文章居然這麼少。

> 大多數文章都缺乏一個靈魂——一個令人信服、表述清晰的存在理由。世界（包括教育界）面臨數不清的問題、挑戰、困境，甚至謎團。然而，大多數文章都未能很好地說明為什麼它們有存在的必要。許多分析都沒有很好的動機，也未能從現有的理論、證據或辯論中得到啟發。許多作者都理所當然地認為，讀者會看到他們所選主題的重要性，而無法把他們的作品連結到相關的問題、想法或討論。我一遍又一遍問自己（審稿人也經常問）：所以呢？

這是你的挑戰。事實上，我相信讀者不會像你一樣覺得你的主題很吸引人。你要讓自己的想法「走得更遠」，證明你的研究有助於回答一個更大的問題。你還可以幫我們理解這些更大的問題為何需要得到回答（如果我們不問這些問題，會錯過什麼嗎？）。你在這裡必須謹記，你可以跨出你所在的那個次領域，提出概念性的論點，清楚說明一個完全不同的次領域。假如你正在研究權力和脅迫（coercion），例如監獄守衛如何對待囚犯，就可能與軍官如何對待士兵有關。這總是能讓你的想法找出另一個概念上的應用。你應該這麼做。你在概念上的貢獻是在回答「所以呢？」的問題；而當你整理自己作品的重要發現，這個問題的答案也在其中。也就是說，你要問：「如果我們不探究這個研究問題，會有什麼誤解之處？」如前述，在「著名的三點原則」中，你要說你打算說的，說出來，然後說你說過的。你在概念上的貢獻應該在這三個原則的每一條得到強調。

> **寫作的小技巧**
>
> 多閱讀。你要沒有目的性的吸收大量知識。熟悉與樂趣帶來放鬆。當你讀其他（書），你就會懂得要做什麼與不要做什麼。
>
> Jame Smiley，小說家

241 如何寫研究發現：一種方法

正如我前面提過，我花了好多時間閱讀和重讀我所蒐集的資料來尋找主題，如果我使用程式，就會列印出來並閱讀子代碼（subcode）中的引文，並慢慢把可能引用的話移入一個檔案。然後我會編輯這些引文，刪除一些發語詞等等，並集中於觀點的源頭。正如我在《不平等的童年》第 8 章所詳述，我把 Marshall 女士（一位非裔美國中產階級母親）受訪時提到的女童軍和體操的話納入引文。隨著計畫展開，我逐漸決定在書中提出三個要點：社會階級會影響說話用詞、參加課外活動，還有干涉學校。雖然不同的家庭可以用於不同的要點，但最終 Marshall 這一家成為干涉學校的示例。看完引文後，我想證明母親養育孩子要費多大功夫。

因此，我在《不平等的童年》一書中引用這句話，並寫下正是透過母親的努力，孩子最終才會參加課外活動（相比之下，在工人階級和貧困家庭中，參加課外活動往往是孩子主動）。然後，我先用自己的話陳述文中的觀點（Marshall 女士付出的心力）。

> 根本完全是 Marshall 女士在處理幾位女兒的生活和活動，以及對於 Fern 或 Stacey 學校生活的抱怨。Marshall 女士為女兒所做的努力並非

罕見。……大多數中產階級的母親在校外活動方面都會承擔類似的工作。例如，Stacey 參與體操的方式，就是標準的母親在努力。

然後，藉著引用 Marshall 女士自己的話，我不要求讀者相信我，而是向讀者**顯示**我的說法有依據：

當她上三年級，我找不到女童軍團讓她參加。我想她已經參加了四年的 Brownie 女幼童軍。Fern 參加了一個女童軍團。Stacey 還沒到女童軍的年紀，所以在這個沒事的夜晚我們就去了（笑）。所以 Stacey……我想讓她做些事，而它是個空白……我不想要她一直坐在電視前。

我還想顯示母親會靠著人脈掌握資訊，所以引文的第二部分就是用來說明這點。我解釋體操教練推薦了一個計畫，但這還不夠： 242

Stacey 的母親並不滿足於只靠教練的推薦，她還挖掘自己的人脈：

「嗯！光是聽到一些家長說，我就開始拉長耳朵聽小道消息，嗯……而且……我聽到一些家長提到：『好吧！如果孩子真的喜歡體操，你就把他們送到 Wright's。』」

請注意，我沒有簡單斷言 Marshall 女士與其他家長聊過。反之，我用 Marshall 女士解釋她如何「打聽小道消息」以了解要去哪裡上體操課這段話來顯示證據。緊接著，我在這段話之後討論 Marshall 女士的階級網絡：

雖然在這個例子中，Marshall 女士是在一場娛樂活動中蒐集資訊，而在其他例子裡，她則是尋找解決教育的問題（當 Stacey 沒資格參加學校的資優計畫）。正如所有樣本裡的中產階級父母，Marshall 女士的「小

> 道消息」非常豐富，她的親友有教育專家、心理學家、律師，甚至醫生……比起工薪階層和貧困父母，中產階級的家長更可能有非正式的管道接近寶貴的資訊，還有來自專業人士與專家的忠告。

我分析時把「小道消息」這句話連上我的分析觀點，也就是中產階級父母可以從專業人士那獲得有價值的資訊。這像漢堡一樣，這句引文是證據的核心，但還有一個想法（即蓋在上面的麵包）和一種詮釋（即下面那片麵包），將這段引文連結到整篇論文整體的目標。

你需要說服讀者，你的主張——你的想法——得到堅實的證據所支持。當然，其他類型的研究者也會這麼做。但是，表格，尤其是帶有各種模型和交叉項複雜表格的標準量化研究，甚至在讀者開始檢視前，就可以使研究結果看起來極具可信度——儘管仔細檢查可能會發現問題。但是，當你
243 拿文字而不是數字當證據，一般來說不會頂著相同的權威光環。反之，你必須贏得讀者的信任。你要靠著一步步說服讀者贏得信任，使他們相信你的主張有憑有據。正如美國國家科學基金會（NSF）一名計畫官員說過，一位民族誌專家說「相信我」，不足以讓國家科學基金會給予補助。而且，這也不足以讓讀者相信研究的結果。

如何建立讀者的信任？

限制主張的範圍

務必確定你的主張不會太多。例如，很少有質化研究能同時說明一個社會過程對小孩的成績、成年人的健康情況或其他重要生活的影響。寫得你的研究好像辦得到，是新手常犯的錯誤。但是，你的研究可以解開一組關鍵的機制或過程。此外，要認真對待的是，你不需要果斷展示研究過程的結果。反之，如果你試圖主張的事情是自己無法果斷證明的，你的研究

可能會受到嚴厲的批評。同樣地，你通常無法展示隨時間而出現的改變，除非你的研究做了很長一段時間。有些研究屬於貫時性（longitudinal），但大部分不是。你要主張自己可以用手上的資料證明的事。

不要一下子帶入太多觀點

你只想幫助讀者理解幾個觀點。你需要把自己小小的想法歸納成大的觀點。傾聽你的同儕、寫作小組的成員或老師會有幫助。一旦你越來越清楚自己的觀點，你就需要不留情面，確保自己寫作與修改時，不會毫無章法地從一個點跳到另一個點（儘管論文的初稿從一個點跳到另一個點很適當且稀鬆平常）。在最後的作品中，我喜歡每一節或每一小段只有一個主要觀點，然後就用一節為自己的主張提供經驗上的支持。太多的主張會使讀者頭暈腦漲，他們會認為你沒有足夠的深度支持自己的主張，也會認為你不知道自己在寫什麼。你要先有一個主要的論點，然後進一步發展，並從各種角度進行思考，給出足夠的證據來支持這個論點，並且承認反面的證據，然後整理你的主要論點。

確定證據與你的論點完全一致 244

你放進最終書面的證據只是蒐集到的一小部分。當然，蒐集那麼多，卻不能讓你的研究結果見光，勢必令人相當沮喪。然而，資料有深度是好事。這表示你對自己的論點有把握。你可以為每個觀點想到很多例子。你相當確定。你或許可以用你最喜歡的田野筆記摘要，但你應該有很多不同的田野筆記，不同的引文，以及不同的人，全都指向同一個結論。你可以算一算有多少人說了多少話，如此一來你就不用太依賴某些人。此外，表格可以是透過簡短的引言總結研究中人們的經驗，以傳達大量資料的有效方式（由於表格會把論點定下來，通常在很後面的過程才會畫表格）。表 9.1 把《不平等的童年》這本書的表格放在這，摘要出我的論點。[15]

整體而言，研究結果這部分在你看來要站得住腳，讀者也應該要覺得可靠。因此，重要的是你提出的論點必須有研究發現的支持。許多情況下，你的模式不會出現在所有樣本中，可能只在部分樣本中看得到。你有必要向讀者解釋這個模式。

可是，假如你喜歡的某些證據不符合文章裡眾多觀點的其中一個，你就需要把它拿掉用於不同的文章。因此，重點不在於你耗費多少時間蒐集這些寶貴的資料。分析時你要看清楚，才能建立一個堅實的論點。

從善意、有建設性的讀者那得到意見非常關鍵。我發現刪比加更容易，所以我往往會寫一篇比較長的初稿。一般來說，我會從自己的寫作小組（每三週開會一次）得到修改意見。我們在寫作小組往往會給對方同樣的意見：你似乎是說這個，要更清晰，論點不要太多，並且多分析資料。有了這些反饋，我在編輯時就會毫不留情。儘管紙本越來越不受歡迎，但有明顯的證據顯示，閱讀紙本而不是只閱讀電子檔對你會有幫助。[16] 文章快快編輯過一
245 輪後，我一定會再重讀自己的草稿（我自己的寫作儀式是在沙發上讀一遍，修改，印出來，然後再讀一遍）。每次讀了修改的版本，我會刪掉幾個字，

表 9.1　兒童教養差異的類型

	規劃栽培	自然成長
關鍵元素	**父母積極培育及評估孩子的天賦、想法和技能**	**父母照顧孩子並任由孩子自行發展**
日常生活的安排	• 成人年為孩子精心安排數種課外活動	• 孩子特別常和親戚「混在一塊」
語言的使用	• 講道理／命令 • 孩子反駁成年人的說法 • 親子間不斷協商交涉	• 命令 • 孩子很少質疑或挑戰成年人 • 孩子通常接受指令

學校的介入	• 代表孩子提出批評及插手干預 • 訓練孩子提出批評與干預	• 仰賴學校 • 無力和挫折 • 學校與家庭教養的衝突
結果	• 孩子逐漸產生權利感	• 孩子逐漸產生拘束感

拿掉一些專業術語，提升流暢性，並蒐集新的看法。大多數文章都要經過好多次修改；有些作者會大方分享已發表論文的前期版本，以便讀者能夠看到觀點的發展過程。[17]

別捨不得用證據 246

我從博士論文改寫投稿到期刊的第一篇論文中，長約三十頁的文章我恰好就引用了四句話。這也讓一位審查人合理抱怨我的論文「看不出民族誌的樣子，分析也相當局限」，另一位審查人指出，我呈現的是「單薄和簡略的資料，建立在極為廣泛的通則上」。審稿人說對了；證據是整篇文章的核心。所以，一篇文章應該引用多少句話？雖然這不是完美的做法，但我經常是先估計自己雙倍行距的論文有幾頁，然後以初稿的每一頁有一段引文或例子為目標（也就是 20 頁的論文或章節，會引用 15 到 20 則受訪者的話）。

既然你寫作時，通常可以從許多田野筆記或引文挑一個來用，你大可選你最喜歡的一段（只要證據支持你的觀點）。挑一段情感上能打動讀者的引文也會有幫助（只要不煽情）。有趣的、辛辣的或有力的引文，可以豐富你的作品。你要謹慎也千萬別超過你在田野掌握的東西（此外，你不希望把任何會傷害或損害任何人的資訊納進來）。但是，生動的文字讀起來更加耐人尋味。不過，你在這點上要找到平衡，雖然你需要證據，但也不希望證據太多。

引文不要太長

寫作時，有些誘惑會讓你忍不住，想引用一大段話把大量的資料寫進去。部分原因是你可能已經依附在受訪者身上。你可能想讓他們說的話躍然紙上。你可能被這些結果所迷惑（有些最偉大的愛情故事發生在質化研究者和他們的資料之間）。但不幸的是，讀者不需要大量資料。[18] 一份資料的全部目的就只有具體說明**一個觀點**。你要放入夠多資料，讀者才能了解來龍去脈，但引文要聚焦。雖然這裡沒有硬性或信手拈來的規則，但四到八行通常是合適的數量。一段引文如果占四分之三頁，讀者會難以詮釋，而且應該分成一小塊一小塊，由你的文字引導，如此一來讀者就能看到**你**希望他們從引文中帶走什麼。同樣地，一句話也不該有太多觀點。如果有，就會讓讀者感到困惑。

247 承認你詮釋中的弱點

當你不承認自己的觀點有問題並直接寫出來，讀者就會產生困擾。既然是你寫的，你肯定知道這些問題，你應該承認面對，然後試圖解釋。世界很少整齊劃一。以大多數質化研究來說，根本就不可能把一切證據完美排列以支持你的論點。有時人的思想和行為會自相矛盾。團體中的部分成員就是與其他人有不同的看法。因此，你要確保以清楚的方式講出來：「是的，有些證據似乎不支持我的論點。」你要簡潔地提到這些證據，然後，最重要的是說明為什麼你不覺得這對你的結論相當致命。例如，我在一篇合寫的論文中，要共同證明在一所多種族的小學，許多非裔美國人的家長對學校深感不信任。這篇論文的重點，是家長如何表達擔憂的階級差異。然而，我們在這篇論文也提到其他非裔美國人家長的不同看法：

> 此外，不是每位家長都認為比起白人學生，黑人學生面對了不公平且較為不利的待遇。許多黑人家長說他們不知道學校裡是否有問題。……其他黑人家長則說小孩在 Qingley School 會因為種族而受到不公平的待遇。有些家長，不論社會階級是什麼，對黑人家長抱怨種族不公平的事都極為反彈。[19]

我們在這提供更多引文，顯示一些非裔美國人家長強烈支持校長，以及敵視抱怨種族不平等的家長。簡而言之，在「家長看法不同」這短短的一節中，我們承認有反面的證據，但文章的主要目的相當明確。

討論反面證據時，你可能會點出這相當少，集中在一個群體，或很弔詭地說，是既定規則的例外。這個討論必須言簡意賅，但一定要有。你的語氣在這很重要。你不想表現出一種不在乎的樣子。反之，你要讓讀者相信，你非常願意被反面證據所說服，但這些證據沒有形成一個很強的案例。當然，正如本書前面所說，重要的是你**是**願意為自己蒐集的資料而改變想 248
法的。畢竟，假如你知道自己做研究前就會發現什麼，那何必大費周章呢？

不要概括證據，要詮釋它

作者最常做的一件事，也是最無聊的一件事，就是提出一個觀點，呈現一些資料，接著寫一段，簡單總結你（讀者）剛剛讀過的資料。這不僅讓讀者惱火，而且也浪費作者的機會。你不能只概括這段引文，你還要往前走一步。你要回答以下問題。這些證據如何支持這個觀點？這個觀點是如何支持假設與命題？這句話為什麼讓你得出這個結論？例如，我和 Vanessa Lopes Muñoz 在一篇討論家長參與的文章中，描述家長與校長對學校組織上的衝突：

> 反之，家長希望學校更有人性，更靈活，更有趣。簡而言之 ，他們希望學校別那麼官僚。Beth 整體上很在意午餐時間的氣氛：
>
> 「樂趣。只是需要一點樂趣，那裡很沉悶。緊繃、緊繃，我覺得那裡整體的調性就是這樣⋯⋯他們現在午餐時必須注意自己的舉止；他們要輕聲細語⋯⋯我發現他們也讓午餐變得相當無趣。」

我們可以說：「所以，家長抱怨午餐『相當無趣』。」這會呼應整段話的其中一個關鍵字，但不會給讀者帶來任何新的資訊。

反之，我們可以提出分析，簡單提醒讀者我們對文獻的批評（學者誇大家長和教育者之間的關係），並說明我們的關鍵點（家長和校長優先順序不同）：

> 研究者在討論家長參與時假定，家長和教育工作者能透過充分的溝通協調工作。儘管我們發現他們對怎麼做對小孩最好有共同的大目標，但他們對如何排定小孩需求的優先順序看法不同是明顯的阻礙。因此，
> 249 即使是在做些對小孩最好的事，家長與校長經常有不同的優先順序。

因此，簡單來說，這段分析提醒讀者為什麼這些發現很重要（過去的研究一般都假定家長與教育工作者很融洽）。寫得簡潔很關鍵，但是在論文中適當放進一個句子，可以把資料連結到文獻中需要修正的弱點，提醒讀者為什麼這些引文很重要。

你或許可以指出例子裡清楚說明你個人主張的面向，把讀者帶回你的實例。這個作法相當好，因為你不希望一再重複自己的論點。相反地，你要幫讀者理解這個證據對你整體努力所做的獨特貢獻。以下是我一篇論文中的兩個例子，我提供了追蹤資料，說明階級如何影響未成年人向成年過渡。[20] 在這個例子中，我一方面講了一個故事（一個年輕人工作中遇到的問

題），同時提出關於社會階級和文化知識的分析觀點。以下是其中一部分的早期版本：

> 其他人也提到難以實現夢想。比方說，過去十年來，來自貧窮家庭的白人男性 Mark Greely 都是在 Safeway 超市工作。但在此期間，他一直想要一份「用電腦」的工作。他的目標缺乏更具體的內容（像修電腦或寫程式）。他陷入困境動彈不得。此外，過去十年他一直打算考駕照。他最近通過筆試。但是，考到駕照是他重大的人生目標，部分原因是他有焦慮的問題。儘管如此，他曾與一名經理發生爭執遭到解雇（因為受他污辱而威脅要「打扁他」），很可能失業，但最後還是回去工作。不過，他在這件事得到一名有同情心的法官協助，令他驚訝的是，這位法官在聽到他的故事後對他的憤怒表示同情。[21] 但是，威脅要打扁這位經理，雖然和其他工人階級男性處理工作中受到的侮辱一樣，卻不符合公司的政策。

我的寫作小組組員寫到：「這感覺有點不清楚。也許聚焦在其中一個事件，多講一些？」

修訂時，我把 Mark 處理組織挑戰的文化知識有限這個分析點，變成那 250
一段的第一句話，讓觀點更清楚。此外，我也把發生什麼事的來龍去脈說得更清楚：

> 其他人也提到處理組織挑戰的難處。來自貧窮家庭的白人男性 Mark Greely 在 Safeway 超市工作了十年。儘管幹了很久，Mark 最近……丟掉他在 Safeway 的工作。正如他的解釋，他 30 歲了，由於大眾運輸意外誤點，導致他上班遲到。怒氣沖沖的經理把他叫進辦公室大吼：「沒錯，如果我 21 歲而且沒有高中學歷，我也會怕被炒魷魚。」聽到對

> 方的羞辱，Mark「啪的一聲」，並且威脅要「揍扁」這個人。當然，「這個反應」不符合公司的政策。總而言之，工人階級的貧窮年輕人不大清楚制度是怎麼一回事，無法處理好工作上的衝突，也深深覺得自己不大能尋求幫助，當他們想尋找制度上的個別通融（individualized accommodation）時，通常不得其門而入……我的論點努力去說明非經濟力量在人生重要轉折，以及帶來這些轉折的微小時刻所扮演的角色。

因此，在寫作時，研究結果要寫得越清楚越好（例如，受到經理的侮辱後，Mark 威脅他的經理），並把例子連結到你的概念（例如，工人階級的貧窮年輕人不大清楚制度是怎麼一回事）與你的整體論點（例如，社會階級形塑理解制度的文化知識；階級的差異會導致不平等）。你可以讀你所敬佩的著作，了解這些作者如何連結資料、概念主張和整體論點。

確保論文環環相扣

寫論文或專書的各個部分，很容易忘記整體圖像。但是，你希望每個
251 部分都能牢牢扣緊主題。論文的每個部分都應該一致，指向同一個結論（而不是分崩離析）。有些人會反過來給論文列出大綱（例如，根據他們所寫的內容擬定大綱），查看他們有什麼內容。有時候，有必要刪除整個部分，讓文章更為緊密。

不要說教

從事社會科學研究，你很容易就對資料蒐集所觀察到的事義憤填膺。講理的人可能會不同意你在書中採取的立場（這點我們在後面民族誌的權威時會再討論）。雖然你一直忠於受訪者所言，但你自己的語氣則是另一

回事。例如分析時，**應當**、**應該**、**卑鄙**、**無恥**和**責怪**等詞，經常是你在分析中洩漏個人立場的跡象。

為什麼我建議這麼做？

假如你語氣中義憤填膺，你可能會失去不同意這種觀點的讀者，更重要的是，如果你明確表示自己有強烈的立場，讀者可能會不信任你看到和說出的內容。畢竟，你是質化研究資料蒐集的核心，是你看到並記錄資料（很少有幫手）。對某件事情有強烈的道德觀點，很可能會阻止你看到不支持你論點的資料（即反面證據）。這不是在說任何民族誌學者可以完全客觀或沒有偏見。我們是社會性動物，這是不可能的。我們的立場會在與人往來的過程中流露，它們會引導你的作品。[22] 至於如何進行，則有不同的學派。我認為對我來說比較合理的是對抗個人信念，懷疑個人信念，並讓自己處於個人想法經常受挑戰的情境中，努力尋找反面證據。在寫作時，你要試著幫讀者理解重要的事。你的目標是盡一切可能在寫作中與讀者交流。當有另一個詞可以輕易傳達你的意思時，你會不想讓自己的選詞失去讀者。這個過程有時可能充滿挑戰。例如，有時候你引用的話可能出自種族偏見的受訪者；他們的話會犯眾怒。其中一種辦法是簡短承認這種偏見，以便讀者知道這是受訪者的觀點而不是你自己的觀點。

思考自己在內文中的角色 252

正如 John Van Maanen 在《田野的故事》（*Tales of the Field*）中清楚提到，你可以在各種寫作風格中選擇。特別是，你可以寫一個你不在田野的「敘事」（narrative），就像 Matt Desmond 在《下一個家在何方？驅離，臥底社會學家的居住直擊報告》（*Evicted*）一書中所做的那樣。或者，你可以在寫研究結果的時候，讓自己深陷於行動中，如此一來，你在田野的角色，以及激烈爭論的道德狀況就會更加清晰。[23] 我自己的偏好是你要小心翼翼提醒讀者，你也在情境之中（Jean Briggs 曾和一個伊奴特人〔Inuit〕家庭共處，後來寫出一本出色的書《永不憤怒》〔*Never in Anger*〕，在這方面做得特別巧妙）。你不想讓自己成為你研究中的明星。

這種平衡難以拿捏。而且，很多方法都能在無意中讓自己成為敘事中的明星。你可以花很多時間談你自己的經驗，或是可以把自己發現的過程變成敘事。焦點放在作者可以充滿揭露與趣味，但我發現這會分散對被研究者的關注。其他人可能不同意。

撰寫討論的部分

在一部音樂劇中，序曲通常是即將到來的主要歌曲的音樂旋律，讓聽眾知道表演的故事情節中有哪些成員。論文的討論部分也一樣，討論會重新訪問整部作品的重點。由於目標是重述要點，並且討論研究發現的意義，你不會想在討論部分再介紹新的資料。你也不想用新的想法讓讀者嚇一跳。反之，你討論的所有觀點都應該如你所提交的資料所預期。你可能會想到有個大學生擔心自己是否掌握主要觀點：你是在確保他們已經理解主要觀點。

因此，你首先要喚醒讀者大腦中文獻的弱點和研究的必要性（這可以用幾句話完成，有時只用一句話）。然後，你要強調自己三個或四個比較重要的觀點。你可以簡單承認你研究中的任何弱點，但接著解釋為什麼這對你的研究並非致命的弱點。你要解釋自己對文獻的貢獻。

253 回答「所以呢？」這個問題

簡明扼要地解釋你對文獻的貢獻（例如，根據文件大小從用幾句到幾段話）。正如我前面指出，當你做完這些，通常要討論意義。因此，你要「做得更大」，想得更廣。你的研究對其他領域有什麼意義？比方說，研究低收入女性如何不信任她們的老闆、日托員工或社工，或許可以說明第一代大學生為什麼不信任他們教授的建議。你想看看自己的研究是否有助於清楚說明其他領域的社會過程。[24] 你想討論自己研究中的關鍵概念，還有這些概念與其他重要概念之間的關係。你可以討論尚未解決的研究問題，並呼籲再做進一步研究。

最後，你可以思索自己的研究對日常生活的政策影響或更廣泛的意涵。現在我們有了你的發現，應該重新思考哪些政策？誰應該做什麼？有什麼潛在的問題未來會浮現？你可能不知道所有答案，但你已經花時間認真思考這些問題。分享你所學到的東西。

當你總結的時候，你要回到研究中的一項重要主題來劃下句點。避免強調自己研究的局限性，讓文章結束在唉聲嘆氣。你絕對要承認這點，但不是在文章的結尾處。反之，你要留下一個重要的概念，縈繞在讀者的腦海中。留在你所能主張的範圍內，但是要直接了當且堅定說出你掌握的東西。

如果有人在五年後還記得你的研究，他們應該記住的重點是什麼？這就是你要在文章結尾處強調的內容。

處理寫作中的不確定性

> 老實說，寫作相當可怕 。
>
> Kristin Luker
>
> 《社會科學中的騷莎舞》（*Salsa Dancing in the Social Sciences*）

有些人是冷靜、自信且細心的作者，他們不會因寫作過程的不確定性而惶惶不安。這些人有老天爺的祝福（他們可以跳過本節）。但是，有些人在掙扎，有些人則藉著拖延來處理他們的焦慮。[25]

254 處理質化資料會在寫作時產生特別的憂慮。其中有些憂慮相互矛盾。例如，你可能會因自己一頁又一頁的資料而喘不過氣，又對一篇文章中只能放進幾句引文感到沮喪。由於你游在資料的大海中，選擇引文會感覺很沉重。同時，你也會覺得自己沒有足夠的資料。你可以擔心自己的主張是否有依據，但一想到需要回去蒐集更多的資料，就會恐慌、心跳加速。即使你很確定自己看到的東西，但拿著這些資料做出大膽的主張，看起來似乎可怕。你可能渴望得到更多資料。這些擔憂實屬正常，但需要妥善處理，特別是因為正反兩面的擔憂可能同時出現。那會使你動彈不得。

緩解寫作焦慮的技巧

如果你是焦慮的作家，反思讓**你**的寫作過程如此艱難的原因可能會有幫助。你感到孤獨嗎？你覺得自己能力不足嗎？你是否擔心別人如何看待你的作品？了解困難的來源能幫助你解決這個問題。例如，假如你感到孤獨無助（這是常見的問題），那你就可以安排和朋友一起寫（安靜地），寫作之前或之後安排社交時間，或找一些其他的社交管道。如果你懷疑自己的主張是否充分，你可以詰問自己質疑的原因。你是否擔心資料不夠？你是對於沒有回答「所以呢」的問題而苦惱？你是否擔心論點不夠有趣？如果是這樣，你可以讓別人閱讀你的初稿後給予回饋。如果你心裡煩惱別人如何看你的文章，你可以試著搞清楚煩惱的來源。你是否擔心你所描述的人會怎麼反應？你是否擔心同一個研究領域的其他人怎麼看？你是否擔心自己所處的相對位置（positionality），特別是權力和特權方面？這裡沒有一套標準答案，但花點時間看清楚自己不安的來源相當寶貴。有個你可以訴說恐懼並讓你放心的朋友也同樣難得。不過，即使如此人們還是有煩惱，因為正如 Pamela Richards 最近所說，有些人不相信讀者會跟他們講真話。因此，即使初期一些評論私下跟你說你寫得很好，你也會擔心他們是在撒謊或過於正面（完美主義者尤其可能如此）。

正如 Luker 指出，寫作也許「很可怕」，學會信任你收到的意見並信任 255
這個過程，可能有一定難度。[26] 大多數評論都帶著批判；因此，如果他們稱讚你，不妨就聽進去。而且，如果你考慮過所有議題，仍然覺得寫作很困難，有個「承諾期程」（commitment schedule）和彰顯承諾的策略會有幫助。[27]

在這個過程中，有一群會讀你文章的人非常可貴。你可以邀請你稍有認識的人固定碰面，組成一個團體（但要看起來人很好，挑剔但不會過於吹毛求疵）。例如，在我的寫作小組中，我們三個人每三週碰面一次，每個人都有半小時得到我們想要的任何意見，或者討論資料蒐集、找受訪者或任何阻礙我們寫作的問題。如果我們寫了一段文字要分享，我們會在碰面前幾天寄給大家，然後我們會為彼此加上評注並寫下整體評論。我們還會分享補助申請、招募受訪者的文案、訪談指南、編碼方案和論文章節。很多時候我們根本什麼都沒寫，我們只是藉著討論我們所面臨的問題來「脫困」。如果在開會時想到什麼問題，我們通常會把它當成最優先的工作，立即給予回饋。我們也會慶功。當然，我們有許多不同方式來組織寫作小組；有許多組織提供支持。[28]

寬恕

我無法寫我想要寫的書，但我可以也將寫出我有能力寫的書。一次又一次走過這個生命的過程，我就會寬恕我自己。

小說家 Ann Patchett

找出一段固定的寫作時間對許多人來說很有效。很多人發現**每天**寫作——比如清晨幾個小時——絕對有必要。[29] 然而，這種老派作法對我來說並不適用，因為我只有在靈感來的時候寫，而且往往是深夜。我還會做所謂的「列出大綱」，也就是用紙和筆勾勒出章節或文章可能的想法。我還會閱讀訪談和田野筆記，並蒐集引文（如前一章所述）。我試著釐清我對其他文獻的批評，自己的想法，還有我會用的引文（這些都是憑記憶來做，不
256 用看電腦。因為我不想受到干擾，但其他人喜歡徹底看一下自己的引文）。當我稍微確定整體論點之後，就會開始挖掘引文。

一旦我開始寫文章，基本上喜歡整天就做這一件事，除非我有其他要務。我還發現一邊寫作一邊煮飯很有幫助——比如熬湯或燉菜，煮飯可以開始和停止。這樣稍微分散注意力幫助很大，但它不會像電視節目、電影或遊戲那樣讓人入神。我發現出差對我的寫作流程是很大的干擾，但拿出洗碗機的碗、拔雜草、在街上散步與其他小雜事就不會。而且，研究證明做點其他事大有幫助。[30]

我一寫出草稿，就讀一遍，修改一遍，然後不斷修改。我也讓別人讀，然後根據他們的意見再修改。

猶豫不決與修改

如果你有寫作焦慮症，要時時提醒自己的論點不要經常改變。我見過有些焦躁的作家寫了一段前言，把一篇文章放入一批文獻中，然後判斷這樣寫的各種缺點，接著就跳到一批新的文獻。每一次，他們都確信這個方法更好，但後來又改變了（這是另一個「被文獻嚇到」[31] 的例子）。我認識一個歷史學者，他在五年內對一本書的重要章節修改超過十五次。由於這段時間證據並未改變，而且幾乎所有的前言都寫得很好，我相信不斷的修改就是因為猶豫不決和焦慮。如果你花了好幾個禮拜來確定論文的重點，卻一直在修改論文的貢獻，這時你應該向別人求助。[32]

有時候，這些挑戰在別人身上比在自己身上看得更清楚，而且不恰當的猶豫不決是生活中一再出現的常態。我以自己人生中的艱難時刻為例，當我 78 歲的父親突然意外過世，我的母親居然難以決定在父親的告別式上

要穿什麼衣服（他有一天下午突然在家嚴重中風，送到醫院的十天後就過世了）。當我們家在準備告別式的時候，我那精神恍惚、悲傷過度的母親，才發現自己沒有合適的衣服可以穿。所以，我在時尚界工作的妹妹開車帶我媽去購物中心。我的母親不常購物，而且結褵 48 年的先生剛剛去世，所以一開始她找不到自己喜歡的衣服似乎頗為合理。但是，隨著她試穿一套又一 257
套黑色套裝——雙排扣外套搭配裙子，單排扣外套配褲子，大口袋細條紋長外套，以及沒有口袋的高腰閃亮外套——一套一套換下去，我妹妹內心開始疑慮。最後，她小聲說：「媽，我認為這和衣服無關。」我母親恍然大悟，意識到自己內心深處的悲痛，可能才是造成她厭惡這些套裝的原因——在這種「神奇想法」下，她希望只要她挑不到要穿的衣服，就能避開告別式和父親的過世。[33] 有了這種認知，她很快買了下一套試穿的衣服。

因此，當你做質化研究時，這些資料也能用來做不同的論證，但你需要選擇。有時候，選擇需要你鼓起勇氣。畢竟，正如我前面所言，一個好的論點要建立在對其他作品的批評上。你嘗試指出一條新的思維方式。但不免擔心別人會受到冒犯。有些人想像眼前有災難等著他，作家有時也確實受到言語攻擊。[34] 這不常見，因為作家寫的東西更多時候是遭人忽視，但還是會發生。當我寫第一本書時，我的一位好朋友，一名醫生，也在寫她的第一本書。我們都在煩惱寫作過程中一些問題。她給我寫了段話，後來我把它貼在家裡的冰箱上：「以醫學來說，有人過世就是很差的一天。除非有人因為我的寫作而倒地與身亡，否則我不會擔心受人攻擊。我會繼續寫作。」這個想法非常寶貴。毫無章法的論證與粗糙的寫作並不可取，但它們不會殺死任何人。我們不知道受到攻擊的機會有多大，但如果砲火猛烈，你是可以撐過去的。另外，有些人認同這樣的信念，對一篇文章來說，只要有人看就是好事，因為即使是負面的關注也能吸引讀者。不過有時你需要鼓起勇氣，寫出你的主張，並解釋為什麼其他截然無關的文獻沒提到這點。你正試著做些新的事。你認為這很重要。你想用清晰的話說出來。

所以，一旦你選了一條路，就不應該質疑自己的選擇是否明智。反之，你要堅持這個計畫。而且，如果你擔心自己論點中的漏洞，請記住，你可能
258 過於誤判自己作品的水準。至少，在你放棄一個方法之前，應該找其他人讀一讀你的作品，並評估其中的弱點。此外，別忘了你往往可以在註腳承認自己的限制，解釋為什麼這個弱點不會致命，並讓讀者參考其他相關文獻。一篇文章不可能百分百完美。

隨著你了解自己寫作的儀式，你要盡己所能安排好個人生活，加快寫作進度。[35] 如果焦慮讓你寫不下去，就應該尋求專業協助（例如，認知行為療法）。短期的治療介入（少到八次）就可能會改變生活。此外，還有些策劃編輯（developmental editor），只要付點費用就能請這些專業人士幫你調整和強化一項計畫。聘請專業編輯（甚至是「策劃」編輯）可以讓你得到解放，他們可以幫你突出重點，精簡論點，並使文章更加精煉。[36]

最後，當你更加老道，寫作或許就不再那麼沉重，也更容易管理。你可能會多寫一些，擔心的少一些。但如果寫作沒有變得更容易，也就接受事實吧！焦慮的作家，特別是學著處理好自身焦慮的作家，可以也確實完成了他們的文章、博士論文和專書。事實上，很多優秀的作品都是由焦慮的作家所完成。

尾聲

經過不斷修改的過程，你的成品往往變得更簡短也更清晰。修改是寫作過程中很有幫助的一環。

此外，我們當中很少人天生就有好的寫作技巧。我們必須學習這些技能。而寫作是自我發現的過程，有助於你了解自己的優點和不足（例如，我已經了解，編輯引文對我來說比寫討論那一部分更容易）。

以質化資料寫作有不同的挑戰。雖然質化研究者經常有幾千頁的資料，

但寫作有嚴格的限制；篇幅不能太長。殘酷的現實是，你的田野筆記和訪談記錄，只有很小的一部分會寫進最後的作品。而且，你必須在寫作過程做出數不清的決定。這些決定大多沒有明顯的答案，例如，一段引文常常和另一段引文有同樣的說服力。

但是，你的研究可以用一種不同於其他社會科學形式的方法，改變其 259
他人的想法。根據參與觀察及訪談，以優美的文句寫就的研究，可以賦予人生命，並且幫助讀者了解人們所面對的挑戰。你試著使用生動、詳細且具有說服力的文字，協助讀者真正了解你研究對象的生命。而且，你試著把這些人活生生的經驗，連結到一個更廣泛的概念——如此一來，讀者就能了解為什麼這個研究很重要。因一部結構完整的作品而渾然忘我會相當愉快。閱讀一部真正好的作品，就像收到作者送的一份小禮——你人生中一定會收到的禮物，而你即使是個新手，也可以並應該給其他人一份這樣的禮物。

10 結論 260

為什麼訪談及參與觀察研究很寶貴

訪談及參與觀察可以讓日常生活栩栩如生，深化我們的知識。這些研究取徑也可以達到其他研究無法辦到的事。值得注意的是，訪談與參與觀察可以幫我們了解在特定情境下，人的經驗及面對的挑戰，捕捉到許多政策非意圖性與未知的結果，並且十足展現制度力量對個人日常生活的影響。你的研究必須一板一眼，採取社會科學的學科標準，但每項研究都是獨一無二。研究結果往往深刻、有畫面且富有啟發——特別是因為重點不是靠著一套強加的研究問題，而是靠著發展一套把背景特殊性納入考慮的研究問題上。研究還翔實記載我們對人的描繪，甚至提供井然有序且帶有情感的資料。因此，隨著深度訪談和參與觀察開闊我們的知識並觸及我們的心靈，研究也提升我們對世界的理解。當然，各學科的概念模型各不相同，但是藉著經驗類型的紀錄（documentation），許多研究者試圖了解某些事情發生的方式和原因。如果你的研究結果改變人們對某個關鍵問題的思考方式，你的作品就有助於創造更好的政策。

你可以沉浸在社會世界中，創造新的知識形式。事實上，你可以清楚說明目前遭到低估或忽視的議題。有時候，這可以引領新的研究方向形成。
訪談和參與觀察的研究比大規模調查更靈活，因為它們很容易根據時代的變 261
化而調整。雖然貫時性研究對勾勒社會趨勢極為關鍵，但它們也受到侷限；

問卷不能太長，也很難在之後增加題目或深入探索新的方向。但在參與觀察中，你可以一直出現（在田野），直到你不再學到新事物為止。訪談也提供探索原始問題的環境。因此，你可以把組織過程和其他人的生活經驗及觀點，帶給更多受眾，包括政策制定者。你可以在組織層面改善關鍵社會過程的概念化，例如組織如何無意中阻礙工人的生涯發展。著作也可以詳述其他人的經驗，包括為什麼病人不遵守醫囑，或父母的階級如何透過教育向小孩子傳遞優勢。

此外，訪談和參與觀察研究也充分說明關鍵社會力量的錯綜複雜。社會科學家常常把注意力集中到一個制度上——刑事司法體系、教育制度或勞動力市場。但現實上，眾多制度同時形塑著我們的生活。訪談和參與觀察特別適合透過豐富的細節，呈現這些制度在不同的個人生活中如何迴盪——而且經常相互碰撞。因此，你一路上可以看到複雜且豐富的資料，了解社會和結構力量如何交織，影響組織、團體和個人。這些資料都非常罕見。

當你在寫作，也會有一項關鍵優點。你藉著自己的資料和分析，創造了一段敘事——一個故事，幫助你的讀者深刻了解研究對象的生活經歷。敘事可以非常強大。每個人都曾被一本書或一部電影所打動，故事人物讓我們久久不能忘懷，這可以幫助我們以新的方式看待所處的世界，或者教導我們一些自己的事，從而把我們的生活拋進新的觀點中。社會科學研究者遵循的方法論準則，與小說家的想像力或許多記者的作品相差甚遠。但訪談者和參與觀察者同樣使用文字而非數字來描述結果；他們用文字來描繪畫面。故事就在我們身邊。

262 這些不是僅有的優點，但重點在於透過訪問和參與觀察的研究，你正在做一些重要的工作，而且可能會幫助其他人——包括有權力的人——從不同的角度看世界。你的作品會產生影響。

錯誤和小問題實屬正常

訪談和參與觀察都有獨特的貢獻，這樣做可說是另闢蹊徑，難免會走錯一些路。事實上，或許是因為我經常做一些不熟悉的事，我做的每個研究計畫都犯過錯誤。我說了些蠢話、聯繫的人不對、錯過一場重要的會議。錯誤讓人難受，但也實屬正常。有些錯誤比其他錯誤更嚴重：訪談僵硬、不靈活、咄咄逼人，或是不能接受對方的意見與不能仔細傾聽，這都是做出高水準研究的主要挑戰。然而，即使有這些挑戰，研究者也可以改善。這需要很大的努力和一些小技巧（可能需要專業人士協助），但人們可以學會成為更好的傾聽者，並且在知識上更為彈性靈活。他們可以提高自己接受別人意見的能力。這些都是高品質研究不可獲缺且沒得商量的元素。幸運的是，大多數錯誤都相當稀鬆平常，有時事情就是不順心。有時你正好在受訪者的預算被砍或與夥伴發生爭執的倒楣日子上門。因此，不是所有出錯的事都與你的所作所為有關。

此外，錯誤經常可以彌補。如果受訪者感到厭煩或抗拒，請傾聽他們在意的事。理解他們說的話（不抗辯、解釋、糾正或攻擊）。你可以重複他們說的話來確定自己理解正確。你要道歉，並且傾聽。尊重是過程的關鍵。事實上，有些研究顯示，衝突如果得到修復，關係可以更加緊密。[1]雖然你想盡可能小心翼翼，但實際上你可以承受一些無傷大雅的小錯，仍然會有一個好的結果。如果在路上遇到一個突起就「打轉」，然後就認為「我做不來，太糟了，我應該要放棄」是錯誤的。反思自己能否表現得不同會有幫助；自責改變不了什麼。反之，就如同生活，錯誤絕對難以避免。我們從錯誤中學習，讓生活繼續。

263

新手的禮物

學習新事物可能不容易。你不知道自己在做什麼，可能覺得自己無法理解，或覺得自己格格不入。你甚至不清楚自己不知道的是什麼。有時在糟糕的時刻，所有努力都感到沒有希望。新手和欠缺經驗充滿挑戰。

然而，剛開始做研究的人會給研究帶來許多獨特的禮物——這些禮物不該遭到低估。一般來說，你可能會以一種獨特的視角看待問題。你不拘泥於成見，有更多時間做研究。我寫過一篇文章叫〈懵懵懂懂帶來的禮物〉（The Gift of Obscurity），我在文章中討論教授變得更老練之後要承擔的所有專業責任。這些責任都很重要，有些還影響聲譽，但因時間絕對有限，也就表示更有地位的人可以用來蒐集資料、閱讀、思考和寫作的時間越少。如果你是藉著一項新的計畫展開你的學術生涯，有時你真的可以全身心投入；以參與觀察來說，你可以經常到田野走動。即使你的生活受到限制，也往往比確立地位的學者有更多時間做研究。這種動力和待在田野的時間確實很棒。而且，隨著社會生活的本質在你面前展開，顯示人們生活真正的複雜性，並且揭開少有人理解的強大結構阻礙，你付出而得到的回報或許令人難以置信。這個過程還可能帶有顛覆性。

研究顯示，認識其他人——「弱連帶的力量」（the strength of weak ties）——有所幫助，但每個人建立人脈以及接近貴人的技巧與興致高低不同。[2] 當我剛踏進學術界，也擔心自己無法在所屬領域嶄露頭角。我不認識任何人，寫作速度有如牛步。但是，最後來看，研究過程的能力要比關係還有網絡重要。[3] 同儕之間的雙盲審查是關鍵。不知名學者的優秀作品會固定發表，而知名學者的低劣作品往往遭到拒絕。如果必須出版的當期期刊沒有足夠的優質文章，期刊編輯一定會失眠。你把自己的文章投稿過去是幫他們一個忙。不但如此，讀者也都渴望讀到藉著訪談與參與觀察做出來的高品質文章。當人們讀到一篇精彩的研究，勢必會口耳相傳。簡單一句話，桌上永遠有位置讓新人加入對話。你必須跨出第一步；尋求回饋並傾聽意見，修改文章，聚焦，然後重複過程。有些最好的作品出自年輕、沒經驗的學者之手。我每天都期待讀到更多全新、精彩的作品。你就是這樣的作者。 264

做訪談和參與觀察

研究是一段又一段旅程。所有研究計畫都有一個起點——理想上帶有一些承載你的希望與抱負的白日夢。這些夢想遇到時間、經歷、金錢、興趣與機會的現實。我在本書已帶你走過規劃、蒐集及分析資料與寫作中所面對的不同階段。你真正的焦點只會隨著時間展開，而你要做出無數困難的決定。理想狀態下，某些事情會引導你，也就是該領域的既有研究中，你百思不解之處，還有想對文獻提出的一些「友善修正」。你正試著改善我們的經驗知識，並且把我們對社會生活關鍵面向的理解概念化。你的研究儘管規模不大，但將會是用來解決一項重要議題的起點。有了清楚的寫作，你的研究發現不僅對學術界的同行有用，也有助於在課堂上閱讀或自己閱讀的聰明大學生。你的讀者可以看到細節，也可以看到整體圖像，也就可以理解為什麼你的研究有必要。

每個人都有各自的旅程，你無疑積累了一些經驗，並靠著經驗發展出一些可以用來安排研究的技能。展開自己的研究之旅充滿挑戰，甚至非常可怕，但你的新經驗將令人興奮且趣味橫生。旅程不會永遠走下去；反之，旅程有開始、休息站，也有終點，充滿艱難和美妙的時刻。

祝你研究之路順利。

信念：

- 信守承諾：誠心誠意
- 堅信沒有證據的事物：完全信任
- 相信某些事物，尤其帶著強烈信念的事物[1]

從某些方面來看，以參與觀察和訪談做研究是一種信念。

展開一項計畫是種信念，相信有一些好心的人願意讓你走進他們的生活，讓你了解他們。

不斷持續，一次又一次去一個地方，訪談越來越多的人，就是相信你最終可以弄清楚自己在做什麼。

對研究做出結論，寫出研究結果，倚靠信心，相信你將有話可說，而且守門人會認為你所說的事相當寶貴。

出版一部作品是種信念，相信讀者會發現它值得閱讀。

■

如果最終會愛上你計畫的人能在一半給你加油打氣，那就太好了。

但他們沒有。

因此，你需要找人一路支持你。

許多做出好研究的人都犯了錯誤，擔心這不是什麼好事，一般都是跌跌撞撞走過去。

而你終將走過去。

謝詞 267

我很感謝我在加州大學聖塔克魯茲分校（University of California, Santa Cruz）就讀大學時的優秀教授，也要感謝我在加州大學柏克萊分校（ University of California, Berkeley）取得博士學位時教過我的社會學系老師。我從柏克萊分校許多老師那學到各種知識，但我與 Arlie Russell Hochschild 和 Michael Burawoy 的互動尤其形塑出我的樣子。在史丹佛大學（Stanford）做博士後時，我和 Shirley Brice Heath、Milbrey McLaughlin 和 Lee Shulman 等人，一起旁聽了一門非常有幫助的民族誌課程。我也會永遠感激 Hugh “Bud” Mehan、Aaron Cicourel、還有已過世的 George McClure 在我做博士後以及在南伊利諾大學（Southern Illinois University）展開教學生涯時對我的照顧。

我從合作研究中受益匪淺。我要特別提到 Elliot Weinger，他無數次親切傾聽我的意見，提出尖銳問題與質疑。我要特別提到賓大（U Penn）的寫作小組，我和指導的學生閱讀作品，每三週碰一次面大有助益。多年來，這個小組的成員來來去去；我要進一步感謝 Ashleigh Cartwright、姜以琳（Yi- lin Chiang）、Sherelle Ferguson、Rita Harvey、Peter Harvey、Hyejeong Jo、Katharina Hecht、Blair Sackett、Doron Shiffer- Sebba 與 Calvin Zimmerman 對本書初稿所提的意見。我還感謝 Tylor Baldor、Amanda Barrett Cox、Jessica McCrory Calarco、Nora Gross，以及 Aliya Hamid Rao 等人對於本書前面版本的審查，同時感謝 Patricia Berhau 在《不平等的童年》這本書的研究過程中扮演的特殊角色。Vanessa Lopes

Muñoz、Karen Hansen 和 Timothy Black 是這項寫作計畫最早的大力支持者；他們一路上提供寶貴的意見。匿名審查人與 Amy Steinbugler、Benjamin Shestakofsky、Karolyn Tyson、Elena van Stee 與 Marion Standefur 等人的意見也讓本書變得更好。當這本書快完成時，Robin Leidner 與 Leslie Paik 在很短的時間內慷慨審查整本書。Meghan Comstock 及 Lindsay Goldsmith-
268 Markey 也幫忙閱讀了幾個章節。而在芝加哥大學出版社，Elizabeth Branch Dyson 耐心等待本書完成，並提供寶貴的編輯建議。全國各地的社會學家與我討論本書的寫作，在我自我懷疑時，鼓勵我堅持下去。

我和同事共組的寫作小組是偉大的發明，我與 Maia Cucchiara 和 Judith Levine 三人的寫作小組給了我不凡的資源。溫暖的喝茶時光，他們多次閱讀我的書稿，提出一些尖銳問題，不但散發出熱情，也帶著同樣的建設性批評。Jon Wallace 在寫作的早期階段提供寶貴的意見。我也非常感謝 M. Katherine Mooney 針對本書部分章節的辛勤編輯，而且實際上是編輯我整個職業生涯中的每本書。由 Chelsea Gardner 所帶領，一群才華洋溢的大學生，針對我提供審查的稿件，協助做了參考書目與事實查證，他們分別是 Caitlin Ang、Shawn Sangeun Kim、Nathaniel Redding 與 Elom Vedomey。我要感謝 Mary Corrado 細心校稿，Joan-Erin Lareau、Andy Jimenez、Edward Stevens IV 及 Hector Torres 等人也大力幫忙做了最後的檢查。

我深深感謝所有利用訪談和參與觀察做出重要研究的學者，但是很遺憾，由於篇幅限制，我無法列出所有人的名字或他們的作品，但他們都影響了我。另外在費城，深深影響我想法的同事有 Joy Charlton、Kimberly Goyette、David Karen、Josh Klugman、Demie Kurz、Daniel Laurison、Katherine McClelland、Janine Remillard、Lisa Smulyan、Amy Steinbugler、Elizabeth Useem 及 Wesley Shumar。我在賓州大學以及全國各地的同行也一直是寶貴的支持者，針對本書的寫作計畫，我要特別提到幾位民族誌學者：已故的 Charles Bosk，還有 David Grazian、Robin Leidner 與 Benjamin

Shestakofsky 等。我要感謝給每位給我意見，而且讓我分享到書中的人。

回想 1994 年第一次約會，當我說到自己為了《不平等的童年》這個寫作計畫，而到家中有幼兒的人家中做參與觀察時，Samuel Freeman 顯然相當震撼。他馬上跟我說，他絕不允許任何人到家裡採訪他。他也直言不諱地說整個民族誌在做的事都極具侵略性，也對於有人居然同意參加感到不解。即使我和他的世界觀天差地遠，但我們的婚姻卻是我人生最美好的事之一。本書因為有他，還有他對我的支持而變得更好。我要感謝他，我們的兒女，還有孫子，謝謝他們給我們生命帶來無窮無盡的禮物。

最後，我要感謝我的研究所與大學部的學生，謝謝他們教會我的一切。不論是課堂上還是聊天時，他們都幫助我以新的眼光來看研究的過程。我也很高興他們同意我在本書分享他們民族誌研究中的困境。這本書是獻給有一天希望完成自己研究的年輕學者。

第三章的附錄

引導倫理審查委員會以保護人類受試者或如何管理 IRB 流程

IRB 有需要，因為有些糟糕的研究者，事實上會傷害研究對象，除非受到適當的監督。更常見的是，由於研究者沒有考慮到各種可能，就會在不經意間帶來傷害。IRB 的官員還提到，研究者有可能沒有妥善保護資料。比方說，研究者可能不小心把裝有資料的背包遺忘在地鐵上，或是沒有好好保護帶有敏感資訊的線上資料庫。IRB 的目的是確保大方同意參與研究的人不會被認出來，並且在有人入侵保護不佳的資料時承擔受害的風險。除此之外，如果有災難發生（例如你做研究時發生嚴重車禍；你遭到逮捕了，又或是其他不好的事意外發生），IRB 正式的許可能證明你所做的事有大學校方許可。有時候，由於你正在執行一項大學的活動，你的學校也要承擔一定的責任。

問題

IRB 特別適合幫助醫學研究者測試可能傷害研究對象的藥物。對於研究社會和行為的人來說，這個過程更具挑戰性。事實上，開展民族誌研究的過程中，有個「雞生蛋或蛋生雞」的問題。你無法決定要到某個特定地點做研究，除非你知道自己可以取得進去研究的許可。你需要得到當地人民的許可與 IRB 的許可來保護研究對象。但一般情況下，除非你知道你要做什麼，否則你無法獲得研究的許可。

272 更複雜的是，你的研究問題是在特定環境中經過一段時間的發展而逐漸浮現的。但是要通過重重的關鍵阻礙（包括 IRB 提案、研究提案、補助計畫申請，以及組織裡守門人所設置的障礙）需要你準確說出打算做什麼。因此，整個過程都有壓力。

做什麼

由於你必須有 IRB 的書面協議書，我的建議是充分評估擬議的研究問題，藉此提出「善意的」和「夠好的」IRB 申請（唯一的例外是如果你在修學分，而且不打算發表或公開展示研究結果）。最符合你利益的是以書面做 IRB 申請，因為研究者或多或少都會偏離 IRB 同意他們去做的事，所以有 IRB 書面申請遠遠好過沒有。一旦民族誌的計畫展開，我們很難百分之百、無時無刻都服從 IRB。不論是研究者還是 IRB 辦公室，都不會想要研究人員天天聯絡 IRB 辦公室來更新或修改 IRB。盡可能做到你一開始提交的申請，然後就固定下來，有需要再提出正式的書面修改申請，申請這些（必須）改變的同意。小的改變也許可以免除申請。以我的大學為例，訪談題綱上的文字改變不需要修改 IRB，但當你決定修改樣本招募或同意書的說明，導致要在協議書中增加新的研究對象或新的資料蒐集形式，就必須修改。一般來說，這類改變每學期只會發生一次。假如你研究的資料蒐集費時兩年，你大約需要修改三次。

要廣泛

當你申請 IRB 審查，應該是越廣泛越好。試著預測你研究中可能要做的任何事。你還應該用高度概括和抽象的條款描述你的研究（可以納入新研究問題的發展），而不是描述得過於狹窄或有可能馬上過時。例如，我一開始會請求 IRB 允許做非常基本的觀察（例如在工作的地方閒逛，參加工作會議、一起出差、拷貝電子郵件、複印不敏感的文件、一起午餐聊天、 273
緊跟著大家一起外出，到辦公室外頭喝飲料或聚餐）。我會把希望訪問的人數寫成兩倍或三倍（每次訪談的訪談大綱通常有必要提交到 IRB 申請）。

由於研究問題不斷演變，我會用比較籠統的方式陳述研究目標，「我想了解每個人生活中的轉折點，包括年輕人初出茅廬時，例如剛畢業的大學生」，而不是講得很精確，「我將研究大學對勞動力市場經驗的影響」。同樣地，許多 IRB 都允許你問些普通的問題（「聊聊你的工作」），並列出一連串訪問中會用到的探詢（職責、喜歡、不喜歡、成就感、沮喪）。如果你要帶上謝禮，應該列出一些可能的禮物並說明價值。「每位受訪者將收到一份 20 美元以下的禮物，有可能是鮮花、食物、禮品卡、相框或其他表示感謝的物品。不過，送禮還要看情況，或許對某些受訪者來說，贈送禮物並不恰當，那時候就不會送」。

IRB 批准之前，通常會要求你打算觀察的地方（如學校、醫院或企業）提供書面許可。此外，有些機構，如醫院、監獄和學區都有自己 IRB 程序；你的單位通常會要求你獲得這些地方的許可（但有時候，這些機構會直接接受你在學校裡的 IRB 申請，不要求單獨審查）。許多 IRB 允許你提交一份申請，然後再加上你要在哪裡做研究的資訊。或者，你可以寫上你希望研究哪個組織（IRB 不會聯繫他們）。接下來，你跟 IRB 的官員幾乎都會有個「來來回回」的過程，因為他們會要求你修改一部分，澄清一些問題，並且改正一些錯誤。因為 IRB 的審查可能曠日廢時，所以最好在確定計畫所有具體細節之前開始申請。你可以為一些研究取得 IRB 許可，然後在最後一刻用另外一個組織的名字來替換。**你最好是先放上一個草擬的申請再寫修正，而不是想要確認所有細節而耽擱審查流程**。當研究者最終遇到他 274
們想觀察或訪問的人，可以立即開始最好。比較尷尬的是這時候才說：「太棒了，非常感謝。我會在取得 IRB 許可之後再回來找你！」IRB 的委員會可能會想在申請書看到田野地點的一封短信，但很有可能是在最後的同意階段才取得 IRB 申請，然後在你準備要開始的時候再提供這項資訊。

提交 IRB 申請前，你應該在所在單位找到一份成功的 IRB 申請作為範本。如果你和熟悉這個流程的人聊過，並且（最好）與當地 IRB 的工作人員聊過，請這個人幫你檢查一下，並且在提交之前詢問 IRB 承辦人員是否可以先看過你填寫的表格（儘管他們經常不願意，而是告訴研究者先提交申請再說），這樣可以節省你的時間。給 IRB 官員打電話或電話預約，通常會比電子郵件得到更多資訊。拿起電話，給他們撥電話，留個言，請他們給你回電。

徵得同意

在有些組織裡，你可以安排「被動同意」，也就是組織中的一個人核准，然後你把研究內容通知其他人（人們可以選擇退出）。這是理想的做法。例如，我針對課堂的觀察取得被動同意；校長通知家長我正在做的研究；家長有機會選擇退出。我參觀了課堂，但我沒有把任何孩子從教室裡帶走或破壞上課的活動（我也會幫忙）。我需要向 IRB 提交寄給學生的信，還有校長簽署的表格。如果你沒取得被動同意，那麼做為 IRB 申請的一部分，研究中的每個人都需要單獨的知情同意（例如老師、校長、家長與學校祕書）。兒童需要口頭同意或「同意」表。假如沒有家長的同意或授權人的被動同意書，18 歲以下的未成年人不能接受訪問，也不能中斷他們在托兒所或學校的正常活動。對每個人來說，口頭同意非常有幫助，而且法律上也允許。你必須向 IRB 解釋書面同意如何妨礙研究目標的達成。另外，你也可以在表格上設置一個單獨的同意欄，允許你在專業的會議上播放數位錄音的片
275 段（讓受訪者的聲音在談話中播出來將非常有力）。有些出版社還堅持，

研究參與者已經簽署同意書，允許你在書中公布他們的資訊（即使隱去真名）；他們在這裡通常是在尋求認可，有人可能會猜到書裡的誰是他們。這項資訊可以編進主要的同意書（「我了解這份研究的結果有可能出版在文章或書籍」）。對參與觀察來說，研究者要把他們對研究地點最好的預估寫進申請書（例如，「在我的觀察中，我特別要看家長與老師如何互動，志願服務的時刻，討論孩子學業表現，還有緊張或衝突的時刻」）。

時程

假如你不特別趕，IRB 這道複雜問題的處理會容易得多。事實上，IRB 的處理很像搭飛機出遊前通過安全檢查。接受檢查的過程相當煩人，但幾乎所有旅客最終都能通關展開旅程。然而，你很難三兩下就通過安檢，也不能按照自己的時間安排。一條好的經驗法則，是預留四到六個月申請 IRB 許可。在極少數情況下，有些 IRB 申請三週就可以完成，尤其是當你可以用急件申請時。一般來說，IRB 要花的時間要長得多（不過，大部分的獎助單位允許你可以提交一份還沒有 IRB 許可的申請書；許可是在你領取補助的時候才需要）。IRB 審查過程所需要的時間，表示研究者需要在開始研究的一個學期或一年之前就提出書面申請。有些機構會讓你動彈不得：博士論文計畫通過之前，你不能申請 IRB。如果遇到這種情況，我會看看是否有什麼相關研究正在進行，然後就加入；你的論文計畫是修正目前正在做的研究。請人幫忙不是什麼大不了的事，而且這樣做也可以在你學術生涯的關鍵時刻省下好幾個月的時間。之後，如果有需要，你通常可以提出書面申請來修改，讓你或另一個人成為計畫的主要調查者[1]（但是，在你開始之前，針對資料的所有權與潛在的共同寫作計畫，務必直接說清楚）。

如果你時間不夠，可以針對研究的一小塊提交 IRB 申請，例如訪問滿
十八歲的人（你要說成這就是整個研究）。許多機構對於以滾雪球的樣本 276

訪問成年人等非脆弱人群都「免去」申請，IRB 的審查也相對明快。這項計畫會允許你至少先進入田野，展開計畫的一部分。當你取得許可後，你可以申請「修改」，請求 IRB 同意你去做一些額外的研究。如果是要在公共空間做觀察，也通常是免去審查，或是過程相當簡單。

針對需要全體委員審查的 IRB，大多數 IRB 委員會在學期中的每個月都會開會討論申請案。研究者如果需要和犯人、兒童、病人和其他脆弱人群互動，都需要全體委員的審查。委員會一般對計畫都有疑問，即使是看了 IRB 的申請案也是。在一些大學，研究人員可以提交修正版給委員會的主席，主席有權力直接通過。如果你沒那麼好運，有可能還需要回到全體委員會做審查。IRB 審查阻礙研究者計畫研究的恐怖故事時有所聞。但是，通常都有可能得到解決。即使 IRB 一開始禁止研究的某些部分，例如訪問小孩，還是有可能之後再重新回到這個主題。比方說，其中一個可能是訪問父母。接下來，到了訪問的最後，你可以問家長未來（不同）的研究是否可以訪問或觀察小孩。但是，很重要的一點，絕對要讓研究的各個部分「脫鉤」，讓家長可以參加 A 部分而拒絕 B 部分。

研究人員另一個資源是取得國家衛生研究院（National Institutes of Health）由聯邦政府發放的保密證書。這份證書由聯邦授權，保護你免於法律的行動（如傳票），並證明你計畫的保密性。國家衛生研究院所補助的研究通常會得到這層保護。如果你的研究涉及健康問題，即使你沒拿到任何國家衛生研究院的資助，你也可以申請這份證書（有些人故意在他們的訪問題綱或觀察的問題增加健康方面的題目，如此一來就有資格申請）。雖然這是為國家衛生研究院的獎助者所設計，但凡是研究中涉及「行為」的社會科學家也符合條件。國家衛生研究院對於「如何取得保密證書」有清楚的指示，
277 包括「非國家衛生研究院補助的研究」。萬一有人堅持你必需把自己的資料交給其他人，這份證明就會相當寶貴。

撇開官僚的辭令不談，我遇到的 IRB 委員沒有一個人會想阻礙研究的

進行。他們只是要確定研究符合法令規範。正如他們指出，凡事都有意外。因此要儘早開始，假如你很急，就先申請一小部分。分享你要提供給研究參與者的一切資訊。而且要經常想一想，假如你、你的兄弟姐妹或你的孩子成為你研究的參與者，你會想知道什麼。

第一章

1. 這十一種機構是醫院、法院、兒童福利機構、殘疾人機構、HIV／愛滋病機構、公共協助（public assistant）機構、心理健康機構、學校、醫療補助、藥物治療計畫和教堂。Paik, *Trapped in a Maze*。
2. Newman, *Falling from Grace*.
3. Michael Burawoy 在 *Ethnography Unbound* 這本書收錄的〈延伸個案法〉（The Extended Case Method），對於民族誌資料的概念貢獻做出強力辯護。
4. 田野工作（fieldwork）、自然主義研究（naturalistic）和（有時會用）田野調查（field studies）等術語通常與民族誌（ethnography）交替使用。民族誌這個詞包括參與觀察加上訪談（或者換句話說，它包括參與觀察及訪談）。因此，為了避免混淆，我在本書中很少使用民族誌這個詞。反之，我倚靠的是參與觀察和訪談這兩個單獨的術語。訪談和參與觀察都是從事民族誌研究極有價值的策略。有時這兩種方法會蒐集類似的資訊，但更多的時候它們會蒐集不同的資料。
5. 請見 White 在 1979 年第三版的前言，Strunk and White, *Elements of Style*, xvi。
6. 請見 Denzin and Lincoln 全面性的編著 *The Sage Handbook*。此外，Flick 等人的作品 *A Companion Guide to Qualitative Research* 收錄了其他條目，包括內容分析、「攝影作為社會科學」（photography as a social science）、對話分析、論述分析還有「深層結構詮釋」（deep-structure hermeneutics）。針對焦點團體的資訊，請見 Krueger and Casey, *Focus Groups*。Sara Lawrence-Lightfoot 發展出結合「美學與經驗主義」的人物描寫（Portraiture）並在作品中做了解釋，見 *The Art and Science of Portraiture*。Glaser and Strauss 兩人 1967 年的經典作品 *The Discovery of Grounded Theory* 提出紮根理論。Michael Burawoy 在許多地方都闡述了延伸個案法，特別是他 1998 年發表在 *Sociological Theory* 的文章。也可以參考 Katz,"Analytic Induction" 及 Tavory and Timmermans, *Abductive Analysis* 對紮根理論與延伸個案法的比較。Klinenberg 在 *Heatwave* 中將訪談與文件分析等研究方法稱為「社會解剖」（social autopsy）。我會在第 2 章簡單討論線上研究的策略，包括「網路」（net）民族誌。針對混合方法（mixed method），請參考：Small,"How to Conduct a Mixed Methods Study"。
7. 組織研究的例子多到數不清，可參考：Rivera, *Pedigree*; Shestakofsky, *Venture*

Capitalism; Pollock, *Colormute*; Vaughan, *The Challenger Launch Decision*; 以及 Wingfield, Flatlining。

8. 理論觀點對研究者相當寶貴，因為他們試著澄清為什麼他們的研究發現很重要，並且可以從支撐一個具體案例，轉向對更普遍的社會模式做分析。你所屬學科的手冊（handbook）或百科全書（encyclopeida）會提供一個關鍵理論的摘要。以我的領域為例，Ritzer 所編輯的 *The Blackwell Encyclopedia of Sociology* 收錄了制度理
280 論（institutional theory）、階層化理論（stratification theories）、女性主義理論（feminist theories）、批判種族理論（critical race theory）等。目前有豐富的文獻討論如何把理論應用到民族誌研究。相關的作品請見 Skeggs, "Feminist Ethnography"; Ladson-Billings and Tate, "Toward a Critical Race Theory of Education"; Tavory and Timmermans, *Abductive Analysis*; Snow, "Elaborating Analytic Ethnography"; Burawoy, "Empiricism and Its Fallacies;"Cicourel, *Cognitive Sociology*; and Ragin and Becker, *What Is a Case?*

9. 雖然訪談與參與觀察的方法論截然不同，但使用這兩種方法的研究者都同意這兩種作法背後的邏輯，使它們不同於大量資料的統計分析。然而，針對每種方法的相對優點，使用深度訪談與參與觀察的研究者之間，會有些激烈且有時候有點怨恨的論點。Colin Jerolmack and Shamus Khan 在 "Talk Is Cheap" 這篇文章中攻擊訪談法，認為訪問人的態度是了解實際作為一種很糟糕的方法。其他學者則強烈表達不同意見；比方說，Maynard 寫到兩人「過於強調個案，沒有討論訪談實用之處」，而且他們也未能充分承認文獻中與他們說法矛盾的大量證據（請見：Maynard, "News from Somewhere, News from Nowhere,"p. 211）。不同意的學者還有 Cerulo, "Reassessing the Problem," Vaisey, "The'Atitudinal Fallacy'Is a Fallacy," DiMaggio,"Comment on Jerolmack and Khan,，另外 Lamont and Swidler, "Methodological Pluralism," 反對「方法論的部落主義」（methodological tribalism）。

10. 研究者與被研究者之間建立某種形式的互惠不僅相當理想且符合倫理。互惠的形式差異很大。有些研究者聚焦在幫助研究的參與者（有的幫點小忙，像是 Charles Bosk 會帶些小點心給苦惱的病人；有的會幫大忙，像 Timothy Black 會幫一些人進勒戒所），並且在研究的資料蒐集階段付費。此外，仔細聆聽參與者討論他們生命中的大事且不帶任何評論，研究者可以提供一些適度但有意義的協助，尤其是對一些人來說，他們沒有太多機會受到值得信任的聆聽者完整且不帶喜好的關注。有些研究者希望他們的作品一旦被帶入公共領域，可以幫忙改變「意見領袖」怎麼看待一個主題（這就是我追求的目標）。有些人則是努力主動參與組織的變革或「參與式研究」（participatory

research），以此作為他們追求更大的社會正義的一部分。這種追求改變的努力，在一種持續、承諾的關係中可以運行得最好（而不是一種「打帶跑」的方法）。還有一些人，就如本書一名審查者所說，遵循的是一種挖掘社會模式的渴望，有時候「跳脫一種政治上與道德上可以駕馭的當代概念」，努力幫助人們看清目前方法的局限。由於篇幅限制，我無法在這裡完整介紹這些不同的策略。這裡的重點是，面對研究什麼與如何使用研究發現的眾多選項，明智的人可能不會同意所謂的最佳選擇。

11. 以我自己為例，我是一名來自中產階級家庭，個性內向的白人女性，於 1976 年進入加州大學柏克萊分校讀研究所。我所屬的社會位置影響我的研究與軌跡，就如同社會身分認同不免會影響所有研究者研究過程中的關鍵面向。雖然這超出本書的討論範圍，針對這個議題，尤其是相對位置這個問題的文獻相當浩瀚。請見：Milner, “Race, 281
Culture, and Researcher Positionality,” Lacy, “The Missing Midde Class,” and Hanson and Richards, Harassed。針對研究所隱藏課程（hidden curriculum）的說明，請參考：Calarco, *A Field Guide to Grad School*。另見全國教師發展與多樣性中心（National Center for Faculty Development and Diversity）給學生還有老師的資源。
12. 請見 Duneier, “Three Rules I Go By in My Ethnographic Research” 討論民族誌作品中「道德模擬兩可」（morally ambiguous）的本質。 Black, *When a Heart Turns Rock Solid* 使用了剝削這個詞。針對女性主義的研究，請見 De-Vault and Gross,“Feminist Qualitative Interviewing”。

第二章

1. 他只被允許可以去八週，但是幫助牧師之後，獲得允許可以待一年。Ellis, *In This Place Called*。
2. Lareau, *Unequal Childhoods*, and Hecht,“‘It’s the Value that We Bring.’”
3. 主位（emic）這個詞指的是從參與的角度來分析，而客位（etic）指的是使用外來的類別。請見， Tracy, *Qualitative Research Methods* 或 Denzin and Lincoln, *Handbook*。
4. 兩種方法都集中在事件對受訪者的意義。但是，他們也有不同之處。深度訪談提供一個安靜且私人的時刻，讓人們反思或分享他們對於重要生活經驗的信念與詮釋。由於訪談比起參與觀察還不費工，樣本可以大一些，也可以多樣一些（因此提供更多的比較機會）。另一方面，參與觀察的目的是指被接受進入一個社會情境中，建立信任，而且可以掌握關鍵的人際與（或）制度的變化。參與觀察能讓你用一種深入且豐富的方式，第一手觀察日常生活的儀式，人的經驗，還有人與人之間複雜的社會互動網。參與觀察是一種特別有力的方法，能讓你清楚說明引導社會行動的各種限制。除此之外，因為採取這種方法的研究者經常集中在既定規範與實踐之間的落差，還有特定社會脈絡下人的行動，他們的作品可以讓我們對關鍵議題的認識更細緻。參與觀察對社會過程有更深刻且豐富的描繪，也就比較不會受到參與者美化自己的渴望所影響。

5. 針對美國與法國中上階級道德邊界（moral boundaries）的跨國訪談研究，請見：Lamont, Money, *Morals, and Manners and The Dignity of Working Men*. Mary Waters 的 *Black Identities* 也是一本訪談的比較研究。Roberto Gonzales 則是在 *Lives in Limbo* 這本書揭示無證青年的挑戰。Vallejo 的 *Barrios to Burbs* 點出拉丁裔人民向上流動的障礙。Lacy 在 *Blue-Chip Black* 探索黑人中產階級選擇居住地的不同方法。Levin 的 *Ain't No Trust* 記錄中低收入媽媽為什麼缺乏信任。另見 Dow, *Mothering while Black* 分析黑人母親養育小孩的差異；至於移民之間經驗上的差異，見 Kasinitz et al., *Becoming New Yorkers*；Steinbugler, *Beyond Loving* 探索跨種族關係的差異。雖然比較少見，但有些民族誌的研究會做比較。例如 MacLeod, *Ain't No Makin'It*，還有 Willis, *Learning to Labor* 是比較流動受阻的青少年。至於用民族誌的方法比較家庭性別分工的研究，請見 Hochschild and Machung, *The Second Shift*；階級與家庭生活的
282 比較，請見 Cooper, *Cut Adrift* 及 Lareau, *Unequal Childhoods*。民族誌比較職業家庭中性別與失業，請見 Rao, *Crunch Time*。
6. 許多經驗老道使用質化方法的研究者都了解，改變極有可能，而不是例外。當然，每一種情況都不相同。如果你的 IRB 申請（下面會談）相當模糊但是很準確，也就可以蓋住這些改變；否則，你就需要書面提出 IRB 的修改。你可以請自己信任的同儕或教授，在決定要做什麼之前（暗中）指導。書中方法論的附錄經常會回溯開始研究時的阻礙，請見：Contreras, "The Broken Ethnography."。
7. Contreras, *The Stickup Kids*.
8. 但請見：Handley, "The Unbearable Daintiness of Women."。
9. Leidner, *Fast Food, Fast Talk*.
10. Luker, *Salsa Dancing*.（另見本書第 8 章、第 9 章）
11. Becker, *Evidence*, p. 173.
12. Ferguson,"Ask Not What Your Mentor Can Do for You..."; Frye, "Bright Futures in Malawi's New Dawn"; Horvat and Antonio, "Hey, Those Shoes Are Out of Uniform"; Tyson, "Notes from the Back of the Room"; Hansen, *Not-So-Nuclear Families; Sherman, Uneasy Street*.
13. 許多文章都討論比較研究的優點，請見： Bartlett and Vavrus, *Rethinking Case Study Research*。

14. 請見 Rao, *Crunch Time* 對失業專業工人的研究，訪問了配偶並追蹤了幾個月。Chiang, *The Study Gods* 觀察了一批學生一學年，隨後七年還針對他所觀察的二十八名學生做了多次訪談。
15. Lareau, "Schools, Housing, and the Reproduction of Inequality"; Weininger, "School Choice in an Urban Setting"; Lareau et al., "Structural Constraints and the School Choice Strategies of Black American Middle-Class Parents."
16. Steinbugler 的個人通訊，同時參考 Krause, "Western Hegemony in the Social Sciences."。
17. Duneier,"Three Rules."
18. Stack, *All Our Kin*; Gans, *Urban Villagers*; and Liebow, *Tally's Corner*.
19. Lupton, "Doing Fieldwork in a Pandemic"; Kozinets, *Netnography*; Ahlin and Li, "From Field Sites to Field Events"; Pink and Mackley, "Reenactment Methodologies"; Barker, "Electronic Support Groups; Daniels et al.,"STEER"; Klausen, "Tweeting the Jihad"; Laurier, "YouTube"; Stuart, "Code," and *Ballad of the Bullet*.
20. Urbanik and Roks, "GangstaLife."
21. Urbanik and Roks, "GangstaLife."
22. Salmons, *Qualitative Online Interviewing*.
23. Deakin and Wakefield, "Skype Interviewing." 另見：Denscombe, *The Good Research Guide*, and Gray et al., "Expanding Qualitative Research."。
24. 這部分經典的說法來自 Merton, "Insiders and Outsiders." 另見 Zinn, "Field Research"; Small, "De- exoticizing Ghetto Poverty"; Denzin and Lincoln, *The Sage Handbook*; Thapar-Björkert and Henry, "Reassessing the Research Relationship"; and Duneier and Back, "Voices from the Sidewalk."。
25. Peshkin,"In Search of Subjectivity." 有許多文獻探討主體性與相對位置，這方面的整 283
理請參考：Denzin and Lincoln, *The Sage Handbook*。
26. Rios, *Punished*, p. 15.
27. 舉例來說，如果 Rios 想訪問當地警察，他在社區的過往可能會提升他受信任的程度。
28. Lamont, *Money, Morals, and Manners and The Dignity of Working Men*.
29. 以韋伯（Weber）的經典說明，這個目標是了悟（verstehen）。請見 Weber, *The Theory of Social and Economic Organization*。Small 在他那篇深邃的文章 "De-exoticizing," 把 Weber 這個概念翻譯成「移情」（empathy）。見 Dunier, "Three Rules I Go By in My Ethnographic Research"。三條規則分別是：第一，不要假定你跟你正在寫的對象之間有信任（也不要認為這是成功的民族誌所該具備的先決條件）；

第二，等著接受驚奇，隨時意識到你所處的社會位置，「很有可能使你看不到可用於解釋的現象」；第三，諮詢你的研究對象，還有曾經與你的研究對象處於相同位置的人。請見，Zinn, "Field Research," 與 Denzin and Lincoln, *The Sage Handbook*。

30. Duneier, "Three Rules."
31. 研究者與研究對象分享過程的內容與時機都不同。有些人會「核對成員」（member checks），有些人不會這麼做（針對核對成員，請見：Hubbard et al., *Reform as Learning*; Duneier, *Sidewalk*; 與 Bloor, "Notes on Member Validation"）。一般來說，你的研究對象不想或不需要鉅細靡遺的了解你研究問題的變化。但是，管理這個過程可以說相當個人，一切要看你對他們做了什麼承諾，還有你覺得做什麼是對的。
32. 比方說，Andrew Deener 在 *The Problem with Feeding Cities* 罕見地清楚寫下整個研究的旅程。另見：Lareau, *Home Advantage*。
33. 有許多人討論過這個議題，Tavory and Timmerman 通常綜合普遍的作法成為他們說的「反向推理法」（the abductive approach）, Tavory and Timmerman, *Abductive Analysis*。
34. Katz, "A Theory of Qualitative Methodology"；另見 Burawoy 在 1998 年的文章 "The Extended Case Method."
35. 比方說，許多城市民族誌已經點出，領補貼的低收入社群著眼於表現「尊重」。請見：Anderson, *Code of the Street*。Maia Cucchiara 在 *Marketing Schools, Marketing Cities* 所發現的模式，類似於 Posey-Maddox 在 *When Middle-Class Parents Choose Urban Schools* 所說的情況。在這兩個脈絡中，中產階級的家長接手並徹底改變一所城市的學校，排擠低收入的家長。當然，歷史的時間點還有研究者所處的社會位置（包括他們的階級、種族與學術訓練），可能也有助於他們如何「看待」與詮釋一個環境。我們也可以在 Gaztambide-Fernández, *The Best of the Best* 及 Khan, *Privilege* 看到類似的結果。除此之外，即使《不平等的童年》所觀察的家庭喜歡一些研究者更勝其他研究者，整個研究團隊的筆記看起來也可以做比較。
36. Duneier, *Sidewalk* 紀錄片。
37. Lincoln and Guba, *Naturalistic Inquiry*.

284 38. Pzreworski and Salomon, "On the Art of Writing Proposals." 這份指南也由其他補助單位發布來指導申請者。另外也可以參考期刊文章同儕審查的要件。

第三章

1. Centers for Disease Control and Prevention,"Syphilis Study at Tuskegee."

2. Reyes, "Three Models of Transparency in Ethnographic Modeling"; Jerolmack and Murphy, "The Ethical Dilemmas and Social Scientific Trade-Offs of Masking in Ethnography"; Contreras, "Transparency and Unmasking."
3. Jessica McCrory Calarco, University of Indiana，個人通訊。
4. Granovetter, "The Strength of Weak Ties."
5. Muñoz, "'Everybody Has to Think.'"
6. Ellis, *In This Place Called Prison*.
7. 更多討論主體性與相對位置的文獻，請參考：Peshkin, "In Search of Subjectivity" 還有 Denzin and Lincoln, *The Sage Handbook*。
8. McCambridge et al., "Systematic Review of the Hawthorne Effect."
9. Bourdieu, Distinction.
10. Black, *When a Heart Turns Rock Solid*這本書說到，他有一個晚上和大夥去喝酒前，「交出一件 T 恤和古龍水」，因為他們不在意他的打扮。
11. Reich and Bearman, *Working for Respect* 方法論的附錄（methodological appendix）。
12. Nordstrom and Robben, *Fieldwork under Fire*; Hanson and Richards, Harassed; Clancy, "I Had No Power to Say That's Not Okay"; and Johnson,"The Self at Stake."
13. Contreras, "Transparency and Unmasking"and"The Broken Ethnography."
14. 我們在那裡時，有個伯母（正在克服藥物濫用問題）從助理錢包搶走二十美元，這不僅讓助理嚇一跳，也讓現場的家人很尷尬，但在菁英大學的圖書館裡，包包也常被偷。
15. Lacy, "The Missing Middle Class."
16. 請見：Huang, "Vulnerable Observers"; Hanson and Richards, *Harassed*。
17. Shamus Khan 個人通訊，另見 Hildalgo and Khan, "Blind-sight Ethnography."

第四章

1. 女性主義者對訪談時清楚呈現的位階及權力做了批評，例如 DeVault and Gross 寫到，假裝訪談是在跟人家聊天，其實「忽略夾在任何經驗研究中的權力變化：研究者與報導人之間經常充滿一種位階關係、詮釋與表徵（representation）的政治，還有根據科學提出主張的社會後果。在這個圖像加上對女性主義者的政治承諾，就可以開始看到女性主義者訪談的全部面貌。」DeVault and Gross, "Feminist Qualitative Interviewing," p. 235。
2. Dunbar et al., "Race, Subjectivity, and the Interview Process"; DeVault and McCoy, "Institutional Ethnography."

3. 許多優秀的作品討論了訪談與做民族誌，如 Weiss, *Learning from Strangers*;
285 Gerson and Damaske, *The Science and Art of Interviewing*; Emerson et al., *Writing Ethnographic Fieldnotes*; Nippert-Eng,*Watching Closely*; and Hammersley and Atkinson, *Ethnography*。
4. Simmel, "The Stranger," p. 404.
5. Hunt, "Police Account of Normal Force"; Sierra-Arévalo, "American Policing and the Danger Imperative."
6. 家庭觀察實在非常難安排，在這之前先做訪談是入戶觀察的一個方法。請見：Lareau and Rao, "Intensive Family Observations."。
7. 請見第 2 章的遠距離資料蒐集。
8. 更糟的是，他去看眼科醫生點了散瞳劑，戴著黑黑的太陽眼鏡，所以我看不到他太多臉部表情，也就無法看出他聊到自己家庭時關鍵的情緒轉折。
9. Sackett, "Ghosting."
10. 如果 IRB 說你的研究不需要審查，你可能不需要知情同意書，或是組織裡一個人代表其他人簽就可以了。即使如此，最好還是口頭確認，讓對方知道自己正被研究。
11. 我很感謝 Temple University 的 Keith McIntosh 提供這個想法。
12. Lareau, "My Wife Can Tell Me Who I Know."
13. 請見本書第 1、2 與 8 章討論研究問題的形成，以及許多質化研究的專著。這項研究與關鍵的主題來自我們對 Pierre Bourdieu 作品的興趣，尤其是文化資本這個概念，還有向上流動對於文化品味的影響。請見：Curl, Lareau, and Wu, "Cultural Conflict."。
14. Ferguson, "Getting on the Inside Track."
15. Ferguson and Lareau, "Upwardly Mobile."
16. 另見：社會概況調查（The General Social Survey）、收入變化追蹤調查（Panel Study of Income Dynamics）、學前教育研究（Early Childhood Education Study）。全國民意中心（The National Opinion Research Center , NORC）與全國教育統計中心（National Center for Educational Statistics）也是調查研究兩個備受肯定的資料來源。
17. Edin and Lein 在 *Making Ends Meet* 提到，一旦低收入者相信訪談不是要盤查她們或是剝奪她們享有的福利，女性就很願意談。我自己的作品也看到類似的情況。
18. 我發現問「你的頭期款付多少」過於直接。我覺得比較和緩的問法是頭期款要幾成。
19. Tourangeau and Smith, "Asking Sensitive Questions"; Krumpal, "Determinants of Social Desirability Bias"; Gerbert and colleagues, "When Asked, Patients Tell"; Perlis and colleagues, "Audio-Computerized Self-Interviewing Versus Face- to-Face Interviewing";

Phillips and colleagues, “A Systematic Review”。有些人在召集研究對象時，會用「篩選調查」（screener-survey）；她們會在這時問些敏感的問題。我一直擔心以篩選調查來招募研究對象的影響，因為他給受訪者帶來更多工作，但有些研究者發現這樣做很有用。

20. https://otranscribe.com/
21. Levine, “Landing a Job.”

第五章 286

1. 我們很難讓一場冗長、深度的訪談，變成一場有禮貌，最好還是親切的資訊交換。這需要練習與技巧，看些電視節目可能會有幫助，像是主播同時訪問四到五個新聞評論員，或試看看脫口秀主持人訪問各種不同的來賓，也可以聽聽廣播裡的訪談節目，像是國家公共廣播電台（National Public Radio）的節目 *Fresh Air* 也相當有用。
2. Shamus Khan 個人通訊。
3. 我的研究關注的是不同階級與種族背景的家長如何養育小孩。我尤其關注小孩子的休閒活動、家長與小孩在家裡使用的語言，還有家長介入小孩在組織的經驗，例如學校、診所與醫生辦公室。
4. 作為計畫主持人，我對研究助理做了一個月的訓練，但這位剛上博士班一個學期的學生，大學或研究所時都沒有上過研究方法的課。毫無疑問，我應該給她更多訓練，或是多跟她碰面。如果讓我重來一次，我會找至少修了一學期質化方法課程的學生，所有的訪問都要在 24 小時之內完成逐字稿（如果計畫的經費足夠），而且在計畫初期，每個禮拜花一小時仔細檢查每位新手助理所做的訪談，直到我們兩個都滿意學生基本的訪談技巧為止。
5. 她的丈夫是 Tyrec 還有他七年級姊姊 Anisha 的爸爸。Taylor 小姐還有個年紀較大，已經不在讀書的兒子，他的父親是另一個人。
6. 如同我在《不平等的童年》所解釋，中產階級的家長把他們的小孩當成一個計畫，進行「規劃栽培」，培養小孩的才能與技能，但是工人階級的家長，包括 Taylor 小姐，則是用有限的資源照顧小孩，然後就認定小孩可以自動自發成長茁壯。Taylor 小姐認為美式足球是 Tyrec 自己想做的事，會占去她不少時間，但無法幫 Tyrec 發展出一套有價值的生活技能。請見。Lareau, *Unequal Childhoods*。
7. Howards Becker, 2021, http://www.howardsbecker.com/articles/improv.html

第六章

1. 針對一個團體的民族誌，請見：Gans, Urban Villagers; Liebow, Tally's Corner; Contreras, *Stickup Kids*; Ho, *Liquidated*; Black, *When a Heart Turns Rock Solid*; and Stack, *All Our Kin*. 另見 Viscelli, *The Big Rig* 對卡車司機做的民族誌。Hoang, *Dealing in Desire* 研究的是越南夜總會還有金融交易。另外有許多研究學校的民族誌，包括 Cucchiara, *Marketing Cities, Marketing Schools* 及 Chiang, *The Study Gods*。有些作品同時做觀察與訪談，例如 Clair, *Privilege and Punishment*; Pattillo 的作品 *Black Picket Fences and Black on the Block* 觀察的是黑人社區與鄰里生活的異質性（*heterogenous nature*）Ferguson, *Bad Boys* 探討的是公立學校如何形塑黑人的男子氣概。另外，Jennifer Hunt 在 "Police Accounts of Normal
287 Force," 說明，儘管有正式的訓練計畫教導新的警察如何避免警察暴力，但警察之間工作環境的內在動力，依然獎勵警察繼續使用暴力。另見：Sierra-Arévalo, "American Policing and the Danger Imperative"。
2. 許多研究方法的書都會討論編碼，針對「開放」與「集中」編碼特別有幫助的討論，請見： Emerson et al., *Writing Ethnographic Fieldnotes*。
3. 有大量的文獻討論這個問題，請見：Katz, "On Becoming an Ethnographer"; Hoang, "Dealing in Desire"; Lofland et al., "*Analyzing Social Settings*"; and Denzin and Lincoln, *Handbook*。
4. Muñoz, "Everybody Has to Think."
5. Lareau and Rao, "Intensive Family Observations."
6. 帶了籃球的確帶來一些變化，而我思考的是不要那麼刻意，但我合理的認為小孩通常都會有籃球，只是不見得每次都會帶。我也會帶上幾把水槍，因為這是小孩普遍喜歡玩的遊戲。我不會帶一些他們不常玩的遊戲過去。
7. Harvey and Lareau, "Studying Children Using Ethnography."
8. Ellis, *In This Place Called Prison*.
9. 有許多文獻討論參與觀察者與研究對象發展出來的關係，許多人都形成交心的長期關係。但有時候，參與者得到研究結果之後，關係可能突然中斷。以我自己為例，有些家庭覺得我的研究沒什麼問題，我也會在節日持續跟他們聯繫，但有些人會覺得受傷害而生氣，然後不再聯繫。我在《不平等的童年》第二版的附錄中有長文討論這件事。
10. 有人曾經這麼跟我說，但我從未調查過。或許總是有方法可以解決大學的限制，但是考量到我的研究目標，這樣做顯得毫無意義。
11. Sackett, "The Instability of Stable Poverty."
12. 這個問題比較深入的討論，請參考：Lareau and Rao, "Intensive Family Observations"。

13. Peshkin, "In Search of Subjectivity."
14. Malinowski, *A Diary in the Strict Sense of the Term*. Lansdown 研究馬林諾夫斯基日記的論文點出「日記中看到的最大問題是他毫無好奇心，日記中他的頑皮似乎獲得大勝，他的感受超過了掌握的一切，日記中也可以看到他完全沒有了同情心」，請見：Lansdown, "Crucible or Centrifuge?"。好奇心是民族誌研究的關鍵，而讀者很驚訝馬林諾夫斯基欠缺好奇心。
15. 研究者顯示教育者全都想說服家長了解對小孩子說理的價值（而不是打他們），但有些家長，尤其是低收入家長很可能不同意。請見：Cucchiara, "'Sometimes You Have to Pop Them,'" 以及 Lareau, *Unequal Childhoods*。
16. Heath, "The Madness(es) of Reading and Writing Ethnography"; Duneier, "Three Rules," p. 100.
17. Katz, "Analytic Induction."
18. Muñoz, personal communication, and "Everyone Has to Think."
19. 針對研究者在田野中的角色，請見：Lofland et al., *Analyzing Social Settings*; Denzin 288
and Lincoln, *The Sage Handbook*; Hanson and Richards, *Harassed*. 參考數不清的方法論附錄，例如 Lareau and Shultz, *Journeys through Ethnography*，也可以看 *Ethnography, Qualitative Sociology*, and *Journal of Contemporary Ethnography* 等期刊。
20. Whyte, *Street Corner Society*.
21. Erickson, "Taught Cognitive Learning."
22. Lareau and Rao, "Intensive Family Observations."
23. Lareau and Rao, "Intensive Family Observtions."

第七章

1. Harvey, "Make Sure You Look Someone in the Eye."
2. Anderson, *A Place on the Corner*, p. 196.
3. 研究助理與我在訪問時就帶著錄音機，並獲得錄音的同意。這段節錄來自 Lareau, *Unequal Childhoods*, 2nd ed., p. 96. 研究助理看到這痛苦的時刻，針對不干預，請見：*Unequal Childhoods*, 358–359。
4. Black, *When a Heart Turns Rock Solid*, pp. 110 and 112.
5. Mears, *Pricing Beauty*, p. 108.
6. Robin Leidner, *Fast Food*, p. 71.
7. Ferguson, "Getting on the Inside Track."

8. Harvey and Lareau, "Studying Children Using Ethnography."
9. http://www.psychpage.com/learning/library/assess/feelings.html.
10. 以這個個案為例，我在兩所公立學校的不同課堂上做了幾個月的觀察。然後，我做了大約八十八個家庭一半的家長訪談。現實上，我根本不可以自己做我想要做到的研究，我跟一群同種族的研究助理合作。首先，他們幫我完成訪談。接下來，在不同概念的引導下，我們挑出在訪談中代表不同重要主題的家庭。之後，我寫信或親自與這些家庭聯繫，提出到家裡做密集觀察的想法。如果他們同意，我們通常會每天過去拜訪，持續三週。（研究結束後）他們會領到相當於現在五百美元的參與酬勞。我問了十九個家庭，最終有十二個家庭同意，平均分散在不同階級（中產階級、工人階級與窮人）與種族（白人與非洲裔美國人）。由於這種請求相當擾人，我認為這是合理的回應率。我在所有的家庭做田野調查，其中在兩個家庭是主要的田野調查員。請見 Elliott et al., "Marking Time in Ethnography."。
11. Lareau and Rao, "Intensive Family Observations."
12. 研究的最後，當我們正完成兩個家庭的資料蒐集，Patricia Berhau（高年級的白人女性博士生，擔任計畫的經理）在我出國的三週期間，接手每個晚上打電話給助理的工作。但是，她並未到田野裡做家訪。

第八章

1. Srivastava and Hopwood, "A Practical Iterative Framework."
2. 當然，其他人對怎麼處理資料也有各自的建議，請見：Tavory and Timmermans on
289 *Abductive Analysis*, Timmermans and Tavory, *Surprise,* Miles et al. on *Qualitative Data Analysis*, and Luker, *Salsa Dancing*，另外也可以參考聚焦在特定文類的手冊、教科書的作品，例如紮根理論與建制民族誌（institutional ethnography）。
3. Snow 等人的 "Elaborating Analytic Ethnography" 討論你可能有的各種理論企圖心，例如發現（discovery）、延伸（extension）與重建（reconstruction）。Lofland, "Analytic Ethnography"; Abramson and Gong, *Beyond the Case*; Luker, *Salsa Dancing*.。
4. Burawoy, "Empiricism and Its Fallacies," pp. 51 and 52，粗體為原文。
5. 針對框構（framing）研究過程特別有想法的著作，請見 Luker, *Salsa Dancing*。
6. Grazian, "Thank God It's Monday."
7. Becker, *Writing for Social Scientists*.
8. Anderson, *Code of the Street*.
9. 請見 Leona Helmsley 的例子，她在 2007 年過世時，她的狗獲得價值一千兩百萬美元的信託基金，而且狗也是遺囑中法律爭議的一部分。請見 Jeffrey Toobin, "Rich Bitch."。

10. Fresh Air Interview, "To Make *The Godfather* His Way."
11. 這其中有很大的研究倫理問題。移民是個脆弱的群體。既然這只是個大學生的課堂計畫，他也不打算發表，所以不用得到 IRB 的許可來保護研究對象。但因為這些人很脆弱，對一個沒有經驗在做課堂報告的大學生來說，寫田野筆記可能會讓他惹上官司，或是給他觀察的移民帶來傷害。當我得知道他的目標，把他找來開會表達我的顧慮後，他也同意集中在合法移民的經驗。
12. Hofferth, "Response Bias."
13. Dow, *Mothering while Black*.
14. 這篇大幅修改的論文後來出版了，見 Lareau et al., "Parental Challenges."
15. 這段話來自一家大學出版社負責接受或拒絕書稿的編輯，編輯發現作者得知書稿還需要很多工作之後，很可能會垂頭喪氣。
16. See Luker, *Salsa Dancing*, p. 19.
17. 請見 Timmermans and Tavory, *Surprise* 針對深度訪談的編碼分析。
18. Hirsch and Khan, *Sexual Citizens*, p. 287.
19. Miles et al., *Qualitative Data Analysis*.
20. 請見 Erickson, "Taught Cognitive Learning." 與 Emerson et al., *Writing Ethnographic Fieldnotes*. 其他人有不同的方法，Jessica Calarco 提供她和 Deterding and Waters, "Flexible Coding of In-Depth Interviews." 這篇文章對話後所發展出來的「彈性編碼」（flexible coding）。
21. 但是，請見 Emerson et al., Writing Ethnographic Field Notes, pp. 186–194。他們點出編碼並不容易。「編碼不是一項直接、簡單的工作。一方面，要縮短或為了清楚而編輯，提升整篇民族誌故事的流暢度：太長的節錄讓讀者陷入瑣碎的細節而閱讀困難。另一方面，人們常在編輯田野筆記原稿的過程中，失去一些生動與複雜的細節」（p. 192）。
22. Lareau, *Unequal Childhoods*, p. 171.
23. 編輯後的引文不見得要全部放到本文裡。有時候我只是把一些關鍵詞放進去本文， 290
以引號開始，然後刪除一些引文，這樣可能比較有效率。如果你把引文保留給更生動的詞彙，可能有助於讓書稿更「精彩」與流暢。

第九章

1. Kidder and Todd, *Good Prose*, p. xviii.

2. 當然，記者通常是很好的作家。此外，紀實記者（例如長篇文章或廣播故事）與深度訪談及參與觀察研究時有重疊之處。但是一般來說，社會科學研究遵循的研究方法步驟與新聞報導截然不同，包括 IRB 的審查、資料蒐集的時間比較長，範圍比較廣，系統性的比較，相關社會過程的分析，還有對學科概念的理論貢獻。反之，新聞報導的研究通常比較速成，分析比較淺，集中在單一個案，想要獲得短期的新聞關注而不是促進對社會機制長期的抽象認識。有些傑出記者對主題的描述與社會科學的研究者類似，請見 Jason DeParle 的 *American Dream* 及 *A Good Provider* 兩本書。但是，這些作品沒有 IRB 審查，研究方法不透明，也不會有社會科學家標準的系統性比較。他的目標不包括改善我們的抽象模型。
3. See Lamont, *Bird by Bird*; or Elbow's *Writing without Teachers*.
4. 請見 Webster 辭典對於 iterative（反複）這個字的定義 https://www.merriam-web ster.com/dictionary/iterative。
5. 這篇文章是 Anyon, "Social Class and School Knowledge."，作者使用觀察資料來證明五所小學中社會階級在課程使用上的差異。
6. Belcher, *Writing Your Journal Article*.
7. Becker, *Writing for Social Scientists*, p. 53. Becker 詳細了引用「標準的導言」（model introduction）。
8. Hughes 也得到 Becker 作品的引用，請見 *Writing for Social Scientists*, p. 50。
9. Mantz, "The Best Crime Tours of Chicago"; and Chicago Architecture Center, "Get Your Guide."
10. Luker, *Salsa Dancing*.
11. 正如 Benjamin Shestakofsky 向我指出，文獻回顧的觀點反映的是研究發現的結構（structure of the findings）。但是，你不是呈現引文作為證據，你是呈現其他文章來支持你的主張。簡述文章後，你接著提出詮釋。
12. Rawls, *Lectures on the History of Political Philosophy*。Rawls 在回顧 Alfred Sedgwick 時引用了 John Stuart Mills，請見 "A Doctrine is not Judged At All Until It Is Judged in Its Best Form," xiii.。
13. Ferrell, *Billionaire Wilderness*。這本書的回應率是 18%，但他也不會每次都問受訪者的身家有多少。
14. Czajka and Beyler, "Declining Response Rates."
15. Lareau, *Unequal Childhoods*, p. 31. 另見 Blair-Loy, *Competing*。書中有個表格突出他的論題。

16. Barshay, "Evidence Increases for Reading on Paper."

17. 請見 Jessica Calarco 部落格的文章 "Revise and Resubmit," http://www.jessica calarco.com/tips-tricks/2021/1/2/revise-and-resubmit。 291

18. 此外，有些人強烈相信放上比較長的引文，有參與者的聲音，能完全代表參與者的聲音與能動性（agency）。但是，由於作者（而不是參與者）為讀者選了比較長的引文，研究者扮演的角色也無法迴避（因為比較長的引文會有好幾個重點），而讀者可能會感到一團亂，並且無法專注於作者的目的。

19. Lareau and Horvat, "Moments of Social Inclusion and Exclusion."

20. Lareau, "Cultural Knowledge and Social Inequality."

21. 這篇文章提供了事件比較長的介紹，請見 Lareau, "Cultural Knowledge and Social Inequality."。

22. Peshkin, "In Search of Subjectivity," p. 17.

23. 這就像 Margery Wolf 所說，有些「評論質疑民族誌研究者是否可以再現另一個文化的經驗，有些人甚至質疑這樣做背後的倫理道德，認為這個過程本身就是殖民主義的運作（支配）」，請見：*A Thrice-Told Tale*, p. 5。

24. Levine, *Ain't No Trust*.

25. Lieberman, "Why You Procrastinate."

26. Luker, *Salsa Dancing*, p. 22.

27. 我要感謝 Sarah Quinn 讓我注意到 Ann Patchett 這段引文，請見 Ann Patchett, "The Getaway Car."。

28. 比方說，有些學校支持寫作小組。請見全國教師發展與多元性中心。有不少的部落格在討論寫作，例如：http://getalifephd.blogspot.com/。

29. 作家喜歡寫一些寫作的事，所以探討這個主題的文獻有不少。針對不凡且嚴格的寫作時程安排，請見 Zerubavel, *Clockwork Muse*。另見 Valian, "Learning to Work."。

30. Korkki, "To Stay on Schedule, Take a Break."

31. 請見 Becker, *Writing for Social Scientists*，他在書中用了一個類比，這就像是走進一場雞尾酒派對，一小群一小群的人都在談不同的話題，你要參加哪一個？

32. 有個讀者指出這種焦慮情有可原，因為民族誌的研究者可以從佩服他們資料，但「不認為框構有效」的審查者，得到反饋意見。

33. 請見 Joan Didion 在丈夫驟逝時寫下感人的回憶 *The Year of Magical Thinking*。

34. 請見不曾做過民族誌的 Steven Lubet 對許多學者的攻擊 *Interrogating Ethnography*。

35. Zerubavel, *Clockwork Muse*; and Valian, "Learning to Work."

36. 當你有許多資料，有個論點，但需要釐清自己主要論點時，策劃編輯的幫助會很大。由於我有個不斷自我反複的壞習慣（還有文章同一段改變時態），我所有的重要作品（包括本書幾個章節）一直和專業的編輯合作。因此，在我大部分的學術生涯，我要從我個人的補助來付這些費用。由於編輯都會在謝詞中被提到，因此那是找編輯的好地方。或者，你身邊打聽一下，你會發現誰有用編輯（包括許多國際學者）。在你們
292 談定之前，最好先和編輯試編一下。你需要對這個人很放心，你也要感受一下這個人的修改是否改進你的寫作。如果不是，就找另外一個編輯。

第十章

1. 雖然細節與研究的關係不同，針對伴侶感謝以及「修復」原則是很寶貴的意見。請見：Benson, “Repair Is the Secret Weapon.”
2. McPherson et al., “Birds of a Feather.”
3. 這不是要說來自特權位置的人不會有任何好處。請見 Calarco 的 *Field Guide for Grad School* 對大學生活「隱性課程」的說明。但我的重點是，人都可以帶來新觀點。舉例來說，Matt Desmond 一家人在他很年輕時失去家。這名年輕的學者在《下一個家在何方？》（*Evicted*）為一塊少有人研究的社會生活領域帶來新的洞察，接著就有後續的研究。

最後幾句話

1. 「faith」（信念）的定義，請見 Merriam-Webster Dictionary, https://www.merriam-webster.com/dictionary/faith.

第三章附錄

1. 有些大學不允許學生當計畫主持人，老師才可以。當然，學生會填好所有文件，然後拜託老師檢查。此外，許多系所也要求系主任或代表同意 IRB 的申請。關鍵之處是讓這些代表注意到下個禮拜會有個申請需要他同意。如果系上的代表不在，也可以問問是否有其他人在代表不在時可以代簽。據說有學生為了要等到系上的簽名，使申請拖延了兩個禮拜，事先安排可以減少時間的耽擱。

參考書目

Abramson, Corey M., and Neil Gong, eds. *Beyond the Case: The Logics and Practices of Comparative Ethnography*. New York: Oxford University Press, 2020.

Abrego, Leisy J. *Sacrificing Families: Navigating Laws, Labor, and Love across Borders*. Palo Alto: Stanford University Press, 2014.

Ahlin, Tanja, and Fangfang Li. "From Field Sites to Field Events: Creating the Field with Information and Communication Technologies (ICTs)." *Medicine, Anthropology and Theory* 6, no. 2 (2019): 1-24.

Anderson, Elijah. *A Place on the Corner*. Chicago: University of Chicago Press, 2003.

Anyon, Jean. "Social Class and School Knowledge." *Curriculum Inquiry* 11, no. 1 (1981): 3-42.

Barker, Kristin K. "Electronic Support Groups, Patient-Consumers, and Medicalization: The Case of Contested Illness." *Journal of Health and Social Behavior* 49, no. 1 (2008): 20-36.

Barnes, Riché J. Daniel. *Raising the Race: Black Career Women Redefine Marriage, Motherhood, and Community*. New Brunswick: Rutgers University Press, 2015.

Barshay, Jill. "Evidence Increases for Reading on Paper Instead of Screens." Hechinger Report, August 12, 2019. https://hechingerreport.org/evidence-increases-for-reading-on-paper-instead-of-screens/.

Bartlett, Lesley, and Frances Vavrus. *Rethinking Case Study Research: A Comparative Approach*. London: Taylor & Francis, 2016.

Becker, Howard S. *Evidence*. Chicago: University of Chicago Press, 2017.

Becker, Howard S. *Writing for Social Scientists: How to Start and Finish Your Thesis, Book, or Article*. 3rd ed. Chicago: University of Chicago Press, 2020.

Belcher, Wendy Laura. *Writing Your Journal Article in Twelve Weeks: A Guide to Academic Publishing Success*. Chicago: University of Chicago Press, 2019.

Benson, Kyle. 2017. "Repair Is the Secret Weapon of Emotionally Connected Couples." *Gottman Institute*, February 23, 2017. https://www.gottman.com/blog/repair-secret-weapon-emotionally-connected-couples/.

Black, Timothy. *When a Heart Turns Rock Solid: The Lives of Three Puerto Rican Brothers On and Off the Streets*. New York: Pantheon, 2009.

Black, Timothy, and Sky Keyes. *It's a Setup: Fathering from the Social and Economic Margins*. New York: Oxford University Press, 2020.

Blair-Loy, Mary. *Competing Devotions: Career and Family among Women Executives*. Cambridge, MA: Harvard University Press, 2003.

Bloor, Michael J. "Notes on Member Validation." In *Contemporary Field Research: A Collection of Readings*, edited by Robert M. Emerson, 156-172. 1st ed. Prospect Heights, IL: Waveland Press, 1983.

Bosk, Charles L. *Forgive and Remember: Managing Medical Failure*. Chicago: University of Chicago Press, 2003.

Bourdieu, Pierre. *Distinction: A Social Critique of the Judgement of Taste*. Translated by Richard Nice. Harvard University Press, 1984.

Bourgois, Philippe. *In Search of Respect: Selling Crack in El Barrio*. Cambridge: Cambridge University Press, 2003.

Briggs, Jean L. *Never in Anger*. Cambridge, MA: Harvard University Press, 1971.

Burawoy, Michael. "Empiricism and Its Fallacies." *Contexts* 18, no. 1 (2019): 47-53.

Burawoy, Michael. "The Extended Case Method." In *Ethnography Unbound: Power and Resistance in the Modern Metropolis*, edited by Michael Burawoy, Alice Burton, Ann Arnett Ferguson, Kathryn J. Fox, Joshua Gamson, Nadine Gartrell, Leslie Hurst, Charles Kurzman, Leslie Salzinger, Josepha Schiffman, and Shiori Ui, 271-287. Berkeley: University of California Press, 1991.

Burawoy, Michael. "The Extended Case Method." *Sociological Theory* 16, no. 1 (1998): 4-33.

Burawoy, Michael. *Manufacturing Consent: Changes in the Labor Process under Monopoly Capitalism*. Chicago: University of Chicago Press, 1982.

Burton, Linda M. "Black Grandparents Rearing Children of Drug-Addicted Parents: Stressors, Outcomes, and Social Service Needs." *Gerontologist* 32, no. 6 (1992): 744-751.

Burton, Linda M. "Seeking Romance in the Crosshairs of Multiple Partner Fertility: Ethnographic Insights on Low-Income Urban and Rural Mothers." *Annals of the American Academy of Political and Social Science* 654, no. 1
(2014): 185-212.

Calarco, Jessica McCrory. *A Field Guide to Grad School: Uncovering the Hidden Curriculum*. Princeton: Princeton University Press, 2020.

Calarco, Jessica McCrory. "Flexible Coding for Field Notes." *Scatterplot*, March 29, 2019. https://scatter.wordpress.com/2019/03/29/flexible-coding-for-field-notes/.

Calarco, Jessica McCrory. *Negotiating Opportunities: How the Middle Class Secures Advantages in School*. New York: Oxford University Press, 2018.

Cartwright, Ashleigh. "'He Was Always Neat and Clean': Observing Selection Practices for Racial

Integration to Reconsider Bourdieu's Cultural Capital Framework." Unpublished manuscript, University of Pennsylvania, 2021.

Centers for Disease Control and Prevention. "U.S. Public Health Service Syphilis Study at Tuskegee." Accessed May 26, 2020. https://www.cdc.gov/tuskegee/index.html.

Cerulo, Karen A. "Reassessing the Problem: Response to Jerolmack and Khan." *Sociological Methods & Research* 43, no. 2 (2014): 219-226.

Charmaz, Kathy. *Constructing Grounded Theory*. 2nd ed. London: Sage Publications, 2014.

Cherlin, Andrew J., Tera R. Hurt, Linda M. Burton, and Diane M. Purvin. "The Influence of Physical and Sexual Abuse on Marriage and Cohabitation." *American Sociological Review* 69, no. 6 (2004): 768-789.

Chiang, Yi-Lin. *The Study Gods: How the New Chinese Elite Prepare for Global Competition*. Princeton: Princeton University Press, forthcoming.

Chiang, Yi-Lin. "When Things Don't Go as Planned: Cultural Capital and Parental Strategies for Elite College Enrollment." *Comparative Education Review* 62, no. 4 (2018): 503-521.

Cicourel, Aaron V. *Cognitive Sociology: Language and Meaning in Social Interaction*. New York: Free Press, 1974.

Clair, Matthew. *Privilege and Punishment: How Race and Class Matter in Criminal Court*. Princeton: Princeton University Press, 2020.

Clancy, Kate. "I Had No Power to Say That's Not Okay: Reports of Harassment and Abuse in the Field." *Scientific American*, April 13, 2013. https://blogs.scientificamerican.com/context-and-variation/safe13-field-site-chilly-climate-and-abuse/.

Clergy, Orly. *The New Noir: Race, Identity, and Diaspora in Black Suburbia*. Berkeley: University of California Press, 2019.

Collins, Randall. *Interaction Ritual Chains*. Princeton: Princeton University Press, 2005.

Contreras, Randol. "The Broken Ethnography: Lessons from an Almost Hero." *Qualitative Sociology* 42, no. 2 (2019): 161-179.

Contreras, Randol. *The Stickup Kids: Race, Drugs, Violence, and the American Dream*. Berkeley: University of California Press, 2013.

Contreras, Randol. "Transparency and Unmasking Issues in Ethnographic Crime Research: Methodological Considerations." *Sociological Forum* 34, no. 2 (2019): 293-312.

Cooper, Marianne. *Cut Adrift: Families in Insecure Times*. Berkeley: University of California Press, 2014.

Coppola, Francis Ford. "To Make *The Godfather* His Way, Francis Ford Coppola Waged a Studio Battle." Interview by Terry Gross. *Fresh Air*, NPR, November 15, 2016. https://www.npr.

org/2016/11/15/502250244/to-make-the-godfather-his-way-francis-ford-coppola-waged-a-studio-battle.

Cucchiara, Maia. "Culture and Control in Alternative Schools." Unpublished manuscript, Temple University, 2021.

Cucchiara, Maia Bloomfield. *Marketing Schools, Marketing Cities: Who Wins and Who Loses When Schools Become Urban Amenities*. Chicago: University of Chicago Press, 2013.

Cucchiara, Maia. "'Sometimes You Have to Pop Them': Conflict and Meaning-Making in a Parenting Class." Social Problems, spaa045, https://doi-org.proxy.library.upenn.edu/10.1093/socpro/spaa045.

Curl, Heather, Annette Lareau, and Tina Wu. "Cultural Conflict: The Implications of Changing Dispositions among the Upwardly Mobile." *Sociological Forum* 33, no. 4 (2018): 877-899.

Czajka, John L., and Amy Beyler. "Declining Response Rates in Federal Surveys: Trends and Implications." *Mathematica Policy Research*, June 15, 2016. https://aspe.hhs.gov/system/files/pdf/255531/Decliningresponserates.pdf.

Daniels, Nicola, Patricia Gillen, Karen Casson, and Iseult Wilson. "STEER: Factors to Consider When Designing Online Focus Groups Using Audiovisual Technology in Health Research." *International Journal of Qualitative Methods* 18 (2019): 1-11.

Davis, Dána-Ain, and Christa Craven. *Feminist Ethnography: Thinking through Methodologies, Challenges, and Possibilities*. Lanham: Rowman & Littlefield, 2016.

Deakin, Hannah, and Kelly Wakefield. "Skype Interviewing: Reflections of Two PhD Researchers." *Qualitative Research* 14, no. 5 (2013): 603-616.

Deener, Andrew. *The Problem with Feeding Cities: The Social Transformation of Infrastructure, Abundance, and Inequality in America*. Chicago: University of Chicago Press, 2020.

Deener, Andrew. "The Uses of Ambiguity in Sociological Theorizing: Three Ethnographic Approaches." *Sociological Theory* 35, no. 4 (2017): 359-379.

Deener, Andrew. *Venice: A Contested Bohemia in Los Angeles*. Chicago: University of Chicago Press, 2012.

Denscombe, Martyn. *The Good Research Guide: For Small-Scale Social Research Projects*. London: McGraw-Hill Education, 2014.

Denzin, Norman K., and Yvonna S. Lincoln. *The Sage Handbook of Qualitative Research*. 5th ed. Thousand Oaks, CA: Sage Publications, 2018.

DeParle, Jason. *American Dream: Three Women, Ten Kids, and a Nation's Drive to End Welfare*. New York: Penguin Books, 2005.

DeParle, Jason. *A Good Provider Is One Who Leaves: One Family and Migration in the 21st*

Century. New York: Penguin Books, 2019.

Desmond, Matthew. *Evicted: Poverty and Profit in the American City*. New York: Crown, 2016.

Deterding, Nicole, and Mary C. Waters. "Flexible Coding of In-Depth Interviews: A Twenty-First Century Approach." *Sociological Methods & Research* 20, no. 10 (2018): 1-32.

DeVault, Marjorie L. *Feeding the Family: The Social Organization of Caring as Gendered Work*. Chicago: University of Chicago Press, 1994.

DeVault, Marjorie L., and Glenda Gross. "Feminist Qualitative Interviewing: Experience, Talk, and Knowledge." In *Handbook of Feminist Research*, edited by Sharlene Nagy Hesse- Biber, 206-235. Thousand Oaks, CA: Sage Publications, 2012.

DeVault, Marjorie L., and Liza McCoy. "Institutional Ethnography: Using Interviews to Investigate Ruling Relations." In *Handbook of Interview Research: The Complexity of the Craft*, edited by Jaber Gubrium and James Holstein, 751-776. Thousand Oaks, CA: Sage Publications, 2002.

Didion, Joan. *The Year of Magical Thinking*. New York: Vintage, 2007.

DiMaggio, Paul. "Comment on Jerolmack and Khan, 'Talk Is Cheap' Ethnography and the Attitudinal Fallacy." *Sociological Methods & Research* 43, no. 2 (2014): 232-235.

Dow, Dawn Marie. *Mothering while Black: Boundaries and Burdens of Middle-Class Parenthood*. Berkeley: University of California Press, 2019.

DuBois, W. E. B. *The Philadelphia Negro: A Social Study*. New York: Oxford University Press, 2007.

Dunbar, Christopher, Dalia Rodriguez, and Laurence Parker. "Race, Subjectivity, and the Interview Process." In *Handbook of Interview Research: Context and Method*, edited by Jaber F. Gubrium and James A. Holstein, 279-298. Thousand Oaks, CA: Sage Publications, 2002.

Duneier, Mitchell. "How Not to Lie with Ethnography." *Sociological Methodology* 41, no. 1 (2011): 1-11.

Duneier, Mitchell. *Sidewalk*. New York: Farrar, Straus and Giroux, 1999.

Duneier, Mitchell. *Sidewalk*. Directed by Barry Alexander Brown. Princeton: Princeton University, 2010. https://www.thesociologicalcinema.com/videos/ethnographic-filmmaking-and-the-social-life-of-a-sidewalk.

Duneier, Mitchell. "Three Rules I Go By in My Ethnographic Research on Race and Racism." In *Researching Race and Racism*, edited by M. Bulmer and J. Solomos, 92-102. New York: Routledge, 2004.

Duneier, Mitchell, and Les Back. "Voices from the Sidewalk: Ethnography and Writing Race." *Ethnic and Racial Studies* 29, no. 3 (2006): 543-565.

Duneier, Mitchell, Philip Kasinitz, and Alexandra Murphy, eds. *The Urban Ethnography Reader*.

London: Oxford University Press, 2014.

Edin, Kathryn, and Maria Kefalas. *Promises I Can Keep: Why Poor Women Put Motherhood before Marriage*. Berkeley: University of California Press, 2005.

Edin, Kathryn, and Laura Lein. *Making Ends Meet: How Single Mothers Survive Welfare and Low-Wage Work*. New York: Russell Sage Foundation, 1997.

Elbow, Peter. *Writing without Teachers*. 2nd ed. New York: Oxford University Press, 1998.

Elliott, Sinikka, Josephine Ngo McKelvy, and Sarah Bowen. "Marking Time in *Ethnography*: Uncovering Temporal Dispositions." Ethnography 18, no. 4 (2016): 1-21.

Ellis, Rachel. *In This Place Called Prison: Religion and the Social World of Incarcerated Women*. Berkeley: University of California Press, forthcoming.

Emdin, Christopher. *For White Folks Who Teach in the Hood... and the Rest of Y'all Too: Reality Pedagogy and Urban Education*. Boston: Beacon Press, 2016.

Emerson, Robert, ed. *Contemporary Field Research: Perspectives and Formulations*. 2nd ed. Long Grove, IL: Waveland Press, 2001.

Emerson, Robert M., Rachel I. Fretz, and Linda L. Shaw. *Writing Ethnographic Fieldnotes*. 2nd ed. Chicago: University of Chicago Press, 2011.

Erickson, Frederick. "Definition and Analysis of Data from Videotape: Some Research Procedures and Their Rationales." In *Handbook of Complementary Methods in Education Research*, edited by J. Green, G. Camilli, and P. Elmore, 177-192. Washington, DC: American Educational Research Association, 2006.

Erickson, Frederick. "Taught Cognitive Learning in Its Immediate Environments: A Neglected Topic in the Anthropology of Education." *Anthropology & Education Quarterly* 13, no. 2 (1982): 149-180.

Erikson, Kai. *Everything in Its Path: Destruction of Community in the Buffalo Creek Flood*. New York: Simon and Schuster, 1976.

Evans, Shani Adia. *The World Was Ours: Race, Memory, and Resistance in the Gentrified City*. Chicago: University of Chicago Press, forthcoming.

Ferguson, Ann Arnett. *Bad Boys: Public Schools in the Making of Black Masculinity*. Ann Arbor: University of Michigan Press, 2010.

Ferguson, Sherelle. "Ask Not What Your Mentor Can Do for You... : The Role of Reciprocal Exchange in Maintaining Student-TeacherMentorships."*Sociological Forum* 33, no. 1 (2018): 211-233.

Ferguson, Sherelle. "Getting on the Inside Track: Class, Race, and Undergraduates' Academic Engagement." Unpublished paper, University of Pennsylvania, 2021.

Ferguson, Sherelle, and Annette Lareau. "Upwardly Mobile College Students' Estrangement: The Importance of Peers." Unpublished paper, 2021.

Ferrell, Justin. *Billionaire Wilderness: The Ultra-wealthy and the Remaking of the American West*. Princeton: Princeton University Press, 2020.

Fine, Gary Alan. *Gifted Tongues: High School Debate and Adolescent Culture*. Princeton: Princeton University Press, 2001.

Fine, Gary Alan. *Kitchens: The Culture of Restaurant Work*. Berkeley: University of California Press, 2008.

Fine, Gary Alan. *With the Boys: Little League Baseball and Preadolescent Culture*. Chicago: University of Chicago Press, 1987.

Flick, Uwe, Ernst Von Kardorff, and Ines Steinke. *A Companion to Qualitative Research*. Thousand Oaks, CA: Sage Publications, 2004.

Frye, Margaret. "Bright Futures in Malawi's New Dawn: Educational Aspirations as Assertions of Identity." *American Journal of Sociology* 117, no. 6 (2012): 1565-1624.

Gans, Herbert J. *The Urban Villagers: Group and Class in the Life of Italian-Americans*. Updated ed. New York: Simon and Schuster, 1982.

Gaztambide-Fernández, Rubén A. *The Best of the Best: Becoming Elite at an American Boarding School*. Cambridge, MA: Harvard University Press, 2009.

Gerbert, Barbara, Amy Bronstone, Steven Pantilat, Stephen McPhee, Michael Allerton, and James Moe. "When Asked, Patients Tell: Disclosure of Sensitive Health-Risk Behaviors." *Medical Care* 37, no. 1 (1999): 104-111.

Gerson, Kathleen, and Sarah Damaske. *The Science and Art of Interviewing*. New York: Oxford University Press, 2020.

Get Your Guide. "Chicago Architecture Center." https://www.getyourguide.com/discovery/chicago-architecture-center-l97377/?utm_force=0.

Glaser, Barney G., and Anselm L. Strauss. *The Discovery of Grounded Theory: Strategies for Qualitative Research*. Chicago: Aldine, 1967.

Goffman, Erving. *The Presentation of Self in Everyday Life*. New York: Double Day Anchor Books, 1959.

Golann, Joanne W. *Scripting the Moves: Culture and Control in a "No Excuses" Urban Charter School*. Princeton: Princeton University Press, 2021.

Gonzales, Roberto G. *Lives in Limbo: Undocumented and Coming of Age in America*. Berkeley: University of California Press, 2016.

Granovetter, Mark S. "The Strength of Weak Ties." *American Journal of Sociology* 78, no. 6 (1973):

1360-1380.

Gray, Lisa M., Gina Wong-Wylie, Gwen R. Rempel, and Karen Cook. "Expanding *Qualitative Research* Interviewing Strategies: Zoom Video Communications." *Qualitative Report* 25, no. 5 (2020): 1292-1301.

Grazian, David. *American Zoo: A Sociological Safari*. Princeton: Princeton University Press, 2015.

Grazian, David. "Thank God It's Monday: Manhattan Coworking Spaces in the New Economy." *Theory and Society* 49, no. 5-6 (2020): 991-1019.

Gross, Nora. "Brothers in Grief: The Stages of Grieving for a School and Its Students Following Three Shooting Deaths of Black Teenage Boys." PhD diss., University of Pennsylvania, 2020.

Gubrium, Jaber F., and James A. Holstein, eds. *Handbook of Interview Research*. Thousand Oaks, CA: Sage Publications, 2001.

Hammersley, Martyn, and Paul Atkinson. *Ethnography: Principles in Practice*. 3rd ed. London: Routledge, 2007.

Handley, Kate. "The Unbearable Daintiness of Women Who Eat with Men."*Society Pages*, December 27, 2015. https://thesocietypages.org/socimages/2015/12/27/the-unbearable-daintiness-of-women-who-eat-with-men/.

Hansen, Karen. *Not-So-Nuclear Families: Class, Gender, and Networks of Care*. New Brunswick: Rutgers University Press, 2004.

Hanson, Rebecca, and Patricia Richards. *Harassed: Gender, Bodies, and Ethnographic Research*. Berkeley: University of California Press, 2019.

Harvey, Peter. "Make Sure You Look Someone in the Eye: Socialization and Classed Comportment in Two Elementary Schools." Unpublished paper. Paper presented at the American Sociological Association Annual Meeting, 2018.

Harvey, Peter Francis, and Annette Lareau. "Studying Children Using Ethnography: Heightened Challenges and Balancing Acts." *Bulletin of Sociological Methodology/Bulletin de Méthodologie Sociologique* 146, no. 1 (2020): 16-36. [published in English and French] Head, Emma. "The Ethics and Implications of Paying Participants in *Qualitative Research*." *International Journal of Social Research Methodology* 12, no. 4 (2009): 335-344.

Heath, Shirley Brice. "The Madness(es) of Reading and Writing Ethnography." *Anthropology & Education Quarterly* 24, no. 3 (1993): 256-268.

Heath, Shirley Brice. *Ways with Words: Language, Life and Work in Communities and Classrooms*. Cambridge: Cambridge University Press, 1983.

Hecht, Katharina. "'It's the Value That We Bring': Performance Pay and Top Income Earners' Perceptions of Inequality." Unpublished paper, London School of Economics, 2021.

Hesse-Biber, Sharlene Nagy, ed. *Handbook of Feminist Research: Theory and Praxis*. 2nd ed. Thousand Oaks, CA: Sage Publications, 2011.

Hidalgo, Anna, and Shamus Khan. "Blindsight Ethnography and Exceptional Moments." *Etnografia e Ricerca Qualitativa* 2, no. 2 (2020): 185-193.

Hirsch, Jennifer S., and Shamus Khan. *Sexual Citizens: A Landmark Study of Sex, Power, and Assault on Campus*. New York: WW Norton & Company, 2020.

Ho, Karen. *Liquidated: An Ethnography of Wall Street*. Durham, NC: Duke University Press, 2009.

Hoang, Kimberly Kay. *Dealing in Desire: Asian Ascendancy, Western Decline, and the Hidden Currencies of Global Sex Work*. Berkeley: University of California Press, 2015.

Hochschild, Arlie Russell, and Anne Machung. *The Second Shift: Working Families and the Revolution at Home*. Rev. ed. New York: Penguin, 2012.

Hofferth, Sandra. L. "Response Bias in a Popular Indicator of Reading to Children." *Sociological Methodology* 36, no. 1 (2006): 301-315.

Horvat, Erin McNamara, and Anthony Lising Antonio. "'Hey, Those Shoes Are Out of Uniform': African American Girls in an Elite High School and the Importance of Habitus." *Anthropology & Education Quarterly* 30, no. 3 (1999): 317-342.

Huang, Mingwei. "Vulnerable Observers: Notes on Fieldwork and Rape." *Chronicle of Higher Education*, October 12, 2016. https://www.chronicle.com/article/Vulnerable-Observers-Notes-on/238042.

Hubbard, Lea Ann, Mary Kay Stein, and Hugh Mehan. *Reform as Learning: School Reform, Organizational Culture, and Community Politics in San Diego*. Routledge, 2013.

Hunt, Jennifer. "Police Accounts of Normal Force." *Urban Life* 13, no. 4 (1985): 315-341.

Jerolmack, Colin. *Up to Heaven and Down to Hell: Fracking, Freedom, and Community in an American Town*. Princeton: Princeton University Press, 2021.

Jerolmack, Colin, and Shamus Khan. "Talk Is Cheap: Ethnography and the Attitudinal Fallacy." *Sociological Methods & Research* 43, no. 2 (2014): 178-209.

Jerolmack, Colin, and Alexandra K. Murphy. "The Ethical Dilemmas and Social Scientific Trade-Offs of Masking in Ethnography." *Sociological Methods & Research* 48, no. 4 (2017): 801-827.

Jo, Hyejeong. "Diverging Paths: Three Essays on the Transitions of Working-Class Young People in South Korea." PhD diss., University of Pennsylvania, 2017. ProQuest: 10690671.

Johnson, Alix. "The Self at Stake: Thinking Fieldwork and Sexual Violence." *Savage Minds*, March 16, 2016. https://savageminds.org/2016/03/16/the-self-at-stake-thinking-fieldwork-and-sexual-violence/.

Jones, Nikki. *Between Good and Ghetto: African American Girls and Inner-City Violence*. New

Brunswick: Rutgers University Press, 2009.

Kaplan, Elaine Bell. *Not Our Kind of Girl: Unravelling the Myths of Black Teenage Motherhood.* Berkeley: University of California Press, 1997.

Kasinitz, Philip, John H. Mollenkopf, and Mary C. Waters, eds. *Becoming New Yorkers: Ethnographies of the New Second Generation*. New York: Russell Sage Foundation, 2004.

Katz, Jack. "Analytic Induction." In *International Encyclopedia of the Social and Behavioral Sciences*, edited by Neil and Paul B. Baltes, 480-484. Oxford: Pergamon Press, 2001.

Katz, Jack. "Armor for Ethnographers." *Sociological Forum* 34, no. 1 (2019): 264-275.

Katz, Jack. "On Becoming an Ethnographer." *Journal of Contemporary Ethnography* 48, no. 1 (2019): 16-50.

Katz, Jack. "A Theory of Qualitative Methodology: The Social System of Analytical Fieldwork." In *Contemporary Field Research*, edited by Robert Emerson, 127-148. Prospect Heights, IL: Waveland Press, 1983.

Khan, Shamus. *Privilege: The Making of an Adolescent Elite at St. Paul's School*. William G. Bowen Series 56. Princeton: Princeton University Press, 2012.

Khan, Shamus. "The Subpoena of Ethnographic Data." *Sociological Forum* 34, no. 1 (2019): 253-263.

Kidder, Tracy, and Richard Todd. *Good Prose: The Art of Nonfiction*. New York: Random House, 2013.

Klausen, Jytte. "Tweeting the *Jihad*: Social Media Networks of Western Foreign Fighters in Syria and Iraq." *Studies in Conflict & Terrorism* 38, no. 1 (2015): 1-22.

Klinenberg, Eric. *Heat Wave: A Social Autopsy of Disaster in Chicago*. Chicago: University of Chicago Press, 2002.

Korkki, Phyllis. "To Stay on Schedule, Take a Break." *New York Times*, June 16, 2012. https://www.nytimes.com/2012/06/17/jobs/take-breaks-regularly-to-stay-on-schedule-workstation.html.

Kozinets, Robert V. "The Field behind the Screen: Using Netnography for Marketing Research in Online Communities." *Journal of Marketing Research* 39 (2002): 61-72.

Kozinets, Robert V. *Netnography: Redefined*. 2nd ed. Thousand Oaks, CA: Sage Publications, 2015.

Krause, Monika. "'Western Hegemony' in the Social Sciences: Fields and Model Systems." *Sociological Review* 64, no. 2 (2016): 194-211.

Krueger, Richard A., and Mary Anne Casey. *Focus Groups: A Practical Guide for Applied Research.* Thousand Oaks, CA: Sage Publications, 2014.

Krumpal, Ivar. "Determinants of Social Desirability Bias in Sensitive Surveys: A Literature Review." *Quality & Quantity* 47, no. 4 (2013): 2025-2047.

Lacy, Karyn R. *Black like Me*. New York: Russell Sage Foundation, forthcoming.

Lacy, Karyn R. *Blue-Chip Black: Race, Class, and Status in the New Black Middle Class*. Berkeley: University of California Press, 2007.

Lacy, Karyn R. "The Missing Middle Class: Race, Suburban Ethnography and the Challenges of 'Studying Up.'" In *Urban Ethnography: Legacies and Challenges, Research in Urban Sociology*, vol. 16, edited by Richard E. Ocejo and Ray Hutchinson, 143-155. Bingley, UK: Emerald Publishing, 2019.

Ladson-Billings, Gloria, and William F. Tate. "Toward a Critical Race Theory of Education." *Teachers College Record* 97, no. 1 (1995): 47-68.

Lamont, Anne. *Bird by Bird: Some Instructions on Writing and Life*. New York: Anchor, 1995.

Lamont, Michèle. *The Dignity of Working Men: Morality and the Boundaries of Race, Class, and Immigration*. Cambridge, MA: Harvard University Press, 2002.

Lamont, Michèle. *Money, Morals, and Manners: The Culture of the French and the American Upper-Middle Class*. 2nd ed. Chicago: University of Chicago Press, 1999.

Lamont, Michèle, and Ann Swidler. "Methodological Pluralism and the Possibilities and Limits of Interviewing." *Qualitative Sociology* 37, no. 2 (2014): 153-171.

Lane, Jeffrey. "The Digital Street: An Ethnographic Study of Networked Street life in Harlem." *American Behavioral Scientist* 60, no. 1 (2015): 43-58.

Langford, David R. "Developing a Safety Protocol in *Qualitative Research* Involving Battered Women." Qualitative Health Research 10, no. 1 (2000): 133-142.

Lansdown, Richard. "Crucible or Centrifuge? Bronislaw Malinowski's *A Diary in the Strict Sense of the Term." Configurations* 22, no. 1 (2014): 29-55.

Lareau, Annette. "Cultural Knowledge and Social Inequality." *American Sociological Review* 80, no. 1 (2015): 1-27.

Lareau, Annette. "The Gift of Obscurity." *Footnotes* 25 (May/June 1997). https://sociology.sas.upenn.edu/people/annette-lareau.

Lareau, Annette. *Home Advantage: Social Class and Parental Intervention in Elementary Education.* 2nd ed. Lanham: Rowman & Littlefield Publishers, 2000.

Lareau, Annette. "My Wife Can Tell Me Who I Know: Methodological and Conceptual Problems in Studying Fathers." *Qualitative Sociology* 23, no. 4 (2000): 407-433.

Lareau, Annette. "Schools, Housing, and the Reproduction of Inequality: Experiences of White and African-American Suburban Parents." In Choosing Homes, Choosing Schools, edited by Annette Lareau and Kimberly Goyette, 169-206. New York: Russell Sage Foundation, 2014.

Lareau, Annette. *Unequal Childhoods: Class, Race, and Family Life*. 2nd ed. Berkeley: University of California, 2011.

Lareau, Annette, and Vanessa Lopes Muñoz. "'You're Not Going to Call the Shots': Structural Conflict between Parents and a Principal in a Suburban Elementary School." *Sociology of Education* 85, no 3 (2012): 201-218.

Lareau, Annette, and Erin McNamara Horvat. "Moments of Social Inclusion and Exclusion: Race, Class, and Cultural Capital in Family-School Relationships." *Sociology of Education* 72, no. 1 (1999): 37-53.

Lareau, Annette, and Aliya Hamid Rao. "Intensive Family Observations: A Methodological Guide." *Sociological Methods & Research* (April 2020). doi:10.1177/0049124120914949.

Lareau, Annette, and Jeffrey Shultz. *Journeys through Ethnography: Realistic Accounts of Fieldwork*. Boulder: Westview, 1996.

Lareau, Annette, Elliot B. Weininger, and Amanda Barrett Cox. "Parental Challenges to Organizational Authority in an Elite School District: The Role of Cultural, Social, and Symbolic Capital." *Teachers College Record* 120, no. 1 (2018): 1-46.

Lareau, Annette, Elliot Weininger, and Catherine Warner. "Structural Constraints and the School Choice Strategies of Black American Middle-Class Parents."

British Journal of Sociology of Education 42, no. 4 (2021).

LaRossa, Ralph. "Thinking about the Nature and Scope of *Qualitative Research*." *Journal of Marriage and Family* 74, no. 4 (2012a): 678-687.

LaRossa, Ralph. "Writing and Reviewing Manuscripts in the Multidimensional World of *Qualitative Research*." *Journal of Marriage and Family* 74, no. 4 (2012b): 643-659.

Laurier, Eric. "YouTube: Fragments of a Video-Tropic Atlas." *Area* 48, no. 4 (2016): 488-495.

Lawrence-Lightfoot, Sara, and Jessica Hoffman Davis. *The Art and Science of Portraiture*. San Francisco: Jossey-Bass, 1997.

Leidner, Robin. *Fast Food, Fast Talk: Service Work and the Routinization of Everyday Life*. Berkeley: University of California Press, 1993.

Levine, Judith A. *Ain't No Trust: How Bosses, Boyfriends, and Bureaucrats Fail Low-Income Mothers and Why It Matters*. Berkeley: University of California Press, 2013.

Levine, Judith A. "Landing a Job: Moving from College to Employment in the New Economy." Unpublished manuscript, Temple University, 2020.

Lieberman, Charlotte. "Why You Procrastinate (It Has Nothing to Do with Self-Control)." *New York Times*, March 25, 2019. https://www.nytimes.com/2019/03/25/smarter-living/why-you-procrastinate-it-has-nothing-to-do-with-self-control.html.

Liebow, Elliot. *Tally's Corner*. Boston: Little, Brown, and Company, 1967.

Lincoln, Yvonna S., and Egon G. Guba. *Naturalistic Inquiry*. Newbury Park, CA: Sage Publications, 1985.

Lofland, John. "Analytic Ethnography: Features, Failings, and Futures." *Journal of Contemporary Ethnography* 24, no. 1 (1995): 30-67.

Lofland, John, David A. Snow, Leon Anderson, and Lyn H. Lofland. *Analyzing Social Settings: A Guide to Qualitative Observation and Analysis*. 4th ed. Belmont: Wadsworth Publishing, 2005.

Lubet, Steven. *Interrogating Ethnography: Why Evidence Matters*. New York: Oxford University Press, 2018.

Luker, Kristin. *Salsa Dancing into the Social Sciences: Research in the Age of the Info-Glut*. Cambridge, MA: Harvard University Press, 2009.

Lupton, Deborah, ed. "Doing Fieldwork in a Pandemic (Crowd-Sourced Document)." 2020.https://nwssdtpacuk.files.wordpress.com/2020/04/doing-fieldwork-in-a-pandemic2-google-docs.pdf.

Lynd, Robert Staughton, and Helen Merrell Lynd. *Middletown: A Study in American Culture*. New York: Harcourt Brace, 1965.

MacLeod, Jay. *Ain't No Makin' It: Aspirations and Attainment in a Low-Income Neighborhood*. London: Routledge, 2018.

Malinowski, Bronislaw. *A Diary in the Strict Sense of the Term*. Palo Alto: Stanford University Press, 1989.

Mantz, Annalise. "The Best Crime Tours of Chicago." *Timeout*, March 26, 2018. https://www.timeout.com/chicago/things-to-do/best-crime-tours-of-chicago.

Matthews, Stephen A., James E. Detwiler, and Linda M. Burton. "Geo-ethnography: Coupling Geographic Information Analysis Techniques with Ethnographic Methods in Urban Research." *Cartographica* 40, no. 4 (2005): 75-90.

Maynard, Douglas W. "News from Somewhere, News from Nowhere: On the Study of Interaction in Ethnographic Inquiry." *Sociological Methods & Research* 43, no. 2 (2014): 210-218.

McCambridge, Jim, John Witton, and Diana R. Elbourne. "Systematic Review of the Hawthorne Effect: New Concepts Are Needed to Study Research Participation Effects." *Journal of Clinical Epidemiology* 67, no. 3 (2014): 267-277.

McPherson, Miller, Lynn Smith-Lovin, and James M. Cook. "Birds of a Feather: Homophily in Social Networks." *Annual Review of Sociology* 27, no. 1 (2001): 415-444.

McTavish, Jill R., Melissa Kimber, Karen Devries, Manuela Colombini, Jennifer C. D. MacGregor, C. Nadine Wathen, Arnav Agarwal, and Harriet L. MacMillan. "Mandated Reporters' Experiences with Reporting Child Maltreatment: A Meta-synthesis of Qualitative Studies." *BMJ Open* 7, no. 10 (2017).

Mears, Ashley. *Pricing Beauty: The Making of a Fashion Model*. Berkeley: University of California Press, 2011.

Mears, Ashley. *Very Important People: Status and Beauty in the Global Party Circuit*. Princeton: Princeton University Press, 2020.

Menjívar, Cecilia. *Fragmented Ties: Salvadoran Immigrant Networks in America*. Berkeley: University of California Press, 2000.

Merton, Robert K. "Insiders and Outsiders: A Chapter in the Sociology of Knowledge." *American Journal of Sociology* 78, no. 1 (1972): 9-47.

Miles, Matthew B., A. Michael Huberman, and Johnny Saldana. *Qualitative Data Analysis: A Methods Sourcebook*. 3rd ed. Thousand Oaks, CA: Sage Publications, 2014.

Milner, H. Richard. "Race, Culture, and Researcher Positionality: Working Through Dangers Seen, Unseen, and Unforeseen." *Educational Researcher* 36, no. 7 (2007): 388-400.

Morgenstern, Julie. *Organizing from the Inside Out: The Foolproof System for Organizing Your Home, Your Office and Your Life*. New York: Holt, 2004.

Muñoz, Vanessa Lopes. "'Everybody Has to Think—Do I Have Any Peanuts and Nuts in My Lunch?' School Nurses, Collective Adherence, and Children's Food Allergies." *Sociology of Health and Illness* 40, no. 4 (2018): 603-622.

Murphy, Kate. *You're Not Listening: What You're Missing and Why It Matters*. New York: Celadon Books, 2019.

National Institutes of Health. "Certificates of Confidentiality (CoC)—Human Subjects." *Policy & Compliance, Human Subjects, NIH Central Resource for Grants and Funding Information, U.S. Department of Health and Human Services*. Washington, DC. Accessed May 26, 2020. https://grants.nih.gov/policy/humansubjects/coc.html.

Newman, Katherine S. *Falling from Grace: Downward Mobility in the Age of Affluence*. Berkeley: University of California Press, 1999.

Nippert-Eng, Christena. *Watching Closely: A Guide to Ethnographic Observation*. London: Oxford University Press, 2015.

Nordstrom, Carolyn, and Antonius C. G. M. Robben, eds. *Fieldwork under Fire: Contemporary Studies of Violence and Culture*. Berkeley: University of California Press, 1995.

Paik, Leslie. *Trapped in a Maze: How Social Control Institutions Drive Family Poverty and Inequality*. Berkeley: University of California Press, forthcoming. Patchett, Ann. "The Getaway Car: A Practical Memoir about Writing and Life." In *This Is the Story of a Happy Marriage*, 19-60. London: Bloomsbury, 2013.

Pattillo, Mary. *Black on the Block: The Politics of Race and Class in the City*. Chicago: University of Chicago Press, 2010.

Pattillo, Mary. *Black Picket Fences: Privilege and Peril among the Black Middle Class*. 2nd ed. Chicago: University of Chicago Press, 2013.

Perlis, Theresa E., Don C. Des Jarlais, Samuel R. Friedman, Kamyar Arasteh, and Charles F. Turner. "Audio-Computerized Self-Interviewing Versus Faceto-Face Interviewing for Research Data Collection at Drug Abuse Treatment Programs." *Addiction* 99, no. 7 (2004): 885-896.

Peshkin, Alan. "In Search of Subjectivity—One's Own." *Educational Researcher* 17, no. 7 (1988): 17-21.

Phillips, Anna E., Gabriella B. Gomez, Marie-Claude Boily, and Geoffrey P. Garnett. "A Systematic Review and Meta-analysis of Quantitative Interviewing Tools to Investigate Self-Reported HIV and STI Associated Behaviours in Lowand Middle-Income Countries." *International Journal of Epidemiology* 39, no. 6 (2010): 1541-1555.

Pink, Sarah, and Kerstin Leder Mackley. "Reenactment Methodologies for Everyday Life Research: Art Therapy Insights for Video Ethnography." *Visual Studies* 29, no. 2 (2014): 146-154.

Pollock, Mica. *Colormute: Race Talk Dilemmas in an American School*. Princeton: Princeton University Press, 2009.

Posey-Maddox, Linn. *When Middle-Class Parents Choose Urban Schools: Class, Race, and the Challenge of Equity in Public Education*. Chicago: University of Chicago Press, 2014.

Psych Page. "List of Feeling Words." Psychpage.com. Accessed May 31, 2020. http://www.psychpage.com/learning/library/assess/feelings.html.

Pugh, Allison J. "What Good Are Interviews for Thinking about Culture? Demystifying Interpretive Analysis." *American Journal of Cultural Sociology* 1, no. 1 (2013): 42-68.

Pzreworski, Adam, and Frank Salomon. "On the Art of Writing Proposals." *Social Science Research Council*, [1988] 1995 rev., accessed May 26, 2020. https://www.ssrc.org/publications/view/the-art-of-writing-proposals/.

Ragin, Charles C., and Howard Saul Becker, eds. *What Is a Case? Exploring the Foundations of Social Inquiry*. Cambridge: Cambridge University Press, 1992.

Rao, Aliya Hamid. *Crunch Time: How Married Couples Confront Unemployment*. Berkeley: University of California Press, 2020.

Rawls, John. *Lectures on the History of Political Philosophy*. Edited by Samuel Freeman. Cambridge, MA: Harvard University Press, 2008.

Ray, Victor. "A Theory of Racialized Organizations." *American Sociological Review* 84, no. 1 (2019): 26-53.

Reich, Adam, and Peter Bearman. *Working for Respect: Community and Conflict at Walmart*. New

York: Columbia University Press, 2018.

Reich, Jennifer A. *Calling the Shots: Why Parents Reject Vaccines*. New York: NYU Press, 2016.

Reich, Jennifer A. *Fixing Families: Parents, Power, and the Child Welfare System*. New York: Routledge, 2005.

Reyes, Victoria. "Three Models of Transparency in Ethnographic Research: Naming Places, Naming People, and Sharing Data." *Ethnography* 19, no. 2 (2018): 204-226.

Richards, Pamela. "Risk." In *Writing for the Social Sciences: How to Start and Finish Your Thesis, Book, or Article*, 3rd ed., edited by Howard S. Becker, 98-109. Chicago: University of Chicago Press, 2020.

Rios, Victor M. *Punished: Policing the Lives of Black and Latino Boys*. New York: NYU Press, 2011.

Ritzer, George, ed. *The Blackwell Encyclopedia of Sociology*, vol. 1479. New York: Blackwell Publishing, 2007.

Rivera, Lauren A. *Pedigree: How Elite Students Get Elite Jobs*. Princeton: Princeton University Press, 2016.

Rubin, Lillian B. *Worlds of Pain: Life in the Working-Class Family*. New York: Basic Books, 1976.

Sackett, Blair. "Ghosted: Disappearance in *Qualitative Research* in the Digital Era." Unpublished paper, University of Pennsylvania, 2021.

Sackett, Blair. "The Instability of Stable Poverty: Economic Shocks, Network Shocks, and Economic Insecurity in a Refugee Camp." Unpublished paper, 2021.

Sackett, Blair, and Annette Lareau. *Seeking Refuge, Finding Inequality*. Berkeley: University of California Press, forthcoming.

Salmons, Janet. *Qualitative Online Interviewing: Strategies, Design, and Skills*. 2nd ed. Thousand Oaks, CA: Sage Publications, 2015.

Sánchez-Jankowski, Martín. *Islands in the Street: Gangs and American Urban Society*. Berkeley: University of California Press, 1991.

Scheper-Hughes, Nancy. *Death without Weeping: The Violence of Everyday Life in Brazil*. Berkeley: University of California Press, 1993.

Sherman, Rachel. *Uneasy Street: The Anxieties of Affluence*. Princeton: Princeton University Press, 2019.

Shestakofsky, Benjamin J. *Venture Capitalism: Startups, Technology, and the Future of Work*. Unpublished book manuscript, University of Pennsylvania, 2021.

Shiffer-Sebba, Doron. "Trust Fund Families: Government Policy and Elite Social Reproduction." Unpublished paper, University of Pennsylvania, 2021.

Shklovski, Irina, and Janet Vertesi. "'Un-Googling': Research Technologies, Communities at Risk and the Ethics of User Studies in HCI." In *The 26th BCS Conference on Human Computer Interaction* (2012): 1-4.

Sierra-Arévalo, Michael. "American Policing and the Danger Imperative." *Law & Society Review* 55, no. 1 (2021): 70-103.

Simmel, George. "The Stranger." In *The Sociology of Georg Simmel*, translated by Kurt Wolff, 402-408. New York: Free Press, [1908] 1950.

Skeggs, Beverly. "Feminist Ethnography." In *Handbook of Ethnography*, edited by Paul Atkinson, Amanda Coffey, Sara Delamont, John Lofland, and Lyn Lofland, 426-442. Sage Publications, 2001. https://www.doi.org/10.4135/9781848608337.

Small, Mario L. "De-exoticizing Ghetto Poverty: On the Ethics of Representation in Urban *Ethnography*." *City & Community* 14, no. 4 (2015): 352-358.

Small, Mario Luis. "'How Many Cases Do I Need?' On Science and the Logic of Case Selection in Field-Based Research." Ethnography 10, no. 1 (2009): 5-38.

Small, Mario Luis. "How to Conduct a Mixed Methods Study: Recent Trends in a Rapidly Growing Literature." *Annual Review of Sociology* 37 (2011): 57-86.

Small, Mario Luis. *Someone to Talk To*. New York: Oxford University Press, 2017.

Small, Mario Luis. *Unanticipated Gains: Origins of Network Inequality in Everyday Life*. New York: Oxford University Press, 2009.

Smiley, Jane. "Five Writing Tips: Jane Smiley." *Publishers Weekly*, October 3, 2014. https://www.publishersweekly.com/pw/by-topic/industry-news/tip-sheet/article/64221-5-writing-tips-jane-smiley.html.

Snow, David A., Calvin Morrill, and Leon Anderson. "Elaborating Analytic Ethnography: Linking Fieldwork and Theory." *Ethnography* 4, no. 2 (2003): 181-200.

Srivastava, Prachi, and Nick Hopwood. "A Practical Iterative Framework for Qualitative Data Analysis." *International Journal of Qualitative Methods* 8, no. 1 (2009): 76-84.

Stacey, Judith. "Can There Be a Feminist Ethnography?" *Women's Studies International Forum* 11, no. 1 (1988): 21-27.

Stack, Carol B. *All Our Kin: Strategies for Survival in a Black Community*. New York: Harper and Row, 1975.

Steinbugler, Amy C. *Beyond Loving: Intimate Racework in Lesbian, Gay, and Straight Interracial Relationships*. Oxford: Oxford University Press, 2012.

Strauss, Anselm L. *Qualitative Analysis for Social Scientists*. Cambridge: Cambridge University Press, 1987.

Strunk, William, Jr., and E. B. White. *The Elements of Style*. 3rd ed. New York: Penguin, 2005.

Stuart, Forrest. *Ballad of the Bullet: Gangs, Drill Music, and the Power of Online Infamy*. Princeton: Princeton University Press, 2020.

Stuart, Forrest. "Code of the Tweet: Urban Gang Violence in the Social Media Age." *Social Problems* 67, no. 2 (2020): 191-207.

Tavory, Iddo, and Stefan Timmermans. *Abductive Analysis: Theorizing Qualitative Research*. Chicago: University of Chicago Press, 2014.

Thapar-Björkert, Suruchi, and Marsha Henry. "Reassessing the Research Relationship: Location, Position and Power in Fieldwork Accounts." *International Journal of Social Research Methodology* 7, no. 5 (2004): 363-381.

Timmermans, Stefan, and Iddo Tavory. *Surprise! Abductive Analysis in Action*. Chicago: University of Chicago Press, forthcoming.

Toobin, Jeffrey. "Rich Bitch," Annals of Law, *New Yorker*, September 29, 2008.

Tourangeau, Roger, and Tom W. Smith. "Asking Sensitive Questions: The Impact of Data Collection Mode, Question Format, and Question Context." *Public Opinion Quarterly* 60, no. 2 (1996): 275-304.

Tracy, Sarah J. *Qualitative Research Methods: Collecting Evidence, Crafting Analysis, Communicating Impact*. 2nd ed. Hoboken, NJ: Wiley Blackwell, 2020.

Tyson, Karolyn. *Integration Interrupted: Tracking, Black Students, and Acting White after Brown*. New York: Oxford University Press, 2011.

Tyson, Karolyn. "Notes from the Back of the Room: Problems and Paradoxes in the Schooling of Young Black Students." Sociology of Education 76, no. 4 (2003): 326-343.

Tyson, Karolyn, "When Trust Hurts." Unpublished book manuscript, University of North Carolina, 2021.

Urbanik, Marta-Marika, and Robert A. Roks. "GangstaLife: Fusing Urban Ethnography with Netnography in Gang Studies." *Qualitative Sociology* 43 (2020): 1-21.

Vaisey, Stephen. "The 'Attitudinal Fallacy' Is a Fallacy: Why We Need Many Methods to Study Culture." *Sociological Methods & Research* 43, no. 2 (2014): 227-231.

Valian, Virginia. "Learning to Work." In *Working It Out: 23 Women Writers, Artists, Scientists, and Scholars Talk about Their Lives and Work*, edited by S. Ruddick and P. Daniels, 162-178. New York: Pantheon Books, 1977.

Vallejo, Jody. *Barrios to Burbs: The Making of the Mexican American Middle Class*. Palo Alto: Stanford University Press, 2012.

Van Maanen, John. *Tales of the Field: On Writing Ethnography*. 2nd ed. Chicago: University of

Chicago Press, 2011.

Vaughan, Diane. *The Challenger Launch Decision: Risky Technology, Culture, and Deviance at NASA*. Chicago: University of Chicago Press, 1996.

Viscelli, Steve. *The Big Rig: Trucking and the Decline of the American Dream*. Berkeley: University of California Press, 2016.

Waters, Mary C. *Black Identities: West Indian Immigrant Dreams and American Realities*. Cambridge, MA: Harvard University Press, 1999.

Weber, Max. *Economy and Society: An Outline of Interpretative Sociology*. Edited by Guenther Roth and Claus Wittich. Berkeley: University of California Press, 2013.

Weber, Max. *The Theory of Social and Economic Organization*. Edited by Talcott Parsons. Translated by A. M. Henderson and T. Parsons. New York: Free Press, 1997.

Weininger, Elliot B. "School Choice in an Urban Setting." In *Choosing Homes, Choosing Schools*, edited by Annette Lareau and Kimberly Goyette, 268-294. New York: Russell Sage Foundation, 2014.

Weiss, Robert S. *Learning from Strangers: The Art and Method of Qualitative Interview Studies*. New York: Simon and Schuster, 1995.

Whyte, William F. *Street Corner Society: The Social Structure of an Italian Slum*. 3rd ed. Chicago: University of Chicago Press, 1981.

Williams, Christine L. *Still a Man's World: Men Who Do Women's Work*. Berkeley: University of California Press, 1995.

Willis, Paul E. *Learning to Labour: How Working-Class Kids Get Working-Class Jobs*. Legacy ed. New York: Columbia University Press, 2017.

Wingfield, Adia Harvey. *Flatlining: Race, Work, and Health Care in the New Economy*. Berkeley: University of California Press, 2019.

Wolf, Margery. *A Thrice-Told Tale: Feminism, Postmodernism, & Ethnographic Responsibility*. Palo Alto: Stanford University Press, 1992.

Young, Alford. "Uncovering a Hidden 'I' in Contemporary Urban Ethnography." *Sociological Quarterly* 51, no. 4 (2013): 51-65.

Zerubavel, Eviatar. *The Clockwork Muse: A Practical Guide to Writing Theses, Dissertations, and Books*. Cambridge, MA: Harvard University Press, 1999.

Zimmermann, Calvin Rashaud. "Looking for Trouble: How Teachers' Disciplinary Styles Perpetuate Gendered Racism in Early Childhood." Unpublished paper, University of Notre Dame, 2020.

Zinn, Maxine Baca. "Field Research in Minority Communities: Ethical, Methodological and Political Observations by an Insider." *Social Problems* 27, no. 2 (1979): 209-219.

索引

analysis（分析）, tools for: analytic contribution, highlighting of, on first page of field notes, 164-66; analytic priorities, setting of, in writing field notes, 177-79; data collection, pausing to figure out focus, 19; memos, value of, 55-56; silences and things that didn't happen, highlighting of, 169-79. See also emergent; intellectual contribution; memos

Anderson, Elijah, 168, 288n2, 283n35, 289n8

anxiety（焦慮）: about asking sensitive questions, 84-85; at beginning of a study, 37; as inevitable, 57; as justified, 57-58; about positionality, 37; and rejection, 57; and techniques for diffusing anxiety in writing, 253-58; and unclear procedures, 58; and worry that study is a "big mess," 4

autoethnography（自我民族誌）, 8

Becker, Howard: on interviewing as similar to improvisation, 138, 286n7; on introductions as a "road map," 231, 290n7, 290n8; on "no one right way," 200, 287n7; on "saturation," 18, 282n11; terrorized by literature, 17, 207, 256, 291n31

Belcher, Wendy Laura, 230, 290n6

Benson, Charles, 229, 230

bias（偏見）, efforts to minimize: and asking a research question without know- ing the answer, 191, 203; complete objectivity, impossibility of, 251; and considering competing answers, 196; in data analysis, 213, 215; in describing the study, 47; as a garment which cannot be removed, 151; and interrogating own assumptions, 151-53; in interview questions, 113; and learning from the data, 214-16; and memos, use of, 215-16; by not guiding answers, 75; by not ignoring disconfirming evidence, 214; and openness to being surprised, 63, 153; and providing sufficient data for the claims, 199, 204; reactivity, 33-34; reliability, 33-34; replica- bility, 33-34; representativeness, 33-34; social desirability bias in interviews, 64; in writing, 251

Black, Timothy: on clothing, 284n10; example of an ethnography, 286n1; on power imbalances, 281n12, 288n4; on reciprocity, 280n10; on reporting inaction in fieldnotes, 169-70

Bosk, Charles, 146, 280n10

Bourdieu, Pierre, 284n9, 285n13

Briggs, Jean, 252

Burawoy, Michael: extended case method, 283n34; on theory, 16, 197, 280n8, 289n4; on value of analytic rather than chronological account, 225

Calarco, Jessica McCrory: earlier versions of published papers, 291n17; on flexible coding, 289n20; on "hid- den curriculum," 281n11, 292n3; on masking individuals in study, 41, 284n3
cancellation（取消）: and asking to follow up, 68; frequency of, 68; of interviews, 19, 65, 68; and prioritizing invita- tions in the field, 142; and recruiting someone after being ghosted, 68-69
challenges（挑戰）: and false starts, 58; and feeling overwhelmed, 225; as inevitable, 2-3, 35, 58, 262, 265; from challenges (cont.) lack of data, 13-14; as not equally significant, 35, 58; from overly gen- eral interviews, 101-19; in responding to critiques, 33-35; usually not fatal, 3; from vague field notes, 181-87. See also bias, efforts to minimize; mistakes
Chiang, Yi-Lin, 282n14, 286n1 姜以琳
children（小孩）, methodological decisions: challenges of studying, 174; de- ciding on an age group, 236; and entertaining children, 121; IRB and consent with, 274; playing with,145-46; presence of, during an interview, 123; swiping researchers' belongings, 174-7
"Choosing Homes, Choosing Schools"〈選擇住家，選擇學校〉(Lareau and Weininger): design decisions, 23, 282n15; demographic questions from interview guide, 81-82; gaining access to school districts, 43-47; and "Parenting Challenges," 289n14
Clair, Matthew, 2, 286n1
class（階級）: and clothing of researcher, 49-50; in family life, especially child rearing, 201, 206-7, 217-25; in- sider/outsider issues and, 28-29; and overview of Lareau's argument on class and child rearing, 245; and participant observation, avoiding highlighting in, 147; and partici- pant observation, shaping own view of, 151-53; and race, 207; upward mobility and cultural tastes study interview guide, 76-79. See also Unequal Childhoods (Lareau)
clothing（穿著）, 49-51
coding（編碼）. See data analysis
confidence（信心）: in asking sensitive ques- tions, 83-84; projecting when clue- less, 5-6
confidentiality（保密性）: accidental revelation of a confidential site, 40; and code name, 40; and code name, chang- ing, 40; confidentiality agreement, for research assistants, 89; deciding early about, 40-42; and explain- ing to participants, 44-45; over- view, 40-42; transcripts, deidentify- ing before coding, 88-89. See also masking
consent（同意）: asking for, 70, 95; and not co- ercing, 69; and recording, announc- ing when, 95; reiterating key points, 70; respondent's contact informa- tion, obtaining it on form, 70. See also Institutional Review Board for the Protection of Human Subjects (IRB)
content analysis（內容分析）, 8
Contreras, Randol: example of an eth- nography, 286n1; on importance of trust, 282n6, 282n7; "insider" per- spective of, 27; on trust from mask- ing research site, 51, 282n7, 284n2, 284n13
Cooper, Marianne, 282n2
Coppola, Francis Ford, 203, 204

Cucchiara, Maia, 16, 55, 283n25, 286n1
Curl, Heather, 76, 285n13

Damaske, Sarah, 285n3
data analysis（資料分析）: abductive approach, 279n6, 283n33; and alternative ex- planations to consider, 195, 215-16; and analytic memos, rereading all, 198; as anxiety inducing, 199-200; and Atlas.ti and other programs, 212-13; and changing research question easier than changing site, 204-5; as chaotic process, 199; and coding scheme, example of, 210-13; creating a file of quotes, 214-15; data, learning from, 214-16; and data collection, happening through- out, 195; and data matrices, 213; definition of, 195; eloquence, not being swayed by, 214; exposition of process of editing quotes, 216-25; and focus as letting go of other possibilities, 204; and forgetting to think, 196; and formal coding, 209-16; and forming a focus early, 197-98; and going deep and stepping back, 209-10; iterative, 195; listening to data, importance of, 197; mechanisms for figuring out focus, 195-225; moving from topic to research question, 196; multiple pieces of evidence for a claim, look- ing for, 213; overview of, 195-225; patterns, looking for, 214; research question, refining of, 198-204; rig- orously considering disconfirming evidence, 215; seeking variation in data, 214-15; and self-knowledge, as key in decisions, 204; silences, listening for, 213; software pro- grams, choosing to forgo use of, 212; and stepping back for perspective, 199, 214-15; steps of, 30-31; tran- scripts and field notes, poring over, 212-13; and writing, blurry bound- ary with, 197
data management（資料管理）: code names, use of in file names, 54-55; code names, use of in conversation, 164-65; data collection, keeping meticulous rec- ords on, 53-55, 166; file names, examples of, 54-55; file names, highlighting identifying features of participants, 54; keeping back-up of notes, 166; keeping it simple, 53; losing track of, 52; memos as criti- cal, 55-56; multiple forms of data, managing, 53; organizing system, creating, 53-54; overview of, 52-56; record keeping, keeping track of the number of interviews, 90; sum- mary page on field notes, 164-66; total amount of data often collected, 197-98; total hours in the field, and recording hours spent doing par- ticipant observation, 166; uploading interviews immediately, 88; value of interview profiles, 90
Deener, Andrew, 15, 283n32
Denzin, Norman K.: on different quali- tative research methods, 279n6; on emic and etic, 281n3; on one's role in the field, 287n3, 288n19; on posi- tionality and subjectivity, 282n24, 283n25, 28; on reducing bias in a study, 284n7; on verstehen, 283n29
DeParle, Jason, 290n2
design（設計）: choosing where to do research, 24-26; criteria for making deci- sions, 15; decisions to make, 15, 17-27; duration of data collection,18; examples of, 21; goals of, 13; hard choices in, 15, 21, 23; keeping study small, 23-24; normal to make changes in, 13; overview, 11-27; size of a study, 19, 21; time available, considering amount of, 12; value of

reading to help focus, 16; varying by career stage, 12
Desmond, Matt, 148, 252, 292n3
details（細節）: example of an interview that yielded more details, 119-39; ex- ample of an overly general interview with suggestions for improvement, 103-20; and feeling as if you are on the shoulder of the researcher, 91; importance of, 91; interviewer training the respondent in terms of how much detail to give, 107-9; a more vivid set of field notes, 187-94; notes without sufficient detail, 180-87; writing detailed field notes, 163-94. See also field notes; inter- viewing; participant observation
developmental editors（規劃編輯）, 291n36
digital diaries（數位日記）, 26, 282n19
DiMaggio, Paul, 280n9
disconfirming evidence（反面證據）: as characteristic of excellent work, 36; in coding, 209-10, 213; importance of keeping an open mind in data collection, 167, 251; importance of seeking, 153, 167; looking for it in data collection, 209; needing to share with reader, 227-28; as part of research journey, 31-32; reliability and, 33; in taking stock of data, 213-16; in writing, 243, 247
don't know what you are doing（不知道自己做什麼）: focus is unclear, 5; and importance of confidence, 6; as normal, 2, 4, 263; during participant observation, 162; when there are multiple directions, 202
dominant groups（優勢團體）, dangers of making their experiences normative, 23
Dow, Dawn Marie, 207, 281n5, 289n13
dreaming: elements of, 12; overview of, 11-13; as part of process, 58; value of, 12
Duneier, Mitchell: on being surprised, 153; dissertations, as best ethnogra- phies, 24; on mistakenly assuming trust, 28, 29, 283n30; on "morally ambiguous" nature of ethnographic work, 281n12; on "three rules," 282n17, 287n16; "Voices from the Sidewalk," 35, 283n24, 283n31, 284n36

economic position of the researcher（研究者的經濟地位）: earning a living while doing par- ticipant observation, 154; lack of grants, 24; paying bills during data collection, 18
Edin, Kathryn, 121, 285n17
elevator speech（電梯演說）: bad introductory speeches, 48; being vague but accurate, 47-49, 159-60; better speeches, 48; components of, 47; developing a second, 159-60; prac- ticing delivery, 49; preparation of, for entry to the field, 141. See also recruitment and gaining access
Ellis, Rachel: on gaining access to a prison, 12, 47, 281n1, 284n6; on helping out, 146, 287n8; on writing vivid field notes, 176-77
Emdin, Christopher, 51
emergent（浮現）: acting confident, 5-6; analogy with photography, 2-4; as chaotic process, 199; continuing to read during data collection, 17; data analysis, taking place through- out data collection, 195; finding focus in data collection, 6, 76, 98, 139, 159, 161-62, 197-207; find- ing focus through data analysis, 195-225; iterative process, 214-15; lacking data from all respondents,13-14; learning as you go, 262; mis- takes and hiccups as normal,

262; no one right way, 200; normal to make changes, 13, 15, 22; reading data, thinking about literature, 214; repairing mistakes, 262; research plan being contingent, 6; research questions shifting, 32; saturation, 18; thinking as you go, 7; uncer- tainty as inevitable, 37; value of a pause in data collection, 19. See also uncertainty

Emerson, Robert M., 163, 285n3, 287n2, 289n20, 289n21

emic and etic（主位與客位）, 281n3

Erickson, Frederick, 288n21, 289n20

Erikson, Kai, 1

ethnography（民族誌）: using interviewing and participant observation instead of, 279n3. See also interviewing; par- ticipant observation

ethics（倫理／道德）: acknowledging disconfirming evidence, 216; being mindful of power dynamics, 99; clarifying your role in the field to make ethical challenges clearer, 252; and ethnographers representing the views of others in another culture, 291n23; following spirit of informed con- sent, 70, 99, 162; guiding interview without pressuring or coercing, 99; IRB as protecting human subjects from harm, 271-77; principle of beneficence, 37; project must be ethical, 11; reciprocity as important form of, 280n10; recording secretly, refraining from, 158; and refraining from coercion, 68, 69, 84; student project with ethical concerns, 205, 289n11; unethical, refraining from being, 156

excellence in research（精彩的研究）: agreement on standards of, 35; both as insiders and as outsiders, 29; data set, likely uneven in, 33; journal edi- tors yearning for, 263; people tell- ing others about, 263; qualities of,35-36; too many to list, 8; unclear procedures, 58; work that falls short of, 2

exciting（興奮）: beginnings, 11, 37; ideas, reflecting, 37; intellectual journeys, 9, 57, 264; interviewing as, 87, 92; field work as more than writing field notes, 194; learning what others see as, 56; as principle for focusing research question, 144, 196, 198, 203; writing analytic memos, 159

exhaustion（精疲力竭）: adjusting pace of reading literature during data collection, 17; contributing to pitiful field notes, 177-78; at end of interview, 88; fieldwork leading to, 154; imperative to write field notes even if battling, 194; planning rest, 154; research leading to, 9, resting improves memory, 159

extended case method（延伸個案法）, 8, 279n3, 279n6, 283n34

faith（信念）, 265

feedback.（意見反饋）（見 listening, to feedback）

Ferguson, Ann Arnett, 286n1

Ferguson, Sherelle, 80, 172-73, 282n12, 285n14, 288n7

field notes（田野筆記）: amount of time needed to write, 158, 159-60, 166, 175; cap- turing inaction, 169-70; capturing passage of time, 170-71; captur- ing reactions of multiple participants around a focal point, 168, 186; chronology on first page, 164-

66; considering your intellectual goals,167; dialogue, keeping to a mini- mum, 173-74; do's and don'ts in writing field notes, 172-73; first page of notes, 164-66; floodlight vs. flashlight, 163-64, 167, 192; focus-ing on light, smells, noise, colors, 167, 171, 176-77, 190; getting better with more experience, 158, 194; as good investment, 159; highlight- ing silences, 169-70; imperative to write after each visit, 151, 154, 166; improving notes through feedback, 194; as lifeblood of a project, 140, 194; making as comprehensive as possible at first, 167; making very detailed but succinct, 159; method for marking progress while writing, 179; as more accurate than memory, 140; needing time to write, 18-19; not skipping a step, 170-71, 172-73; overview of issues involved in writ- ing high-quality notes, 163-94; pre- senting emotion, nonverbal behav- ior, 171-72, 173, 183, 186, 187 88; prioritizing observations linked to your key questions, 177-79; show- ing, not telling, 171-72, 228; some days as better than others, 159, 163-64; stopping observation until notes are written, 158; strong set of notes, 181-82, 187-93; as tedious to write, 194; uneven set of field notes, ex- ample of, 181-87; using a thesaurus, 178-80, 189; WRITE, 166-72; writ- ing lushly, 163, 166. See also memos; participant observation, role in the field

findings（研究發現）, reported in words, not numbers, 23, 91

Fine, Gary Alan, 15

flexibility（彈性）: appearing flexible even under stress, 67; aspiring to, 262; and being systematic, 9, 55; being "vague but accurate" in IRB appli- cation leads to, 282n6; Calarco and Deterding and Waters on flexible coding, 289n20; crucial importance of mental flexibility and keeping an open mind, 153; and food choices, 150; importance of, in research de- sign, 13; IRB requirements, making research question broad to give yourself, 40; understanding need for, 282n6. See also emergent

focus（焦點）, pausing data collection to figure out, 19

focus groups（焦點團體）, 8, 26

food（飲食／吃飯）: accepting offers of, 149-50; field- work, eating before, 149-50; inter- views, bringing to, 71; interviews, useful gift for, 73-74; never eating in front of respondents who are not eating, 150; recruitment, strategy for, 46, 47, 68-69; as a ritual for writing field notes, 154

4 R's: definitions of, 33-35; examples of, 34

Fretz, Rachel I., 163, 285n3, 287n2, 289n20, 289n21

Frye, Margaret, 282n12

Gans, Herbert J., 282n18, 286n1

Gaztambide-Fernández, Rubén A., 283n35

gender（性別）: in design decisions, 23; feminist critiques of interviewing, 284n1; and housework in an interview, 97; participant observation, shaping view of, 151-53

Gerson, Kathleen, 285n3

goals of this book（本書目標）: as friendly

companion, 9; guide for usage, 9-10; overview, 3
Godfather, The (film),（教父〔電影〕）203-5
Grazian, David, 15, 289n6
Gross, Nora, 50
grounded theory（扎根理論）, 279n6, 288n2
guidelines, for interviewing: balancing digging deep and moving on, 101; being proactive, 94-95; being realistic, 102-3; controlling overly talkative respondents, 99-100; do's and don'ts of interviewing, 94; double checking that all of questions were asked, 103; doubling back to a theme, 98, 136; expecting overly succinct respondents, 100; focusing on subjective meanings, 96-97; goals of the study, focusing on, 94; listening carefully, 94; listening for great quotes, 102-3; no right or wrong answers, assuring respondent of, 95; overview of, 93-103; deflecting questions, 101-2; power inequalities, being mindful of, 99; reusing effective probes, 96; select- ing experts on topic, 93-93; talking as little as possible, 94; thinking while listening, 97-98; using own knowledge, 97; using participant's own words, 95-96
guidelines（指南／指導手冊）, for participant observation: developing a second elevator speech, 159-60; issues on recording notes openly or not, 157-58; man- aging entry to field, 141-43; needing to make instant decisions, 155-56; not wanting to go to the field, 154-55; overview of, 140-62; recording data, 156-59; role in field, always eating ahead of time, 149-50; role in field, keeping an open mind, 153; role in field, managing requests for help, 148-49; role in field, plac- ing self in space, 144-46; role in field, positionality, 143-44; role in field, small talk, 146-47; role in field, visiting early and often, 150-51; role in field, who you are shapes what you see, 151-53; transitioning in and out of fieldwork, 154-55; work-life balance issues, 160-61; writing notes from very beginning, 156-57

Hansen, Karen, 282n12
Hanson, Rebecca, 281n11, 284n12, 284n16, 288n19
hard choices（困難的選擇）: in choosing location, 24; during fieldwork, 185; in finding the focus of study, 239; guidelines for making, 19-24; in interviewing, 81, 97-98; as part of the process, 15, 23, 58; understanding one study cannot do everything, 195; in Unequal Childhoods, 22; weighing of, 23
Harvey, Peter, 165-66, 174-76, 287n7, 288n1, 288n8
Heath, Shirley Brice, 153, 287n16
Hecht, Katharina, 12, 281n2
Hoang, Kimberly Kay, 16, 286n1,287n3
Hochschild, Arlie Russell, 4, 146, 282
Horvat, Erin McNamara, 291n19, 282n12
Hubbard, Lea Ann, 283n31
Hughes, Everett, 231, 290n8
humor（幽默）: challenges of invoking, 51; with food, 150; use of, to show interview is not interrogation, 95; valuable in interviewing, 61; valuable in participant observation, 147, 156; as way to ask or deflect, 42, 101

imposter syndrome（冒名頂替症候群）, 57; and best work, some done by inexperienced scholars, 263-64. See novice researcher
income:（收入） asking about, 81, 82, 83-84; avoiding coercion, 84; importance of looking calm and assured, 83-84; questions to learn wealth, 84-85; and short silences, 84; use of com- puter, more accurate for sensitive questions, 85, 285n19. See also interview guide; interviewing
informed consent（知情同意）. See consent
insider/outsider issues, 27-29; benefits of insider and outsider status, 28; risks of misunderstanding when crossing race and class boundaries, 28; thinking through one's perspective, 29; vulnerable to criticism, regardless of position, 29
Institutional Review Board for the Protection of Human Subjects (IRB)（研究倫理審查）: application, being broad, 272-74; application, confidence in, 5, 271-77; application, and considering what you would want to know if the study involved you or your family member, 277; application, importance of following principles of, 162; application, navigating process, 272; application, patience with approval, 39-40; application, presenting range of possible gifts, 73, 273; application, sequence of steps, 40; application, timeframe of, 275; core goals of, 39; consent and, 273; culture clash with emergent nature of research, 39, 271-73; legal protections of confidentiality certificates, 276-77; purpose of, 38-39, 271; rough application, submitting early, 273; Tuskegee, 38
intellectual contribution（知識貢獻）: always mul- tiple options, 4; figuring out focus about one-half to two-thirds of the way through data collection, 6, 76, 98, 197; linking evidence to idea in the literature, 248; mechanisms for clarifying, 198-207; reading the lit- erature to figure out, 17; study as a "friendly amendment" to the litera- ture, 264; unclear initially, 4; value of memos in discerning, 55-56, 180. See also emergent; "so what"
interview guide（訪談大綱）: asking income last, 81; asking neutral, open-ended ques- tions, 75; asking sensitive questions, 83-85; as capturing the key themes of the study, 79-81; checklist, value of giving to respondents, 80-81; demographic questions, 79; example of interview guide on cultural tastes and upward mobility, 76-79; examples of demographic ques- tions, 81-82; first question, as easily answerable, 74; first questions, as general, 74; ideal types of questions, 75; number of questions, 74, 91; overview of, 74-82; reviewing ahead of time, 72. See income; interviewing; value of interviewing and participant observation
interviewing（訪談）: acknowledging power dynamics, 62, 99; as an analytic search for information, 63; announcing when recording beings, 95; answers, as providing multiple possible path- ways for next step, 92, 126, 131; asking for consent, 95; asking in- come and other sensitive questions, 82-85; asking one question at a time, 116, 126; asking only part of a sample a question, 13-14; bad interviews, 100; balancing

digging deep and moving on, 101, 125; be- ginning of, 121-22; being mindful of power inequalities, 99; being open to being surprised, 63; being proactive, 94-95; being realistic, 102-3; as boring, 62; choosing respondents who are experts on topic, 75, 93-94; and collaboration not work- ing well, 104; common mistakes, 120; confirming interview location and time, 67-68; creating an inter- view bag with key materials, 71-72; data, keeping track of, 89; data management of files, 88-89; decid- ing on interview location, 65-66; deflecting questions, 101-2; do's and don'ts for interviewing, 94; double checking questions, 103; doubling back to a theme to gain more information, 98; example of interview- ing defendants, 60-62; example of interview lacking detail, 103-20; exciting and stressful to make in- stant decisions, 92; first question as opening gambit, 61; focusing on subjective meanings, 96-97; on fol- lowing up later to ask a question, 102; goal of, 120; guiding interview without pressuring or coercion, 199; hard choices in interviews, 97-98; importance of details, 91; impor- tance of first fifteen minutes, 91, 110, 138, 194; as improvisation, 138; interview questions, changing over time, 13; intimacy of, 63; items to carry; 71-72; keeping in mind goals of study, 94; keeping recorder on after interview is over, 85-86; as less time consuming than participant observation, 64; limits of, 14, 64; listening carefully, 94; listening for great quotes, 102-3; needing to make instant decisions, 92; no more than two interviews per day, 67; no right or wrong answers, assuring respondent of, 95; obtaining detailed answers, 119, 121, 127, 128; offering a range of options, 134, 136; okay to use own knowledge, 97; one answer providing five differ- ent possible next steps, 104-5; one great quote per interview, 103; over- view of guidelines for interviewing, 93-103; particularly good at, 14; as partnership, 63, 94, 106, 121, 138; purpose of, 63; questions inviting open-ended answers, 107, 112, 118; recruiting others after interview is over, 86-87; respondents discussing experiences of others, 131; respondents too talkative or too succinct, 92, 99-100; reusing effective probes, 96; reviewing questions, as accept- able, 13; scheduling time between interviews, 66-67; sensitive information, asking for, 100; as show- ing respondent's perspectives, 63; similarities with participant obser- vation, 8; stumbling in asking, 133; taking risks, 97; talking as little as possible, 94, 120; thank you gifts for participants, 73-74; thinking while listening, 97-98; transcrip- tion, 88-89; turning points in, 97, 109, 127-28, 131; unfolding unex- pectedly, 91; using participant's own words, 95-96, 104, 134; value of, 1, 14, 63-64; varying wording across interviews, 75-76; when to arrive, 72; working to build rapport, 95, 120; writing a memo after interview, 88-89; writing out directions in case of no cellular service, 71-72. See also guidelines, for interviewing; interview guide; probes

iterative（反複）: definition of, 195, 290n4;

looking at data and literature and thinking about the contribution, 214-16, 227-28; in writing, 228

Jerolmack, Colin, 142, 280n9, 2284n2
journalists（新聞記者）: as excellent writers, 290n2; not following same methodological standards, 261, 290n2; objecting to masking of site, 40; sharing similar topics as social scientists, 235, 290n2
journeys（旅程）, research: critique of literature as key element of, 209; establishing goals for, 36; obstacles as routine, 38, 199; overview of re- search journey, 29-33, 30-31; table 2.2; phases of research journey, 264; as pleasurable, 37; preparing for, 38-59; presentation of, in writing, 225; as process of moving from research topic to research question, 196, 200-204; project as a journey, 9; steps in beginning, 11-37, 161-62. See also emergent
Katz, Jack, 33-34, 279n6, 287n17, 283n34, 287n3
Khan, Shamus: on having a mental health plan, 58; on last question asked in interview, 98, 284n17; on not using a data analysis program, 289n18; on outlining, 228; on parallel findings in Privilege and The Best of the Best, 283n35; "Talk Is Cheap," 280n9
Kidder, Tracy, 226, 290n1
Kim, Sangeun "Shawn," 46
Klinenberg, Eric, 279n6
Lacy, Karyn R., 52, 281n5, 284n15
Lamont, Michèle, 28, 280n9, 281n5, 283n28
Lareau, Annette: book of method- ological appendices, 288n19; ex- amples of blurry and clearer intro- duction, 231-33; job after college interviewing defendants, 60-61; method of intensive family obser- vations, 285n6, 287n12, 288n11, 288n22, 288n23, 288n22, 288n23; methodological appendix to Home Advantage, 32, 283n32; position-ality, 280n11; prior research proj- ects, 8; study with Ferguson of first-generation students, 80, 285n14; variable reactions of par- ents towards school, 291n19. See also "Choosing Homes, Choosing Schools" (Lareau and Weininger); Unequal Childhoods (Lareau)
Lawrence-Lightfoot, Sara, 279n6
Leidner, Robin, 17, 171-72, 282n9, 288n6
Lein, Laura, 287n17
Levine, Judith A., 89, 101, 281n5, 285n21, 291n24
Liebow, Elliot, 282n18, 286n1
Lincoln, Yvonna S.: bias in a study, on reducing, 284n7; on different quali- tative research methods, 279n6; on emic and etic, 281n3; field, on one's role in, 287n3, 288n19; on posi- tionality and subjectivity, 282n24, 283n25, 28; on verstehen, 283n29
listening（聆聽）, general: benefits of, 3; importance of, 3
listening, to data（聆聽資料）: in conducting inter- views, 91-139; definition of, 3; in formal coding, 209-13; learning during participant observation, 153; patterns emerging in data analysis, 195-213; quote, what it is really say- ing, 213-25; requests for help from participants, 148-49. See also field notes; interviewing; participant observation

listing, to feedback（聆聽反饋）: accepting, 262; anxiety, as way to help with, 58, 255; as "baked into" an intellectual jour- ney, 30, 32; as crucial in writing, 208, 244; in data analysis, 199, 208; and excellent work, 264; feedback, seeking out, 208-9; and field notes, improving, 194; getting feedback early and often, 36, 160, 194, 208; helping set priorities, 32, 56, 159, 243; ignoring, 12; improving skills in, 94; and interesting arguments, 254; in making design decisions, 20; memos as pathway for, 56, 180; negative feedback, examples of, 208; overview, 3; and research ques- tion, focusing of, 202; talking to others for support while in the field, 155-56; writing process, as step in, 256. See also writing groups

listening, to literature（聆聽文獻）: discerning your conversation partners, 17, 193, 198, 200, 206-8; good studies being developed in light of other studies, 17; helping you figure out estab- lished knowledge, 12; literature as a "bedraggled daisy," 17; over- view of, 3; reading, value of, 16; reading broadly, 16; reading during data collection, 17; relationship to literature during the research journey, 30-31; revisiting literature during data collection, 30-31; rule of thumb for how much to read, 17; shared method, as helpful, 206-8; terrorized by the literature, 17. See also emergent; listening, to literature

listening, to yourself（聆聽自己）: and compromis- ing, 20, 195; and discerning central focus of study, 204; and getting un- stuck, 208; and learning from data, 215-16; overview, 3; and participant observation, 155; and positionality and subjectivity, 151-53; on what is exciting and interesting in the proj- ect, 159, 207

literature（文獻）. See listening, to literature

location for interviews（訪談地點）: in homes, how to ask, 65; parks, libraries, coffee shops, government buildings, 65-67; universities, 66

Lofland, John, 287n3, 287n19n longitudinal research: asking for contact of others, 70; many constraints on survey data, 261; and not claim- ing change over time without longi- tudinal data, 243; value of, 19; value of interview profile in Levine longi- tudinal study, 89

Lubet, Steven, 291n34

Luker, Kristin: on data analysis, 289n2, 289n2; data collection, obstructed by lack of focus, 209, 289n16; on feedback, learning to trust; 255, 291n26; and road maps, 234, 290n10; on theory, 289n3; Venn diagram on literature, 17, 282n10; writing as terrifying, 253

Malinowski, Bronislaw,（馬林諾夫斯基）152, 287n14 masking: deciding early, 40; explaining to participants, 44-45; hybrid system, 40-41; if confidential, telling almost no one, 40; masking, personal reasons for, 42; overview, 40-42; sample speech, 42-42. See also confidentiality

McIntosh, Keith, 285n11

meaning（意義）: as central purpose of

research, 1, 12, 15, 281n4; editing quotes, avoiding distortion of, 220, 222, 223, 224; formal coding helping to illuminate, 209; as goal in interviewing, 74, 76, 96; informed consent, following the meaning and spirt of, 99; interviews focus on, 14; life experience of the researcher shaping interpretation and meaning of field observations, 152; missed opportunity in interview, 119, 135; and responding to questions about representativeness, 34; in the words of participants, 23
Mears, Ashley, 170-71, 288n5
Mehan, Hugh, 283n31
member checks（名單確認）, 283n31, 287n9
memos（筆記）: analytic memo, purpose of, 89; analytic memos, clarifying focus and intellectual contribution, 193, 202, 207; and connecting data to the literature, finding intellectual contribution, and focusing clear research question, 55-56, 193; and creating a coding scheme, 212; in data analysis, reading all of the memos, 198; examples of reflective memo, 184, 192-93; and getting unstuck, 208; as hard to write, 198; after an interview, 88; linking to literature, 56; and reflecting on positionality, 55, 151-53, 215; reflective memo and analytic memo, difference between, 180, 193; saving time to write, 18; thinking and focusing, as aid to, 38, 200; writing after participant observation, 159, 180; and writing frequently, 56; writing weekly, during data collection, 19. See also data analysis; intellectual contribution
mistakes（錯誤）: and false starts, 58; and good studies, 3; on inevitability of, 2-3, 58, 265; not always significant, 58
mixed methods（混合研究法）, 8, 279n6
Morgenstern, Julie, 53
Muñoz, Vanessa Lopes, 154, 248, 284n5, 287n4, 287n18
Murphy, Kate, 94

net ethnography（網路民族誌）, 25-27. See also online
Newman, Katherine, 2, 279n2
novice researchers（新手研究者）: and best ethnographies, 24; example of an interview by, 103-20; field notes improving with feedback, 194; gifts of, 263-64; good results despite hard problem, 3; and good writing, 259; hard to be, 263; room at the table for new scholars, 264; set of field notes done by, 181-87

online（線上）: advantages of research using, 26-27; comparison with face-to-face interviews, 26-27; interview- ing, 25; IRB risks, 271; normally good to avoid for recruitment, 43; quality issues, 26; searches, can re- veal site, 41; searching your own name to see what participants see, 45; strengths and weaknesses of, 26-27; as tool for recruitment, 43, 46

Paik, Leslie, 1, 279n1
pandemic, COVID-19（傳染病，新冠肺炎）, 25
paradoxes（矛盾）: data analysis, going deep and stepping back, 209-10; digging deep in an interview but also mov- ing on to cover

topics, 100, 125, 133, 137; earliest stages filled with many, 37; participant observation, list of some involved in, 162; systematic and flexible, 9; valuable in showing disconfirming evidence which proves the rule, 247

participant observation（參與觀察）: accessing, easier through sponsorship, 43, 237; and challenges similar to interviewing, 11; collecting distinctive data from interviewing, 279n4; collecting feedback during data collection, 153, 159; consent, 141, 142-43; debate about openly taking notes, 157-59; debate about rela- tive value compared to interview- ing, not elaborated here, 9, 280n9; early visits as especially important, 194; elevator speech, 47-49, 141; examples of, 15-16; field notes, as more accurate than memory, 140; first days in field, 141-42; food and, 149-50; frequency of visits during, 18-19; gifts to participants, 149; good for showing social processes, 1, 15; helping out, 146; humor, as valuable, 147, 156; importance of keeping an open mind, 153, 167; important to take vantage point of participant, 193; instant decisions, 155-56; learning how to do, 140-62; "make familiar strange," 157; making decisions guided by goals, 143-44; managing requests for help, 148-49; notes getting better over time, 158; not going back until notes are done, 158; not good for, 14; only going can write notes, 151; particularly good for, 14-15; physi- cal placement in site, 144-45; play- ing with kids, 145-46; positionality and, 151-52; questions to ask to help focus, 159; reflexivity, importance of, 151-53; reluctance to go to the field, 154-55; researchers, need- ing social support, 155-56; rituals as helpful, 154; role in the field, 143-56; seeking disconfirming evidence, 153; similarity with interviewing, 8; sometimes not much happens, 166-67; synonyms for, 279n4; perament and, 152-53; time to write field notes, 18-19, 158-60, 166; top- ics for conversation, 146-47; including transportation, time to write notes, and other factors in figuring out how much fieldwork to do, 18-19; uncertainty, 152; value of, 1, 14, 140; what to think about before beginning, 140-62; writing notes from first contact, 156-57; writing reflective memos and analytic memos, 180, 192-93; writing within twenty-four hours, 166. See also field notes; guidelines, for participant observation

participants（參與者）: alert to concerns of, 62; choosing interviewees who are experts on the topic, 75; deferring to, 62; disagreeing with conceptions, 20; Duneier rule of consulting regularly with, 283n29; example of interviewing fathers who couldn't answer the questions, 75; explaining study to, 47-49; impact of study on, 5, 9; not sharing all details with, 20; researchers becoming annoyed with participants, 152, 287n14; treating with the utmost respect, 62, 193; working to take their vantage point, 193

Patchett, Ann, 255, 291n27

Pattillo, Mary, 286n1

Peshkin, Alan, 27, 283n25, 284n7, 287n13, 291n22

photography（攝影）, analogy, parallels with doing research, 3-4. See also emergent
Pollock, Mica, 279n7 portraiture, 8
Posey-Maddox, Linn, 283n35
positionality（相對位置）, 27-29, 151-53, 193, 280n11, 283n25, 284n7
probes（探詢）: asking for recent example, 106; avoiding inviting general answer, 106; deciding on probes, as exciting and stressful, 92; definition of, 91; digging deep, 106; examples of, good probes, 96, 129, 138; examples of, in two interviews, 103-37; ex- amples of probes seeking additional details, 110-11, 122-37, 130; impor- tance of staying with a topic to learn more detail, 111-12; interview an- swers providing multiple pathways for probes, 92, 113; never perfect, 138; offering reassurance, 107; par- ticularly valuable when tied to participant observation, 139; probes, focusing on process not outcome, 114; probes, not needing to be ques- tions, 96; refraining from criticism, 104-6, 125; silence as probe, 96, 117; training yourself to listen carefully, 138; to train respondents, 123, 138; using participants' own words, 95-96, 104, 116, 117; when to move on, 125, 133, 137. See also interviewing
proposals（申請書）: acting confident for, 5-6; creating an ideal plan for, 13; criteria of evaluation, 35-36; guides to writing, 33-35; what to address in, 6
pseudonyms（化名）. See data management: code names, use of in conversation; data management: code names, use of in file names

qualitative research（質性研究）: comparison of interviewing and participant observation, 9; forms of, 8; value of, 1. See also interviewing; participant observation

race（種族）: advantages of comparisons, 18; challenges in writing up evidence of racial bigotry, 251; and class, 207; in design decisions, 18, 20; examples of possible designs, 21-22; and impact on study, 37; and insider/out- sider issues, 27-29; and neighbor- hood dynamics, in study of dogs, 201-3; in parents' distrust of school, 247; participant observation, shapes view of, 151; and power dynamics in interviews, 99; power of race to shape social interactions and iden- tity, 49-51; scholars of color, dress- ing to feel legitimate, 50; scholars of color, facing racial hostility from respondents, 52; segregated neighborhoods, and whites exaggerating danger in, 52; tensions between number of groups and sample size, 22-24
Rao, Aliya Hamid: being open about note-taking, 157, 288n23; examples of blurry and clearer introductions, 231-33; longitudinal interview study, published as Crunch Time, 262n14; method of intensive family observations, 285n6, 287n12, 288n11, 288n22, 288n23; taking notes during family observations, as not viable, 157, 288n22
rapport（關係／一致性）: assessing impact of actions on, 150; building in interview, 95, 120, 121; building online, 26; building rapport with overly succinct inter- viewee,

99; building via clothing, 50-51; limits to, 29; stories about yourself, telling participants, 101 Rawls, John, 235, 290n12
reciprocity（互惠）: ethical nature of, 280n10; helping out, 146; in recruitment, 44; requests for help, listening carefully to, 148-49; thanking interview re- spondents, 73
recorders（錄音機）: consent, obtaining, 69, 95; field work, displaying openly in, 288n3; field work, use in, 15; keep- ing in waterproof bag, 71; keeping on after interview ends, 85-87; microphones improving sound quality, 69; police recorders, dis- tinguishing from, 64; public space, reducing sound quality in inter- views, 67; technical disasters with, 70; using phone, 69; using two re- corders, 69-70
recruitment and gaining access（招募並獲准進入）: asking others for help, 42; bringing food, 46; business cards, as helpful, 70; checking if they have referral, 87; details, 43; examples of recruitment requests, 43-47; how to ask, 42; how to present yourself, 45; via letter, 46; limiting requests, 68; listing references, 47; overview, 42-47; phone call, asking for, 43, 46; power dynamics, 42; via public Instagram, 46; showing interest in respondents, 49; speech for a snowball sample, 86; sponsorship, as helpful, 43, 237; telling participants what you want them to do, 49; via texting, 42; waiting for answer, 42; website, as valuable tool, 45; whom to exclude, 42. See also elevator speech; interviewing
reenactment videos（重現的影片）, 26, 282n19
reflexivity（反身性）: considerations in, 254, 284n7; importance of, 151-53; and positionality, 27-29, 193. See also role in the field reliability, 33-35
replicability（可複製性）, 33-35
representativeness（代表性）, issues to consider: and advancing theoretical ideas, 16, 36, 264; assessing how typical site is, 238-39; being methodical and systematic in design, 12-37; goal of study, on selection of research site, 236-37; overview, 33-34. See also bias, efforts to mitigate
research question（研究問題）: alignment process, 204-9; choice of question involves emotion, 200; choosing one you want to answer, 9; examples of research questions, 30-31; figuring out conversation partners, 200; framing, while collecting data, 209; initial, emergent, and ultimate research question, 30-31; meeting strengths of the method; 9; not knowing answer when beginning, 203; question changing in a typical research journey, 30-31; refinement of, 198-204. See also data analysis; emergent
respondents（受訪者）. See participants
Reyes, Victoria, 284n2
Richards, Pamela, 254
rigor（嚴謹）, qualities of excellence in research, 35-36. See also disconfirming evidence; systematic
Rios, Victor, 27, 28, 283n26
Ritzer, George, 279n8
Rivera, Lauren A., 279n7
role in the field（田野中的角色）: clothing, 49-51; critiques about, responding to, 34; difficult moments in field, 169, 288n3; eating

ahead of time, 149-50; keeping an open mind, 153; making instant decisions, 155-56; managing requests for help, 148-49; not wanting to go to the field, 154-55; placing self in space, 144-46; positionality, 27-29, 143-44; reactivity, 33-34; small talk, 146-47; researcher, frustrated, 152, 171-72, 172-74; transitioning in and out of fieldwork, 154-55; visiting early and often, 150-51; who you are shapes what you see, 151-53. See also in- sider/outsider issues; participant observation

Sackett, Blair, 148, 285n9
safety（安全）, 51-52; feigning illness and leaving if feeling threatened, 52; in the field, 155-56
sample（樣本）. See design
self-presentation（自我呈現）: in clothing, 49-51; and insider/outsider status, 27-29; in introducing yourself to participants, 47-49; in stories you share about yourself, 101
sexual harassment（性騷擾）, by respondents of the interviewer, 61
Shaw, Linda L., 163, 285n3, 287n2, 289n20, 289n21
Sherman, Rachel, 282n12
Shestakofsky, Benjamin, 208, 210-13, 279n7, 290n11
shyness（害羞）: participant observation, as challenging, 152; and role of enjoy- able topic in respondents relaxing, 100
Sierra-Arévalo, Michael, 285n5, 287n1
Simmel, George, 63, 285n4
Small, Mario Luis, 20, 279n6, 282n24, 283n29
Smiley, Jane, 240
snowball sample（滾雪球的樣本）: asking at end of interview, 86-87; asking respondent for contact information, 87; thank you note, nudging a respondent to ask, 45
social class（社會階級）. See class
"so what": and analytic memos（「所以呢？」的問題）, 193; as conceptual contribution, 240, 253; as element of outstanding re- search, 35; as goal in writing, 229, 239, 253; as key part of data analy- sis, 200; as part of "soul" of a piece, 240; as potential source of anxiety, 254; struggling to find, 206-8; and theory, valuable role of, 196. See also intellectual contribution
sponsorship（支持）: assisting sponsor, 146; connections, asking for, 43; often crucial for admittance to research site, 237; for organizations, 43-44; valuable, as they can vouch for you, 42
Stack, Carol B., 282n18, 286n1
Steinbugler, Amy, 23, 281n5, 282n16
Strunk, William, Jr., 5, 6, 279n5
Stuart, Forrest, 282n19
surprise（驚奇）: Duneier rule, and commitment to, 283n29; look for, 56, 63, 153
systematic（系統的／有條理的）: in collecting data on issues of interest, 32, 56, 209; in design, 20; in having robust data to support claims, 244-45, 246; in keeping meticulous records of data collection, 52-55; need for being, 9; in probing for additional details in interviews, 91-139; in searching for disconfirming evi- dence, 209-10, 210-13; in using code names in file system, 54-55; in writing detailed field notes, 163-95. See also disconfirming evidence; flexibility

Tavory, Iddo, 279n6, 280n8, 283n33, 288n2, 289n2
terrorized by the literature（被文獻嚇到）, 17, 207, 256
theory（理論）: limited discussion of, 9, 197; role of, 279n8; value of, 279n8. See also emergent; intellectual contri bution; "so what" think as you go. See data analysis; emergent; intellectual contribution; uncertainty time: allowing time for IRB approval, 39; amount needed to write field notes, 18-19, 158, 166; arrival time for interviews, 72-73; availability of, in shaping design, 15; doing field work at different times, 33, 151; fac- tors influencing length of study, 18; focus, long uncertainty about, 4; interviews, requiring less than par- ticipant observation, 64; marking time in field notes, 164-65, 170-71; need for, in completing study, 12-13, 18-19; participants sustaining golden manners, difficulty of, over long period of, 34; rejuggling to make time, 18; scheduling buffer times, 67-68; specifying how much, with respondents, 48; spent on reading, minimal, 17; to think, 17; time budgets for field work, 19; visiting often, 151; and writing field notes, 158-59, 175; younger schol- ars, often having more, 24
Timmermans, Stefan, 279n6, 280n8, 283n33, 288n2, 289n2 Todd, Richard, 226, 290n1
topic vs. research question（主題 vs. 研究問題）, 15-16, 196; parallel in filmmaking, 203-4
transcription（打逐字稿）: art of controlling an interview revealed by transcripts, 99; in coding, poring over, 209, 213; errors, in automatic systems, 88; small percentage making it into the final piece, 258; time consuming, 88; time consuming, as part of data management, 196; transition from transcripts to edited quotes, 216-25; using code names for file names, 88; word-for-word, invaluable in data analysis; 88. See also data analysis; data management
transformative potential of research on researcher, 10, 162
trust（信任）: and Duneier rule, 283n29; essen- tial component, 14; interview where trust building was difficult, example of, 103-20; questions to establish trust, 105. See also rapport; role in the field
tweets（推文／特推）, 26
Tyson, Karolyn, 16, 282n12

uncertainty（不確定性）: as inevitable, 3-6; linked to contingency, 6; in participant ob- servation, 153; thinking as you go, 7; and unclear procedures, 58; about visit unfolding, 149-50
Unequal Childhoods (Lareau)《不平等的童年》: chal- lenges in, 50; church visit in Carroll family, 181-85; costly error to inter- view fathers, 75, 285n12; danger of neighborhood exaggerated due to racial bias, 51-52; design decisions for, 12, 21-22, 236, 288n10, 288n12; example of how participants mis- represent purpose of study, 142; ex- ample of inaction spelled out in field notes, 169; example of not knowing where to sit, 145; experience of Mark Greely on social class and cultural knowledge, 249, 291n20, 291n21; field notes similar across re- search team, 283n35; gaining

access to research sites, 236; homework battle and dinner visit in Handlon family, 187-93; on how parents view children's activities, 137, 286n6; involving different literature, 17; Mar- shall family on finding a gymnastics program, 217-25, 241-43, 289n22; naysayers, 12, 281n2; overnight with Tallingers, 177-79; recorders in, use of, 158, 288n3; recruiting families for, 42-43; researchers' backgrounds shaping what they see, 151-53, 287n15; research questions from, 30-31, 290n15; sample first page of field notes, 164; sample interviews from, 103-39; search for disconfirming evidence in data analysis for, 215; summary of book, 245, 286n3, 286n6; time for research assistants to write field notes in, 158; training of research assistant, 286n4; two sets of field notes from, 180-94. See also Lareau, Annette

Unitarian Universalism（一神普救會）, principle of, 162

vague but accurate（模糊但精確）: principle of, for explaining study to participants, 47-49, 141-43; in sharing emerging findings with participants, 102. See also elevator speech

Vallejo, Jody, 281n5

value of interviewing and participant observation（（訪談與參與觀察的）價值）: in addressing new questions, 195; in deepening under- standing of unfamiliar worlds, 90, 162, 260; differences between, 280n9, 281n4; helping others see the world in new ways, 10, 63; in helping policy makers, 261; in high- lighting important issues previously downplayed, 260-61; in illuminat- ing unintended and unknown con-sequences of policies, 260; in improving conceptual models, 206-7; and narratives, as powerful, 261; in obtaining data, 163; in showing impact of social structure on orga- nizations, groups, and people, 261; summary of, 1; in unpacking organi- zational processes, 261

Van Maanen, John, 252

Vaughan, Diane, 279n7

verstehen（了悟）, 283n29

videos（影片）: as gift, 158; online videos, 26, 282n19; participants' acceptance of, 158; playing for participants and asking for comments, 158; studying making of, 14; as substitute for face- to-face meeting, 65, 66; videocon- ference, gaining consent to record, 69; video games, 122-25, 146-47; video recordings, as increasingly common, 158

Viscelli, Steve, 286n1

Warren, John "Rob," 240

Weber, Max（韋伯）, 283n29

website（網站）, tole in legitimizing study and recruitment, 45

Weininger, Elliot: Black middle-class parents, 282n15; "Choosing Homes, Choosing Schools," 23, 43-44, 54, 81, 228, 289n14; outlining, 228

Weiss, Robert, 20, 63, 285n3

White, E. B., 6

Whyte, William F., 156, 288n20

Wingfield, Adia Harvey, 279n7
Wolf, Margery, 291n23
work-life balance（工作與家庭平衡）: being a whole per- son, 56-57, 160-61; compartmen- talization, as helpful, 161; explain- ing to social network, 161; fieldwork disruptive to, 154, 159; and grati- tude, expressing, 57; mental health plan, 58; personal life, considering effect of study's timing on, 160-61; self-care, importance of avoiding permanent damage to, 57
WRITE, 167-72
writing（寫作）: anxiety, triggered by, 227; argument, foregrounding, 227; bad writing won't kill anyone, 257; being thoughtful about your role in the text, 170-71, 252; creating streamlined argument, 229; data, using multiple forms of, 244; dis- confirming evidence, acknowledg- ing, 227, 228-29, 247-48; discus- sion section, 252; earning reader's trust, 243; evidence, aligning pre- cisely with claims, 244-45, 246; evidence, excluding irrelevant, 244; evidence, interpreting, 248-50; evidence, not skimping on, 246; famous rule of three, 230; feedback, receiving regularly, 244; findings section, 239-52; findings section, example approach of, 214-43; flaws of study, exposing, 237; focused claim, supporting with data, 226-28; good writing, as gift, 259; head- ings, use of to guide reader, 230; introduction, 230-33; key find- ings, beginning with, 230; limiting scope of claims, 243; linking all parts, 250-15; linking evidence to idea, 242, 248-50; literature review, 233-36; literature review, as guide to field, not summary, 226, 234; making three to four points, 228; managing anxiety in writing, 253-58; methodology section, 236-39, 238; moralism, refraining from, 251; outlines, differing views, 228; purpose of study, explaining, 233, 235; qualitative data, special writing challenges of, 258; quotes, appro- priate length of, 246-47; quotes, ending with powerful word, 221; quotes, retaining meaning when editing, 221-24; reminding reader of critique, your intellectual con- tribution, and your main points, 252; results, presenting analytically rather than chronologically, 225; revising, 245; role models, looking for, 229; sections, no correct sequence of, 227; showing, not tell- ing, 228, 241; "so what" question, 239-40, 253; stating ideas before example, 241; summarizing other works, importance of accuracy in, 235; two sample introductions, 231-33; valuable books on, 290n3; woes of, 229; writing, involving thinking, 228; writing routines, 255-58
writing groups（寫作小組）: as form of social support, 58, 255; memos, sharing with, 56; organizational structure of, 244, 255, 291; as safe space, 58; typical feedback in, 244, 249; as way to gain focus, 159, 199, 243. See also listening to feedback
Wu, Tina, 76, 285n13

Zerubavel, Eviatar, 291n35
Zimmerman, Calvin, 141